U0071324

立法院風雲錄

羅成典／著

自序

立法院成立於一九四八年（民國三十七年）五月，中國大陸淪陷後，立法院於一九五〇年（民國三十九年）二月底，隨中央政府遷來台灣，繼續行使立法權。有很長的一段時間，居住台灣的人民，對於立法院如何代表人民行使職權，立法委員如何產生，大多諱莫如深。直到一九六九年（民國五十八年），因為台灣省人口自然增加，以及台北市改為院轄市後新增選舉單位，而舉辦第一次增補選立法委員選舉，共選出十一名立法委員，這是立法院自一九四八年成立到遷台辦公，二十年來，台灣人民第一次選舉立法委員。立法院作為國家最高立法機關，究竟做些什麼事？立什麼法？居住台灣的一般人民鮮能知其詳。當時媒體也不發達，只有少數幾家日報與晚報，電視台還在萌芽階段，各報與電視台雖派有記者到立法院採訪，但報導不多。立法院這麼重要的一個憲政機關，它所行使的立法與監督政府的職權，與人民的生活息息相關。人民作為選舉立法委員的主人，自有權知道立法院在做什麼？立法委員代表人民行使憲法所賦予的職權，是否稱職？那些立法委員負責盡職？那些立法委員尸位素餐？都應該透過新聞媒體，讓人民周知，這也算是對全體納稅人盡一點道德良心的責任。為此，約在一九六七年、一九六八年（民國五十六、五十七年）間，立法院內成立一個「立法院公報指導委員會」，由院內各派系立法委員推選組成。立法院公報指導委員會成立後，主其事者，如郭登敖、張子揚、張志智、魏壽永、朱如松、侯庭督等委員，主張延聘一批在研究所就讀的研究生，主要是以台灣大學政治研究所與政治大學政治研究所的研究生為遴選標準，後來又把政治大學新聞研究所包括進來。這些應聘的研究所畢業或仍在學的研究生，變成立法院編制外的一批生力軍，他們每天將立法院院會及各委員會開會時，各委員的發言、辯論情形，作重點而賅要的紀錄，撰成新聞稿，於晚間快速分送各報社、各通訊社及各電子媒體參考採用。因此，立法院開會當天，即使新聞記者因事未能來院採訪，或同時召開會議的委員會太多，各採訪記者分身乏術，也可以在晚間收到立法院的新聞稿，加以參酌採用。其用意，無非是希望新聞媒體多多報導立法院的消息。

筆者於政治大學政治研究所碩士班畢業，繼續攻讀博士期間，經介紹參與立法院新聞稿的撰寫工作，當時參與此項工作的研究生，包括台大與政大，為數不少。後來有的回大學擔任教職，有的考外交官，進外交部服務，其中有若干人後來擔任駐外使節，有的任政府高階文官。筆者也因在立法院工作的機緣，得以結識若干頗負眾望的資深立法委員，如侯庭督、張志智、張子揚、鄧翔宇、黃通、吳延環、陶希聖、仲肇湘、白如初、陸京士、徐漢豪等，工作期間，承政大學長，時任立法院新聞室主任杜振歐先生的熱心引薦，協助侯庭督委員創辦《國會月刊雜誌》，蒙侯委員不棄與信任，在國會月刊撰寫法政相關文章，也為該刊撰寫社論，並參與編務。

一九七〇年（民國五十九年）九月，時任立法院法制委員會專門委員李啟元先生退休，李啟元係北大政治系畢業，長期在立法院服務，其本身具有候補國大代表資格，一九七〇年九月依法遞補國大代表後，從立法院退休。立法院法制委員會掌理國家官制官規、中央各機關組織法，全國人事法制，立法院議事法制及不屬其他各委員會掌理之議案等，皆劃歸法制委員會掌理。法制委員會專門委員負責法案之研究、草擬，並於該會開會時備委員諮詢，是專業幕僚的角色。立法院成立後，法制委員會第一任專門委員羅志淵先生來台後不久，轉任政治大學教授、法學院院長、教務長等職，第二任專門委員涂懷瑩先生，離職後轉任司法院大法官。李啟元先生是第三任專門委員，李氏退休後，法制委員會召集委員張子揚與鄧翔宇等委員，亟須覓得具法政背景之人士接任專門委員一職；筆者有幸經新聞室主任杜振歐學長之推薦與張子揚、鄧翔宇委員相識，經洽談後同意筆者出任斯職，是為行憲後立法院法制委員會第四任專門委員，筆者時年三十，從此與資深立法委員結識共事二十年之久，是筆者生命中的一段奇緣。余以一窮苦礦工子弟出身，無任何人事背景，竟能於「而立之年」，供職立法院任高階幕僚，於當時立法院之環境，亦屬異數。

自一九七〇年（民國五十九年）起，筆者任法制委員會專門委員，一九七五年（民國六十四年）改任法制委員會主任秘書兼專門委員，直到一九九〇年底，隨即調任立法院秘書處處長，負責全院行政事務。一九九二年（民國八十一年）五月起出任立法院副秘書長，直到二〇〇六年初，屆齡退休，總計在立法院服務近三十八年之久，歷經黃國書、倪文亞、劉闊才、梁肅戎、劉松藩、王金平六位院長，跨越資深立委到增額立委以及第一屆資深立委全面退職後國會改革的世代，任職期間，立法院所經歷的大小事件，筆者皆躬逢其盛，或參與若干重大法案的起草、研究。尤其與上述諸立法委員長期相處，從日常接觸中親聞立法院諸多掌故與人事紛擾，增長不少書本所沒有的見識，是筆者一生難得的收穫。自立法院退休後，不少同學、好友殷盼筆者就三、四十年來在立法院所見所聞，及工作上之經歷，詳予記述，以供後來者得以明瞭今日立法院所走過之艱辛歲月。筆者經過長久思慮，決定就記憶所及與書籍文獻資料所載者，予以整理撰述。惟筆者學植淺薄，書中所引資料或許有誤或欠完備，錯誤之處自不在少，尚祈各方賢達，多予指正，幸甚！

羅成典

二〇一三年十一月

目次

第一章　立法院的由來

中華民國國會正式成立於一九一三年（民國二年）四月八日，但未見國會正式召開。在此之前，已有代行國會職權之機關，此即清廷宣統二年（一九一〇）九月一日召集之資政院。按清廷於光緒三十二年（一九〇六）七月頒行預備立憲後，全國上下要求設立代議機關之呼聲，至為迫切，清廷乃於光緒三十三年（一九〇七）八月十三日頒布設立資政院之上諭，略以：「立憲政體，取決公論。上下議院，實行政之本，中國上下議院一時未能成立，亟宜設資政院以立議院基礎，著派溥倫、孫家鼐充該院總裁，所有詳細院章，由該總裁會同軍機大臣，妥慎擬訂，請旨施行。」宣統二年（一九一〇）八月下召集資政院之詔，資政院乃於八月二十日，開第一次常會，九月一日，第二次開會，行資政院開院典禮，資政院至此宣告成立。[1]

1　羅志淵編著《近代中國法制演變研究》，頁二六九、二七七，台北，正中書局，一九七六年；楊幼炯《中國近代法制史》，頁四—五。

資政院之設立，可視為我國第一次立法機關，其性質原應與各國國會相同，然因清廷當時設立之本意，僅在「取決公論，預立上下議院基礎」，並未給與國會相等之地位，故其性質不過為政府之諮詢機關而已，非如各國國會之做為監督政府之機關。所以名之為資政院者，蓋以有資助政府機關之意，資政院之組織採一院制，以欽選之議員與民選議員聯合組織之。但亦有別於一般民主國家國會之一院制者，資政院之職權由章程規定，有大綱五項：（一）議定國家歲出入預算之職權。（二）議定國家歲出入決算之職權。（三）議定稅法及公債之職權。（四）議定新法典及嗣後修改之職權。（五）議定奉特旨交議事件之職權。[2] 資政院之成就，除議定前此所無之預算外，在法案方面，則有議定新刑律草案，破產律，地方自治章程及修改諮議局章程等。此外，宣統三年（一九一一）年九月十三日，清廷公布之十九信條，亦由資政院所產生，視同當代憲法。迨辛亥革命告成，一九一一年十月十三日，各省代表在漢口集議，議決臨時政府組織大綱二十一條，即行公布。嗣由各省都督府，依組織大綱第七條、第八條之規定，自定方法，選派參議員三人，以組織參議院，民國元年（一九一二）一月二十八日，參議院正式成立於首都南京，是為民國初建之立法機關。[3]

2 楊幼炯《中國近代法制史》，頁五。

3 劉錫五《五十年來中國立法》，頁二。

參議院為臨時立法機關成立以後，在年餘期間，開會二百餘次，制定法律凡五十幾種，其重要者有：中華民國約法、國會組織法、參議院議員選舉法、眾議院議員選舉法、省議會暫行法、省議會議員選舉法，以及國務院及各部會局官制及重要稅法等。[4]中華民國約法，由大總統孫中山，於民國元年二月十一日公布施行，臨時政府組織大綱同時廢止。依臨時約法第五十三條規定：「本約法施行後，限十個月內，由臨時大總統召集國會，其國會之組織及選舉法，由參議院定之。」參議院依此規定制定各法，均咨由政府於八月十日公布，而國會之組織係採兩院制，亦即以參眾兩院構成國會。又依臨時約法第十六條規定：「中華民國之立法權，以參議院行之。」參議員每行省、內蒙古、外蒙古、西藏各選派五人，青海選派一人，其選派方法，由各地方自定之。參議院之職權如下：（一）議決一切法律案。（二）議決臨時政府之預算、決算。（三）議決全國之稅法、幣制及度量衡之準則。（四）議決公債之募集及國庫有負擔之契約。（五）同意大總統任命國務員及外交大使、公使。（六）同意宣戰、媾和、大赦、特赦、減刑、復權。（七）答覆臨時政府諮詢事件。（八）受理人民請願。（九）得以關於法律及其他事件之意見建議政府。（十）得提出質詢書於國務員，並要求其出席答覆。（十一）得諮請臨時政府查辦官吏納

4 同前註。

賄，違法事件。（臨時約法第十九條）

參議院於國會成立之日解散，其職權由國會行之（臨時約法第二十八條）。至民國二年（一九一三）一月十日，臨時大總統乃發布正式國會召集令，限當選之參、眾兩院議員，於民國二年三月以內，齊集北京（遷都），旋定四月八日行民國議會開會禮。屆時中華民國第一次國會正式成立，而原有之參議院宣告結束，這是中華民國有正式立法機關之始。正式國會成立後，先制定大總統選舉法，由憲法會議公布之。而中華民國憲法草案，即所謂「天壇憲法草案」者，亦於民國二年（一九一三）十月完成，嗣以國會被袁世凱非法解散，法統紊亂，國家典章又逾十年而無起色。自民國十二年（一九二三），以迄十七年（一九二八），完成北伐，統一中國，凡六年間，屬於軍政時期，中國國民黨初步厲行黨治，並無固定立法機關，其行使中華民國立法權者，大抵由黨代之。而政府亦得行使，就政府行使立法權言，黨治初期，大多數法律，固由國民黨中央執行委員會或政治會議所制定，但國民政府亦草擬法規，逕行公布施行，其性質究屬命令或法律，殊未易區分。其在民國十六年（一九二七）中央特別委員會時代，中央政治會議曾一度取消，斯時立法權即全由國民政府行使。[5] 民國十七（一九二八）二月二十二日，中央政治會議第一一九次會

5 劉錫五前揭書，頁五。

議決議：「一切法律概須由政治會議議決，凡經政治會議議決之法律，概稱曰某『法』。國民政府及其所屬各機關，僅得制定關於施行法律之規則，得謂之『條例』。」由是，中央政治會議儼然成為黨治下行使立法權之機關。

在軍政與訓政時期中，國家權力完全屬於中國國民黨，中國國民黨之最高權力機關即國家「法律主權」之所寄。國民政府之立法權，在廣東及武漢時，均由中央執行委員會所任命之政治委員會行使，政治會議在軍政與訓政兩個時期，可視為黨治下最高立法機關。因此，在民國三十七年（一九四八）行憲以前，國民黨的許多政治運作，包括與共產黨的鬥爭，國民黨內部派系之間的權力爭逐，多可以涵蓋在立法機關的議題討論。民國十七年（一九二八年）十月三日，中華民國國民政府組織法，經中央政治會議通過後，即由中央執行委員會議決公布施行，中央執行委員會議並通過訓政綱領六項，試行五院制之國民政府。十月八日，中央執行委員會議選任胡漢民為立法院院長，十八日，復選任林森為立法院副院長。國民政府於十七年十一月七日，明令發表立法委員四十九人。十二月五日，訓政時期之立法院宣告成立於首都南京，訓政時期之立法院純為專司立法工作之機關，屬於國民政府，並為整個國民政府之一環，既非普通立憲國家之國會，亦非憲政時期經由各縣市、各民族、各職業團體等國民選舉之代議士所組成之立法院，但為國民政府最高立法機關，其職權依國民政府組織法第二十五條之規定為：「議決法律案、預算案、大

立法院的前身「臨時參議院」。
圖為中華民國元年，孫文向臨時參議院請辭大總統時所攝。

赦案、宣戰案、媾和案、條約案及其他重要國際事項。」而依中央政治會議十七年一月之決議：「立法院為全國立法之總匯機關，舉凡立法事項，均應歸其釐訂。嗣後關於立法原則，應先經政治會議議決，而法規之條文，則由立法院依據原則起草訂定。」由此可見，訓政時期之立法院，實異於歐美各國之國會，但可視為由黨治階段進展到憲政時期的過渡。

依中華民國憲法產生之首屆立法院，於民國三十七年（一九四八）行憲國民大會閉幕後之第七日（即民國三十七年五月七日），自行集會於南京，集會之初，經過六次預備會議（自五月八日至五月十七日），以制定議事規則後，於五月十八日正式開會，是為行憲第一屆立法院第一會期第一次會議。

第二章　國民黨的傳統派系

國民黨掌握大陸政權時期，各派系紛紛成立，民國十五年（一九二六）北伐後，蔣介石成為國民黨的正統，當時全國的政治與軍事分為兩大陣營，軍事上主要有李宗仁的桂系，張學良的東北軍，馮玉祥的西北軍，閻錫山的晉軍與西南各實力派等。政治上主要有汪精衛系的骨幹份子所形成的所謂「改組派」和以老資格的國民黨中央秘書長丁惟汾為首的「大同盟」，另外，以孫科為代表的所謂「太子派」，以及胡漢民派與「西山會議派」。他們都以自我為中心，劃定勢力範圍。從表面上看，他們都不反對中央的領導，但各自心懷鬼胎，不贊成中央有一個統一的、至高無上的權威，因而形成國民黨內各種派系，到了蔣介石掌控國民黨的黨、政、軍大權，這些派系糾合起來，成為反蔣聯盟。以下謹就國民黨內各主要派系的成立背景及其發展，略述如後：

一、大同盟

大同盟的全稱為「三民主義大同盟」，是國民黨秘書長丁惟汾長期經營的黨務系統，其勢力範圍，主要以京津（北平、天津）的廣大北方地區為中心。丁惟汾是國民黨資歷最深的元老之一，一九〇四年就參加反清的革命，是首批同盟會會員，民國成立後，當選過山東國民黨理事、國會議員、廣州非常國會議員、國民黨山東支部長。一九二四年（民國十三年）被選為國民黨一全大會的中央執行委員，後來被孫中山派往北方工作。當時京津地區籠罩在北洋軍閥統治的陰影下，國民黨人的活動，多以秘密方式進行。丁為避免引起北洋政府的注意，用「新中革命青年社」、「三民主義實踐社」、「三民主義大同盟」等公開性組織代表國民黨。一九二七年（民國十六年），丁惟汾事實上成為國民黨北方地區的領導人物，其屬下國民黨員從數百人，發展到一萬四千餘人，丁惟汾與蔣介石是既合作又對抗的關係。在民國十六年國民黨「清黨」時期，以及汪精衛與蔣介石的「寧漢之爭」中，丁惟汾都支持蔣介石，因為丁惟汾反共，而汪精衛一直以國民黨正統領袖自居，這一點為掌握黨權的丁惟汾所不能接受，所以丁惟汾與蔣介石、陳果夫合作過。在一九二七年、一九二八年（民國十六年、十七年）左右，出現了「蔣家天下、丁家黨」的局面。

丁惟汾控制國民黨黨務，主要依靠的是他任國民黨中央青年部部長時的一批人，雖然在一九二六年（民國十五年），蔣介石擔任國民黨中央組織部長後，丁惟汾大都支持蔣介石，但也不是事事聽命，國民黨二屆四中全會後，蔣介石決心把整個黨納入自己的勢力範圍。因此，在二屆四中全會後，蔣解散了國民黨的中央青年部，調丁惟汾為國民黨的中央訓練部長，丁丟掉了青年部後，就再也不能管青年幹部組織，不能過問國民黨的組織與人事，其勢力就大大縮水。一九二八年（民國十七年）八月，蔣介石在南京召開國民黨二屆五中全會，此時蔣介石、李宗仁、馮玉祥、閻錫山（蔣、桂、馮、閻）合作的第二次北伐剛結束，蔣介石的聲望如日中天，他乘戰勝張作霖、孫傳芳、張宗昌等三大軍閥之餘威，開始向國民黨內其他派系開刀，丁惟汾與蔣介石、陳果夫在黨權上，一直在進行或明或暗的鬥爭。在國民黨第三次全國代表大會前夕，彼此的鬥爭白熱化了。

一九二九年（民國十八年）八月底，胡漢民從國外回來，倡導實行孫中山所提倡的五權憲法，企圖藉孫中山的遺教來壓迫蔣介石讓權，丁惟汾以前支持蔣，反對胡，這次則坐山觀虎鬥，既不反蔣，也不反胡，丁與胡、蔣互為利用，也互相指責。丁惟汾的「三民主義大同盟」向來以京津為基地，勢力遍及北方各省和南京，但由於陳果夫的操控，國民黨二屆四中全會後，在國民黨整理委員的指派中，三民主義大同盟不僅在南京的大同盟人員未當選，在其大本營北平、天津也落選。丁見大勢已去，採取以退為進策略，索性向國民黨中央提出辭職，並離開南京，回北平組織抗議活動，與在南京的大同盟形成南北遙相呼應，進行反蔣運動，發動學生鬧學潮，北平、天津兩市的工會也奮起與國民黨中央作對。蔣介石於是命令駐北平的閻錫山和白崇禧向丁惟汾和三民主義大同盟下手，接著陳果夫指揮CC派人馬，立即占據北平、天津市黨部，最後連三民主義大同盟在察哈爾、陝西、河南等地經營多年的地盤都交出去了，統統換上陳果夫的人。丁惟汾系不再存在，最後只剩下汪精衛與蔣介石、陳果夫，單打獨鬥。

二、改組派

改組派全稱為「中國國民黨改組同志會」，是以汪精衛系的骨幹分子組成，其主要成員有陳公博、顧孟餘、王樂平、甘乃光等，是以「改組國民黨，反對獨裁」為口號，是反蔣介石力量最強的一支。一九二八年（民國十七年）冬，在上海成立總部，陸續派人在全國各地發展勢力。一九二九年二月召開第一次代表大會，其大會宣言帶著濃厚的「左派」色彩。因此，汪精衛被視為國民黨的左派。改組派仗著汪精衛在國民黨的地位，其目標是要取蔣介石而代之。一九二九年三月十一日，在國民黨第三次全國代表大會前，汪精衛糾合陳公博、顧孟餘、王樂平、甘乃光等改組派巨頭十三人，在上海發表「關於最近黨務之宣言」，指責南京黨中腐化份子及投機份子，以為地盤已得，權力在手，遂避難就易，拋棄本黨主義，吸收黨外之反動勢力，以朋分自北洋軍閥手中得來之政權。為了不給南京政府提供攻擊改組派之口實，改組派事先決定推選一位接近改組派，而又不是改組派的成員擔任三全大會開幕式的臨時主席，眾人原先打算推丁惟汾的大同盟份子廖維藩擔任，但此時丁惟汾已向蔣介石屈服，廖失去後台靠山，於是臨時打了退堂鼓，改組派遂改推谷正綱擔任臨時主席。谷正綱是貴州人，先後在德國與蘇聯留學，此時正擔任國民黨中央政治學校訓育主任，中央政治學校校長為蔣介石，陳果夫任教育長，谷正綱與陳果夫關係非比尋常，而谷正綱之兄谷正倫是南京警衛司令，也是蔣介石的親信，谷正綱本屬CC系統，卻由於丁惟汾的拖累，未能當選三全代表，對蔣介石心生不滿，因而轉投改組派，成為活躍的反蔣份子。一九二九年三月十四日，三屆國大召開期間，一片反蔣聲，會議秩序大亂，由舌戰演變成為武鬥，棍棒齊飛、石塊亂砸、廝打吆喝聲，此起彼落，會場成了戰場，擔任主席的谷正綱成了CC派的主要攻擊目標，當場將谷正綱打得不省人事，當然改組派也奮起反抗。

改組派雖然鬧得氣勢洶湧，但在南京並沒有太大勢力，受不了蔣介石、陳果夫的壓力，改組派人馬被迫向上海轉移。一九二九年三月十五日，國民黨第三次全國代表大會召開，陳果夫、陳立夫兄弟雙雙當選為中央執行委員，陳果夫並任國民黨中央組織部長，陳立夫為國民黨中央秘書長，二陳兄弟完全把持國民黨的黨權，開啟了「蔣家天下，陳家黨」的世代。[1]

1 陳冠任《一個超級權力家族的傳奇》，頁一四三、一四五、一四七、一四九—一五〇、一五二、一五四，北京，團結出版社，二〇〇五年一月。

蔣介石（1887-1975年）於1926-1928年間率軍北伐。

三、CC派的崛起

國民黨的派系，早期有胡漢民派、丁惟汾派、西山會議派、汪精衛的改組派等，CC系之形成時間較晚，最後卻後來居上，成為國民黨內最大派系。陳果夫、陳立夫兄弟，在民國十六年（一九二七）的清黨中（清算國民黨內的共產黨份子），發展了自己的勢力，日益得到蔣介石的信任，在國民黨的地位也日益鞏固提昇。一九二七年（民國十六年）四月十二日，在上海的共產黨徒受到蔣介石、汪精衛的聯手殺害，損失慘重，這就是所謂的「四一二事件」，國民黨內也因中央最高權力的爭奪，出現大分裂，形成蔣派、汪派，西山會議派、與桂系，各派相互攻擊，互不退讓，其中最受攻擊的是蔣介石。他在「四一二事件」中，被認為背叛了孫中山生前所定的「聯俄、聯共，扶助農工」三大政策方針，因而被迫於一九二七年（民國十六）八月十二日，宣布下野（這是蔣介石的第一次下野）。

八月十四日，蔣介石在上海發表「辭職宣言」，宣布辭職，回到浙江老家奉化溪口。陳果夫、陳立夫二陳兄弟，自從追隨了蔣介石後，其政治前途與一生榮枯，繫之於蔣介石的興衰成敗之上，兩者可謂「唇齒相依」。只有蔣介石復出上台，二陳兄弟才能出人頭地，於是二陳決定以「浙江革命同志會」為基礎，將在上海的所有擁蔣勢力聯合起來，成立一個秘密組織，以組織的力量擁蔣反共，打擊其他派別。這個組織名稱為「中央

陳立夫（1900-2001年，弟）

陳果夫（1892-1951年，兄）

筆名汪兆銘（即汪精衛）（1883-1944年）

丁惟汾（1874-1954年）

俱樂部」，其英文是「Central Club」，這兩個英文字的縮就是C.C，因此，就簡稱為「ＣＣ」，中央俱樂部就是C.C系，這就是ＣＣ派系之由來。一九二七年（民國十六年）十一月初，ＣＣ組織在上海正式成立，其成員約三十餘人，主要份子，除陳果夫、陳立夫外，有程天放、蕭錚、潘公展、苗培成、許紹棣、張強、洪陸東等、戴季陶、丁惟汾，陳果夫為領導人，並負指揮責任。雖然開始時抬出戴季陶、丁惟汾為領導人，只是因為他們是國民黨元老，利用他們在國民黨的地位與聲望而已，ＣＣ組織的實際負責人，還是二陳兄弟，當時陳果夫在南京，陳立夫留上海，二人遙相呼應。ＣＣ組織的任務有二：其一為擁護蔣介石重新上台，其二為繼續清黨反共。

一九二八年（民國十七年）一月二日，蟄伏上海的蔣介石接到南京國民政府來電，請他馬上到南京復職，以便早日完成北伐任務。接到電報的蔣介石甚為高興，自忖出頭之日，指日可待，而ＣＣ組織之力量，也得到考驗。一月四日，上午八點，蔣介石帶著陳立夫、譚延闓、何成濬、楊樹莊，乘火車離開上海，來到南京車站。一九二八年一月七日，蔣介石在南京正式宣布復職，並發表「總司令復職致國民政府電」。同年二月二日至七日，國民黨中央黨部正式在南京舉行二屆四中全會，參加會議的中央執行委員、監察委員共三十一人，蔣介石當選為主席團成員，並被選為中央常委、軍事委員會主席。這次會議通過了「全會宣言」、「制止共產黨陰謀案」、「整理各地黨務案」、「改組國民政府案」、「開除停職中央委員案」、「改組中央黨部案」等。在開除停職中央委員案中，蔣介石延續清黨反共的政策，決定開除並撤銷譚平山、林祖涵、于樹德、吳玉章、毛澤東、惲代英、董必武、鄧演達、李大釗、夏曦、鄧穎超等人的黨籍。「改組國民黨案」，則明確規定國民政府接受中國國民黨中央執行委員會的指導監督，掌理全國政務。這是「以黨領政」時代的開始。

一九二八年二月二十三日，蔣介石被國民黨中央常會推選為中央組織部部長，三月一日又被選為中央政治會議主席。二陳兄弟的CC組織，終於把蔣介石推到權力的頂峰。蔣介石任組織部部長後，任命陳果夫為副部長，代行部長職權。然後又安排陳立夫出任中央黨部秘書長，蔣介石到此將國民黨的黨權、軍權與特務組織全部掌控在手中。國民黨二屆四中全會後，暫時實現了黨的統一，國民黨內以二陳為首的CC派系，也正式形成。

一九三一年六月十三日至十五日，國民黨在南京召開三屆五中全會，陳立夫更上一層樓，當了中央組織部部長，自此，陳立夫掌控了國民黨的人事大權，CC派成為國民黨內最大的派系。[2]國民黨其他大員，如陳誠、閻錫山、何應欽、李宗仁、白崇禧、王世杰、宋子文、孔祥熙等人，對於CC派的坐大，為之側目，都曾在不同場合說過國民黨內有以二陳兄弟為首的CC派，並罵CC可恨可惡。可是陳立夫晚年在其回憶錄中卻矢口否認有所謂CC組織，甚至認為是共產黨造的謠，目的是在打擊他們，誣衊他們。他說：CC名稱是中共偽造的，以CC名稱，集中攻堅，用以挑撥國民黨內部，無而為有，久假成真，而國民黨內少數不滿國民黨的份子，也借用此一名稱，以泄私怨。因此，CC之名不脛而走。陳立夫還舉出四個理由，否認此事：（一）國民黨章程中的黨章明文規定，不許有小組織，掌控黨組織者，豈可自己違紀搞起小組織。（二）蔣介石係英明領袖，絕不容許部屬搞小組織，如果有小組織，不予懲處，他自己也犯了失察之罪。（三）戴笠的調統工作，極其嚴密，能放過CC而不深究嗎？（四）他們兄弟二人，民族觀念很深，即便有小組織，也絕不會用英文來命名。[3]

2　汪幸福《政治殺手——陳立夫》，頁十九—二十二，武漢，湖北人民出版社，二〇一二年四月。

3　汪幸福前揭書，頁二九。

第三章　蔣介石授意成立的政團

一、青白團與同志會

一九三〇年（民國十九年），蔣、閻、馮中原大會戰，蔣介石打敗了馮玉祥與閻錫山聯軍後，陳果夫、陳立夫兄弟的勢力控制了北方各省黨部，到了一九三三年（民國二十二年）由二陳（CC派）人馬主持各省黨部的有：江蘇馬元放；浙江張強、許紹棣、羅霞天、方青儒、鄭異、葉溯中、胡健中；安徽佘凌雲、張德流、魏壽永；湖北艾毓英、楊錦昱；江西王冠英、劉家樹、李中襄；河北陳訪先、詹朝陽、胡夢華；山東趙偉民；河南陳泮齡、王星舟、李敬齋、張廷休；陝西宋志先；甘肅田昆山、凌子惟；黑龍江王憲章、王秉鈞；察哈爾馬亮、劉誠宜；綏遠趙允義、陳國英；寧夏沈德仁；青海燕化棠、方少云、李天民；南京方治；上海潘公展、童行白、陶百川、陸京士、吳開先；北平陳石泉、龐鏡塘；青島李漢鳴；武漢李翼中、吳企云、單成儀等。一九三〇年十月，陳果夫因工作過於繁劇，肺病惡化咳血，被迫辭去中央組織部部長職務，前往杭州莫干山療養，組織部部長，由陳立夫接任。中原大會戰結束後，馮玉祥的西北軍分崩離析，閻錫山避走大連，李宗仁、白崇禧、張發奎等桂、張聯軍敗回廣西，蔣介石在國內已無對手。[1]

一九三一年（民國二十年）二月二十八日，發生了立法院長胡漢民被蔣介石軟禁的「湯山事件」，胡漢民因反對蔣介石欲召開國民會議制定臨時約法，而遭軟禁。事件之起因為胡漢民主張國民大會是全國最高權力機構，依孫中山五權憲法遺教，有選舉、罷免、創制、複決四種政權，及修改憲法與法律、制裁失職官吏之權力，而國民會議則無制定法律、選舉總統及制定臨時約法等權力。依孫中山的遺教，訓政時期的最高權力機關應屬國民黨的全國代表大會，亦即訓政時期應「以黨治國」。因為胡漢民的堅決反對制定臨時約法，不肯妥協。於是蔣介石在高級幕僚的設計下，以商討議事為名，邀請胡漢民赴宴後，即予扣押，送到南京郊外湯山俱樂部監禁起來。此事旋引起舉國震撼，造成軒然大波（湯山事件之始末，擬另章敘述）。但四月二十三日，國民黨中央常會仍然通過了「訓政時期約法」和「國民政府條例」，籌備國民會議工作。詎料，隨著國民會議的臨近，反蔣浪潮卻有增無減，孫科的再造派去廣州，新任命的立法院長林森棄職而走，司法院長兼約法起草委員王寵惠也出走荷蘭，各派都不願再與蔣合作。閻錫山、馮玉祥與桂系相繼垮台後，

1　陳冠任前揭書，頁一六三。

遠在廣東的陳濟棠成了反蔣聯盟的霸主，廣州成了反蔣活動的據點。胡漢民從軟禁地傳信給孫科、古應芬，授意他們到廣東聯合陳濟棠、桂系李宗仁、白崇禧及定居香港的汪精衛系，開府廣州，另立中央，討伐蔣介石。

一九三一年四月三十日，古應芬、林森、鄧澤如、蕭佛成以中央四監委名義，發表了「彈劾蔣中正提案」，歷數蔣的罪狀。五月三日，兩廣將領陳濟棠、李宗仁、白崇禧等數十人聯合發表通電，支持四監委的彈劾案。要求立即釋放胡漢民及蔣介石下野。一九三一年（民國二十年）五月五日，蔣所控制的國民會議在南京舉行，並通過「中華民國訓政時期約法」，蔣介石被選為國民政府主席。五月二十六日，孫科致電蔣介石，要求蔣放棄黨國所賦予之職責，同時，陳濟棠調集軍隊，沿邊界布防。五月二十八日，反蔣集團在廣東省政府大樓召開國民政府成立大會，選出十五人組成國民政府委員會，委員分別為：唐紹儀、汪精衛、古應芬、鄧澤如、孫科、鄒魯、許崇智、林森、蕭佛成、陳濟棠、陳友仁、李烈鈞、熊克武、唐生智、蔣尊簋。推汪精衛、孫科、古應芬為常委，由汪精衛任國民政府主席，並發表國民政府成立宣言，宣告國民政府成立，限令蔣介石在四十八小時內下野，這就是所謂的「寧粵分裂」。

一九三一年「九一八事件」爆發後，九月二十一日，蔣介石派陳銘樞、蔡元培、張繼赴廣州議和。九月三十日，寧粵雙方在廣州會談，十一月十二日，蔣介石的國民黨第四次全國代表大會（簡稱四大）開幕。十一月十八日，胡漢民被釋放後也在廣州開四大。十二月三日，汪精衛的四大在上海開幕，堅持蔣介石下野。一九三一年十二月十五日，蔣介石宣布下野。一九三二年一月二十三日，蔣、汪在杭州達成共掌南京政權的協議。由汪精衛接替孫科留下的行政院長，蔣則出任新成立的軍事委員會委員長，兼軍事參謀部參謀長。國民黨中央組織部改為國民黨中央組織委員會，陳立夫任主任委員。汪派推谷正綱為副主任委員，一九三二年一月，蔣介石擔任軍事委員會委員長後，全心全力進剿江西共產黨紅軍。一九三三年元旦，蔣由南昌剿共前線回南京，下榻國民黨中央軍校，晚上在住所內召集黃埔學生曾擴情、賀衷寒、康澤、鄧文儀、酆悌和陳果夫、陳立夫、張厲生、張道藩、余井塘、葉秀峰、徐恩曾及劉健群等人開會，這些成員分別屬於黃埔系與二陳的CC派。蔣介石一開始就大罵他們「搞軍隊政工和黨務活動，沒有結果，既對付不了共產黨，也擋不住汪精衛，甚至連胡漢民的新國民黨也沒辦法。」蔣繼續罵道：「共產黨、汪精衛派、胡漢民給我們製造了巨大的麻煩，……我們沒有給予必要的回擊，以至於束手縛腳……。」「大家還是看看下一步該如何做呢？」[2]

---

2 陳冠任前揭書，頁一八三、一八四。

聽了蔣介石的指示，陳果夫、陳立夫、張厲生等人立即動手，商量組織小組織的有關事宜，最後決定成立兩個小組織，一個名為「青天白日團」，簡稱「青白團」，另一個為「中國國民黨忠實同志會」，簡稱為「同志會」。陳果夫在會議上說，兩個小組織，以「青白團」為核心，「同志會」為外圍，二者宗旨相同，皆擁護蔣介石為國民黨唯一的領袖，終身不渝。陳立夫接著說：「青白團和同志會的組織都是秘密的，對外不承認有此組織，即使對未入團或入會的CC份子，也加以否認。入團和入會的手續和儀式，要類似舊社會的秘密結社。」張厲生補充說：「青白團只設縱的組織，而無橫的聯絡，團員活動只報告其直接領導者，對於非直接領導者和其他團員，均不能告知，也不能問別人的動向，否則就是違犯紀律。」[3]

青白團設中央幹事會，正幹事長由陳果夫出任，副幹事長由陳立夫擔任；中央常務幹事五人，為張厲生、張道藩、余井塘、葉秀峰和徐恩曾；中央幹事有周佛海、程天放、賴璉、苗培成、曾養甫等五人。青白團中央對地方的指導，一般是派特派員，也有分部門指導的情況。葉秀峰專管文化，周佛海專管教育，徐恩曾專管特工。青白團和同志會成立後，立即將組織擴展到各省。程天放在江西；苗培成在安徽、山西、綏遠；曾養甫去兩

3 同前注，頁一八五。

廣；賴璉去湖南、福建；張道藩去上海、浙江、貴州；張厲生去華北。因為青白團為核心組織、各省不能成立，於是各省紛紛成立忠實同志會。

二、復興社

復興社是蔣介石一九三一年第二次下台期間，策動黃埔親信組織的。一九三一年十一月初，蔣介石在南京召集黃埔學生賀衷寒、桂永清、蕭贊育、滕傑、曾擴情、鄭介民、邱開基、戴笠、康澤以及蔣介石的侍從秘書鄧文儀等十人開會，會議一開始，蔣說：「現在日本帝國主義壓迫我們，共產黨又這麼搗亂，我們黨的精神完全沒有了，弄得各地的省市黨部都被包圍的被包圍，被打的被打，甚至南京的中央黨部和國民政府都被包圍，我們的黨一點力量都沒有，我們的革命一定要失敗，我的好學生都死了，你們這些又不中用，我們的革命就要失敗了……。」[4]這些黃埔學生聽了他們的校長蔣介石罵完後，個個目瞪口呆，不知如何回應，蔣卻沒等其他人的發言，獨自就走了，會也散了。第二天，黃埔老大哥賀衷寒邀請這些人到家裡來商議如何採取行動，討論來、討論去，也都沒有結論。過了兩三天，蔣介石又召集這些人去開會，將上次講過的話又重複一遍，講完後，會也散

4 陳冠任前揭書，頁一八八。

了。如此這般，賀衷寒再邀這些人到家裡來再談，終於談出一點頭緒，大家一致認為「要組織起來」，可是如何組織？還是沒有答案。過了三、四天，蔣介石第三次把這些人叫去開會，最後加重語氣罵道：「我的好學生都死了，你們這些真不中用。」這時賀衷寒立即站了起來，淚流滿面地說：「時局雖然很困難，只要我們能團結，組織起來，還是有辦法的」，此時蔣就因勢利導地說：「你們怎樣能團結得起來？……好吧，你們試試也可以。我想：我們要有像蘇聯的那種「克格勃」（即ＫＧＢ）的組織就好了，我們今天的力量是足夠的。」這時康澤也站起來說：「就我所知，蘇聯的『克格勃』它是政府的一部分，是挑選最忠實、最幹練的黨員去組織的，在各地還受它的黨的監督。」蔣介石看到這些人完全明白他的意思，就說：「你們慢慢的去研究吧！」

這次會議結束後，賀衷寒又在家召開第三次座談會，開始研究用什麼名稱，用什麼政治綱領，用什麼組織原則等問題，但一直沒有結果。一九三一年十二月，蔣介石下野後，黃埔的一期老大哥曾擴情在南京「浣花菜館」請這幫人吃晚飯，邊吃邊討論如何組織起來。大夥邊吃邊談之際，來了一位不速之客，他是蔣介石的浙江小同鄉，戴笠的好友，正在西北帶兵的胡宗南，他到奉化去看下野的老長官蔣介石，知道曾擴情等又在「浣花菜館」聚餐，知道必有所謀，於是自動前來參加，大家也請他表示意見。胡宗南說：「同學們要團結，這個問題很急切，老是這樣談，時間已經過去很多，要推舉幾個人負責籌

白崇禧
（1893-1966年）

李宗仁
（1891-1969年）

胡宗南
（1896-1962年）

備。」大家同意胡宗南的意見，於是立即推舉賀衷寒、酆悌、滕傑、周復和康澤等五人負責籌備。胡宗南話講完後就退席，於是賀衷寒等便開起籌備會，決定由賀衷寒起草章程，康澤起草紀律條例。

一九三二年（民國二十一年）二月，蔣介石正式宣布復職，這時賀衷寒等人的籌備工作已經完畢，組織名稱採用康澤提議的「復興社」，由蔣介石任社長，以蔣介石親自提議的「驅逐倭寇、復興中華、平均地權、完成革命」作為行動綱領。一九三二年三月初，蔣介石在南京「勵志社」召集經他批准參加復興社的人，正式召開「復興社」成立大會，大會推蔣介石為社長，賀衷寒、酆悌、滕傑、周復、康澤、桂永清、潘佑強、鄭介民、邱開基等九人為幹事。侯志明、趙範生、戴笠等三人為候補幹事；田載龍、蕭贊育、李秉中三人為中央監察。在蔣介石的嫡系親信組織中，黃埔系負責軍事方面活動，不參加黨務及社會活動；而陳果夫、陳立夫二陳的CC系，則專注於黨務及社會工作。本來兩個系統各有專司，井水不犯河水，但到了一九三二年三月復興社成立後，這兩個系統都有自己的組織，復興社利用軍政力量，與二陳的CC系統，互相爭權奪利，兩派間的鬥爭日趨尖銳。首先發難者是復興社這些穿黃色軍服的所謂「黃馬掛」的黃埔系，事情的緣起是蔣介石在漢口組織「四省剿匪總部」時，蔣介石的心腹，政學系的武漢行轅主任楊永泰以統一軍政，以利剿匪名義，把豫、鄂、皖、贛四省黨部的領導權，從二陳手中奪過來。黃埔系趁機迅速進入黨部，因為許多黨部主任委員都是地方的軍政頭子，經黃埔系的推波助瀾，也進了黨部，把身穿中山裝，胸前別黨徽的CC份子驅逐。就這樣河南、湖北、安徽三省，就有一半的縣黨部書記長，被吸引到復興社來。不僅如此，原屬CC派勢力範圍的文化領域，如「中國文化協會」，也被黃埔系侵入，因為復興社系中，有不少理論家與能文之士的政論家，如賀衷寒就是理論家，他加入孫文主義學會時，就寫了許多大塊文章，而劉健群與鄧文儀也是以意識形態聞名，他們自認為在文化宣傳的領域，比CC派更擅勝場。復興社在武漢創辦的《掃蕩報》，由黃少谷、劉炳黎主持，他們以迅雷不及掩耳之勢，搶先刊出「中國文化協會」成立的消息和該協會負責人的名單。面對黃埔系咄咄逼人的攻勢，二陳兄弟不得不向黃埔系討回公道。

陳立夫、張道藩、程滄波、程天放、蕭同茲等CC骨幹商量後，建議陳立夫直接到南京面謁委員長蔣介石，申訴復興社的違規行為，痛斥黃埔系不該插足文化教育工作。為了不讓復興社盜用文化協會的名稱，陳立夫主張將文化協會名稱改為「中國文化建設協會」，加上「建設」兩字。蔣介石的文膽陳布雷也受陳立夫之託，寫了兩篇文章，名曰：「中國文化建設協會綱領」，宣告主要內容，強調中國文化今後發展的必由之路，是三民主義的精神與國家大一統的「中央集權」。政、文相結合的道路，必須是反對共產主義，而以「中學為體、西學為用」為基礎的極權統制的前途。中國文化建設協會的成立，擊敗了復興社染指文化教育工作的預謀，也掀起了黃埔系與ＣＣ兩派的分庭抗禮，向全國各地展開廣泛的地盤爭奪戰。復興社憑其人多勢眾，以軍事編制和組織力量，向學校內的ＣＣ份子發動進攻，使ＣＣ成員潰不成軍。[5]

一九三四年六月，南昌機場發生失火案，經查是航空署長徐培根因貪污汽油巨款，故意縱火銷毀罪證所致，鄧文儀因查究不力，受到蔣介石訓斥，陳立夫趁機向蔣告狀，指責鄧文儀不務正業，把主要精力放在文化宣傳工作上，蔣介石覺得有道理，乃下令復興社立即解散中國文化協會。二陳兄弟終於打贏了這場國民黨的內部鬥爭。[6]

5 陳冠任前揭書，頁一九二—一九三。
6 同前註。

三、三青團

一九三七年，對日抗戰開始後；有一天，蔣介石召見陳立夫、劉健群、康澤等人，到南京中山陵園的別墅秘密會議訓示，他說：「現在抗戰已經開始了，過去秘密的小組形式，不合需要，要求一個大組織，把黨部的、同學的、和改組派都團結起來，並以此為中心，要求各黨各派的團結和全國的團結，你們去把這個問題研究一下。」蔣介石所謂「黨部的」是指CC派；所謂「同學的」是指黃埔軍人的復興社；「改組派」是指汪精衛派。原來抗戰開始後，國民黨雖然借「團結抗戰」的名義，將全國各黨派統一在自己的領導下，但各個派系仍然貌合神離，問題嚴重。蔣介石為了實現「一個主義、一個政黨、一個領袖」的目標，竭力想把國內各政黨合併成一個政黨。換言之，蔣介石是想將各派系小組織，強令解散，而代之以一個統一各黨派的大組織，以便置於他一人的控制與領導之下。

一九三七年（民國二十六年）七七事變爆發後，蔣介石加速建立大組織的步伐，這就是蔣召集陳立夫、劉健群和康澤訓示的原因。蔣訓示後，明確指定陳立夫為主，籌建大組織，陳立夫受命後邀集復興社與汪精衛派方面的負責人一起開會，蔣介石見陳立夫大半晌無動靜，再次召見陳立夫、劉健群和康澤，詳述有關建立大組織的構想。他說：「這個大組織應包括國民黨所有的派系，也包括國民黨外其他一些黨派，甚至包括社會名流。」為了這個目的，他要求所有存在於國民黨內的小組織，如藍衣社、同志會，都應取消。最後蔣特別強調「要吸收青年人」，因為過去青年人，對國民黨厭惡，而不願參加國民黨，因此，蔣介石要求這個大組織把對國民黨反感的青年人也吸引過來。蔣又說：「青年為革命之先鋒隊，為國家之新生命，舉凡社會之進化，政治之改革，莫不有賴於青年之策動，以其為主力。為此，這個大組織在包括黨內派系，黨外的黨派，社會各派外，應加上一條：『這個大組織要聚集全國青年，力行抗戰建國綱領與聯合優秀革命份子，充實革命活力。』」[7]

聽了蔣介石這番話，三人豁然開竅，主意也隨之而來，康澤馬上提出這個大組織的名稱用「三民主義青年團」（簡稱三青團），劉健群表示同意，陳立夫考慮了一下說：「黨裡面的青年團，就是『中國國民黨三民主義青年團。』」陳立夫的如意算盤是加上「國民黨」這頂帽子，那這個團就理所當然的歸他們兄弟領導，蔣介石識破他的心機，就插口說：「有你這中國國民黨幾個字，人家就不來了，我看就用三民主義來號召的好，用我的名義來號召的好。」於是陳立夫就按蔣的旨意，先與國民黨外的其他各黨派接觸，向他們報告蔣介石成立三青團的主張，希望得到這些黨派的支持，結果只有曾琦的青年黨，張君勱的民社黨和陳銘樞的社會民主黨表示支持，並同意解散自己的組織，合併到三青團來，

7 陳冠任前揭書，頁二五四—二五五。

其他大多數民主黨派都不同意貿然解散自己的組織。中共方面，周恩來明確向陳立夫表示，同意成立三青團，主張國共雙方共同參加，並發展青年運動，但中國共產黨不能解散。由於各黨派的堅決抵制，蔣介石只好將目標轉到以三青團來統一國民黨內各派系，而不擴及其他黨派。

一九三八年（民國二十七年）三月初，蔣介石擬定了三民主義青年團籌備委員會名單，在陳立夫等三人的基礎上，進行擴大，陳立夫仍為籌備委員之一，但卻名列陳誠之後。一九三八年四月六日，國民黨召開五屆四中全會，通過了由陳誠、陳布雷、康澤三人起草的「三民主義青年團要旨案」，規定青年團設團長一人，以本黨總裁兼任之，青年團之幹部由團長指派之。在五屆四中全會上，陳立夫被任命為國民黨中央社會部部長，雖然當上社會部部長，陳立夫並不高興，他朝思暮想，要的是執國民黨與青年團的大權，誰知道「道高一尺、魔高一丈」，他在三青團的排名竟然在陳誠之後，這是他心所不甘的。一九三八年七月九日，三民主義青年團中央團部在武昌省議會正式成立，陳立夫與陳誠兩人形成鮮明對比，一個鬱鬱寡歡，一個是春風得意；一個垂頭喪氣，一個是神采飛揚。陳誠主管三青團以後，把三青團的作用提升到了相當的高度，可以比擬為「新生命的誕生」。在三青團內，由於陳誠的袒護，復興社的勢力占了很大的優勢，康澤把持了極為重要的組織處。

一九三九年（民國二十八年），劉健群又成為三青團中央團部的書記長，陳立夫也積極的擴大勢力，儘量安排CC派人物占據三青團重要位置，還將原先支持汪精衛的谷正綱也拉入CC的勢力範圍，使得三青團內，形成CC系的黨方成員與復興社的團方成員，兩派爭鬥十分激烈。在兩大系統的對立情況下，陳誠顯然難以應付，於是以戰事緊張，保衛武漢為由，將三青團團務推給朱家驊。一九四〇年九月，陳誠辭去三青團中央幹事會書記長，但陳立夫也沒有佔到便宜，蔣介石先把書記長一職，給了侍從室主任張治中，張治中離職後，蔣介石又把三青團中央團部的書記長交給他的兒子蔣經國，這時，陳立夫才宛如大夢初醒，真正明白三青團最高權力與自己無緣了。[8] 以蔣經國為首的三青團逐漸崛起，企圖以「團取代黨」，大有兼併二陳CC王國之勢。

一九四八年（民國三十七年）的制憲國大前夕，三青團與國民黨在競選制憲國大代表上，發生激烈衝突，形成勢不兩立，面對三青團的嚴峻挑戰，二陳兄弟經過多次密謀，認為蔣經國的勢力日益膨脹，勢將危及二陳的地位，然又顧及蔣介石苦心孤詣要栽培自己兒子的意圖，不敢也不能與蔣經國爭鋒。思之再三，只有採取限制與妥協的辦法，促使黨團合併來消弭三青團與CC系的矛盾。所謂黨團合併，就是黨團合併為一「黨」，以黨兼

---

8 陳冠任前揭書，頁二五六—二五九。

併團。在黨團並存時期，蔣經國盤踞三青團書記長位置，陳立夫對他無可奈何。抗戰勝利後，蔣經國被派接收東北，當蔣經國忙於東北的外交接收之際，二陳不動聲色，設計好吞併蔣經國地盤的中央幹校。這時國民政府準備還都南京，中央大學和二陳把持的中央政治學校都準備復址南京，而蔣經國的中央幹校則無址可復，而且也不願意遷往南京，他徵得蔣介石同意後，準備把幹校遷往北平，建立政治北伐的大本營。當幹校遷校計劃呈送教育部後，陳立夫控制的教育部遲遲不予批准，蔣經國的親信胡軌代表蔣經國幾次向教育部交涉均無結果。這時教育部經行政院打聽到國家要行憲，需要培養忠於黨國的政治人才，決定設立國立政治大學，由蔣介石兼校長，此案業經蔣介石批示：「可行」。不久，陳立夫又向蔣介石建議將中央政校併入行將設立的國立政治大學，蔣介石也批示：「照准」。陳立夫接著又親自向蔣介石遞一份報告，建議中央幹校也併入政治大學，如此一來，團辦的幹校當然也沒有繼續存在的必要了，蔣介石也批示，照准。

陳立夫以為計劃成功，十分歡喜，為了確保併吞幹校計劃的實現，他和親信密商，決定鬥臭蔣經國。這時蔣經國與蘇聯的外交交涉，不僅沒有接收東北，反而讓共產黨占了先機，且在史達林的壓力下，還被迫同意了外蒙古的獨立自治，二陳於是利用其國民黨組織和教育系統，在重慶各大專院校以至中學，鼓動學生反蘇反共，把矛頭直指國民政府外交的軟弱無能，抨擊蔣經國外交接收東北的失敗。蔣經國曾企圖透過三青團來壓制這場風波，無奈風潮來勢洶湧，阻擋不住，只好躲起來默不作聲。這時國立政治大學，在二陳積極策劃下，很快誕生了。陳立夫暗中開始為國立政治大學的人事點將，那知老謀深算的蔣介石，突於一九四七年（民國三十六年）三月任命蔣經國為政治大學教育長，自己則兼校長。二陳的美夢又破滅了。CC的政校已併入政治大學，教育長又落入蔣經國手中，實在心有未甘，於是立即操縱一場反蔣經國風潮，蔣經國任政大教育長的消息，在政大張貼後，學生們圍在公告欄前，群情激憤，有人高喊：「反對兒子當教育長，反對父子家校，蔣經國滾出來！」

政治大學反對蔣氏父子的消息很快傳到蔣介石那裡，蔣介石大為震怒，憑他對國民黨內派系傾軋的經驗，立即斷定是二陳兄弟從中搗鬼，馬上打電話把陳立夫叫到侍從室，狠狠地訓斥一頓，然後吩咐陳立夫去政大辦兩件事：一是讓學生復課，二是歡迎蔣教育長就任。政大學潮告一段落後，蔣經國受不了羞辱，向有關部門遞交辭呈，改由段錫朋接任教育長。

一九四七年（民國三十六年）四月，蔣介石免了陳立夫的組織部長，任命他為國民黨中央執行委員會政治會議秘書長。六月三十日，蔣介石向國民黨中常會提議「三青團應併入國民黨內」，同時指定陳立夫、陳誠、吳鐵城三人為首，負責組成一個各方代表參加的工作委員會，具體辦理黨團合併事宜。

第四章　政學系的由來

國民黨掌握大陸政權期間，在派系紛立的局面下，「政學系」是許多人耳熟能詳的派別，但由何處產生？何人呼出？其組織為何？卻不是容易說得清楚。甚至有人質疑「國民黨中到底有沒有政學系」？根據史學家唐德剛的考證，「政學系」確有所本，並指出在國民黨掌權時期的許多小派系中，政學系資格最老。他說政學系是一個與國民黨並存的元老組織，在國民黨的元老派別中，西山會議派的組織在一九二五年（民國十四年）才出現，一九二七年（民國十六年）就垮台，其死灰也不再復燃。而政學系則自始至終是一個顛撲不破的政治團體，其影響力與份量，在國民黨及國民政府內，足以和另一個有力的派系CC相頡頏。唐德剛指出，CC系雖然幹部遍天下，甚至把持無數個政黨的小單位，但卻是個「有兵無將」的團體，二陳兄弟，陳果夫曾做過江蘇省主席，陳立夫做過教育部長，最後也不過做了短暫的立法院副院長。政學系則不然，數數他們的領袖們，可以說「內有宰輔」，「外有封疆」，據國民黨傳統的說法，政學系成員沒有簡任以下的小官，足證他們是「有將無兵」的團體。因此，政學系給予一般人的印象是一批做大官的政團，享厚祿的「治世能臣」的組織。但政學系究竟是什麼？確是個值得研究的問題。

政學系的起源，據唐德剛的研究，一九〇五年七月三十日，在東京成立的同盟會，到了一九一二年民國成立後，便盟而不同。宋教仁、黃興等人正式把同盟會改為「國民黨」，以便在民初國會中，以「政黨」姿態出現，從事政爭。而另一派與宋、黃意見不合的盟員，如章太炎等則主張另行組黨，甚至與前保皇黨合作，蛻變為北洋政府中的進步黨等，攜手在國會中與國民黨對抗。同盟會因此分裂，以黃興為首的新國民黨，其內部也分裂為激進派與穩健派。激進派以孫中山為首，主張徹底革命，決不與北洋派並存；穩健派以宋教仁為首，主張政黨政治，通過國會掌握政權。這一派，在民國元年（一九一二年）到二年間（一九一三年）是國民黨的多數，然而民國二年二月二十日，宋教仁在上海火車站遇刺身亡，接著國民黨興兵討袁（所謂二次革命）後，使國民黨的激進派，振振有詞，孫中山因而在日本又把國民黨改為以一人為中心的「中華革命黨」，於民國三年（一九一四年）六月在東京正式成立。這時，在國會占多數的國民黨，被袁世凱解散，已成為非法組織。當孫中山改組國民黨為中華革命黨時，穩健派份子多不願參加。這個新黨（中華革命黨）的知名人士，只是少數幾個奉中山先生為神聖領袖的「死黨」，如胡漢民、廖仲凱等人，他們多半與中山先生有鄉誼關係。此外，辛亥前後的著名革命領袖，如黃興等則多不願參加這個只服從孫中山一人的半封建形式的組織，易言之，國民黨的中堅人才，仍集中於穩健派。

民國五年（一九一六年）袁世凱稱帝，反袁各派在廣東肇慶組織軍務院，擁唐繼堯、岑春煊為首，整軍預備討袁。這次運動中，以國民黨穩健派，時任副都參謀的李根源為首，迨民國六年（一九一七年），袁氏暴卒，黎元洪繼任大總統，恢復舊國會，國民黨的穩健，激進兩派，與前反袁的「研究系」合作，共有議員四百多人，籌謀成立一大政黨，於是年（民國六年）九月九日，在北京合組「憲政商榷會」，作為當時段祺瑞內閣的反對黨，這一團體又因背景與政見分殊，分為：（一）以谷鍾秀、張耀曾、王正廷等為首的「客廬派」，成員二百六十餘人，多為前國民黨的穩健派份子，為「憲政商榷會」的主力。（二）以林森、居正、馬君武等為首的「丙辰俱樂部」，成員多為國民黨激進派。（三）前反袁的舊進步黨人組成的「韜園派」。不久，客廬派的谷鍾秀、張耀曾二人，加入段祺瑞內閣，而率眾脫離「憲政商榷會」，並於是年（民國六年）十一月十九日，自組一政黨，名曰：「政學會」。這個政學會便是後來大家熟知「政學系」的起源，概括言之，「政學系」與舊國民黨的穩健派，實是一脈相承的。[1]

1　關於政學系的由來，參閱唐德剛〈政學系探源〉，見《思與文》，二〇〇七年，頁十二——十七。

張群
（1889-1990年）

楊永泰
（1880-1936年）

李根源
（1879-1965年）

以上是史學家唐德剛的說法，然而長久以來被歸類為政學系的大將熊式輝，在他的回憶錄《海桑集》中，對所謂「政學系」，卻有另一種說法。他說：「（政學會）原是民國初年北京國會議員李根源等所創立，楊永泰當時確是其中一份子。民國二十年間，楊任南昌行轅秘書長，余為參謀長，朝夕相處，外間乃將余牽及，亦指為是舊政學會中人，張群與李（根源）、楊（永泰）素相善，更指為是政學會重要份子。此外，凡未有其他派別色彩，常與余等稍多接觸者，如吳鐵城、陳儀、王世杰、翁文灝、張嘉璈、何廉等等，亦莫不加以政學系之頭銜。究竟「政學系」三字，由何處產生？是自何人呼出？至今猶未分明，或疑為乃共產黨所製造，用以分化政府方面各幹部，希望其彼此相猜忌，我黨同志，或亦因有少數人之意氣，不知不覺而隨聲附和，以為此日南京真猶有二十年前「政學會」之遊魂依然存在……」。

熊式輝的兒子（筆名思翁）在接受中國時報華府特派員傅建中訪問時，亦說：「他唸高中時，有兩位父執輩來家中陪其父親（熊式輝）聊天時也同樣問起政學系的問題，其父回答道：「國民黨中並無政學系之存在」，並解釋這些被歸類為政學系的人，只是理念較為接近，但並無任何實質的派系組織。實際上，那些被歸類為政學系的政治人物，並沒有任何派系運作之痕跡，或與民初的「政學會」有任何關連。

儘管被歸類為政學系的政治人物，對政學系的存在與否，做了一定的釐清，然而國民黨在大陸時期的派系中，政學系始終存在於歷史學者、政治評論家，甚至於同為政治人物的口中或所撰述的文章裡，做為民國時期政治研究的對象之一，當事人的承認與否認，似乎無關緊要，後之研究者給某一政治集團或一群政治理念相同者，給予派別之分類，乃便於分析說明之故，並非含有褒貶之價值判斷，無論是政學系，或其他任何派系，僅僅是做為政治研究或評論之標籤而已，如同社會上的商品一樣，商品的好壞，在商品的品質與內容，而不在標籤。

第五章　約法之爭　胡漢民被軟禁

一九二八年（民國十七年）十月，北伐成功，完成了全國統一後，十月三日，國民黨中常會通過了「訓政時期綱領」，結束軍政時期。訓政時期由國民黨全國代表大會代表國民大會，領導國民，行使政權，同時成立國民政府於南京，確立五院制。同年十月八日，國民黨中央常務委員會選任胡漢民為立法院院長，同月十八日，選任林森為立法院副院長。同年十一月七日，國民政府明令發表立法委員四十九人。胡漢民就任立法院院長二年多時間，立法院制定了民法、刑法、土地法、公司法、票據法、海商法、保險法、民事訴訟法、刑事訴訟法、地方自治法、工會法、農會法、漁會法、工廠法、礦業法和勞動法等十六種法典，為國家的重要法制奠下重要基礎。其後在一九三〇年（民國十九年）的蔣、桂（蔣介石與桂系）戰爭；蔣、馮（蔣介石與馮玉祥）戰爭；蔣、唐（蔣介石與唐生智）戰爭；以及蔣、閻（錫山）、馮（玉祥）的中原大會戰中，胡漢民始終與蔣站在一邊。戰爭過程中，蔣介石在前線指揮作戰，胡漢民則在南京主持黨務與政務，雙方合作，默契良好。因此蔣一路順利打敗各派軍閥勢力。

詎料，一九三〇年十月三日，蔣介石未經國民黨中央常會討論，即從河南前線致電中央，建議立即召開國民會議，制定約法，正式選舉總統。對孫中山遺教有深刻研究與理解的胡漢民，認為理論上，要制定約法，召開國民會議，和實施憲政，選舉總統，是屬於「憲政階段」。北伐統一全國後，依孫中山遺教，是屬「以黨治國」的訓政時期。十月六日，胡漢民在立法院紀念周上發表「國家統一與國民會議之召集」的演講，全面駁斥召開國民會議及制定約法的主張，因而挑起蔣、胡的約法之爭。一九三〇年（民國十九年）十一月，蔣介石在國民黨三屆四中全會上，成功地修改了國民政府組織法，從而提高了國民政府主席及行政院長的職權。原為行政院院長的譚延闓病逝後，在四中全會上，正式推舉蔣介石以國民政府主席兼行政院院長。四中全會後，蔣更積極籌備國民會議，進而選舉總統。一九三一年（民國二十年）一月二十日，國民會議選舉總事務所成立，以戴季陶為主任，孫科為副主任，負責國民會議的籌備工作。胡漢民再針對以國民會議制定約法及選舉總統的企圖，發表公開談話，對國民會議的性質與任務，加以論述，並批判約法的制定。國民會議召開前夕，陳果夫、陳立夫根據各黨部報上來的選情分析，認為如要舉行總統的選舉，全國各省市黨部，除了浙江、江蘇、安徽、上海，蔣所控制的地區外，其他各地，大多數選票都支持胡漢民。在這種情形下，如執意要單獨完成約法的立法程序，必須把胡漢民排除在外。於是蔣介石先採納吳稚暉的建議，由吳去勸胡不要與蔣爭。結果，吳稚暉被胡痛斥為無恥之徒，無功而返。一計不成，再生一計，蔣介石採納戴季陶之計，決定關押胡漢民逼其就範，並壓制胡派份子。[1]

一九三一年（民國二十年）二月二十八日，胡漢民參加立法院會議後，應邀乘車抵黃埔路中央軍校蔣介石官邸開會，來到府前，蔣介石的侍衛長王世和帶數名侍衛走上前，對胡漢民說：「蔣總司令指示，今晚商談機密大事，衛士隨從均不入內。」胡覺得氣氛有些詭異，只好令左右在門外等候，隨後步入房中，進入客廳，只見坐著戴季陶、朱培德、吳稚暉、王寵惠、何應欽、葉楚傖、陳果夫、陳立夫、張群等人，都是蔣的親信。這時國民政府秘書高凌百引導胡漢民進入另一個房間，胡走進室內，見室內端坐一人，此人是南京市警察廳廳長吳思豫，胡不覺一愣。待胡坐定後，吳思豫將蔣介石寫給胡漢民的一封長信，遞給胡漢民。信中指出：「胡近來反對政府、反對蔣介石，無論在黨務或政治方面，處處與他難為。」蔣在信中同時「具體列舉了胡的種種罪狀」，一、勾結許崇智，二、運動軍隊，三、包庇陳群、溫建剛，四、反對約法，五、破壞行政等等。最後蔣介石說：

1 參閱劉福軍編著《國民政府五院院長的最後結局——院長的寂寞》，頁二三三——二三五，北京，華文出版社，二〇〇六年一月。

「先生（指胡漢民）每以史達林自命，但我不敢自稱為托洛茨基，中正欲努力革命，必須竭我能力，不顧一切做法，斷不敢放棄自身責任也。」[2]

看完了信，胡漢民氣急敗壞，要蔣介石前來理論，約半小時後，蔣的親信邵元沖走進來勸說，要胡漢民辭去立法院長職務，胡氣憤難平，馬上表示自己不僅可以辭去立法院長，甚至於可以什麼都不幹。在幕後的蔣介石聽到胡漢民說什麼都不幹，以為胡已知難而退，立即來到台前與胡漢民見面，沒想到，胡見蔣進來，怒火中燒，不但不表示辭職，還怒斥蔣無端指控，蔣聽罷，一語不發，拂袖而去。就這樣，胡被軟禁了。第二天，蔣介石指派邵元沖和吳思豫帶著十多名警察，將胡漢民押送南京郊外的湯山俱樂部軟禁，這就是民國史上非常重大的一個事件，稱為「湯山事件」。

一九三一年（民國二十年）三月二日，國民黨中央通過蔣介石提出的召開國民會議案，批准胡漢民請辭立法院院長，由林森繼任立法院院長。由於胡漢民在國民黨內外都有相當影響力，他被扣押的消息傳出後，引起軒然大波，一場反蔣的風暴於焉展開。國民黨海外黨部，華僑團體紛紛來電詢問真相，尤以廣東為烈。一九三一年四月二十三日，國民黨中央常會通過了「訓政時期約法」和「國民政府組織條例」，籌備國民會議工作，終於

2　劉福軍前揭書，頁二三五—二三六。

胡漢民（1879-1936年）

完成。誰知隨著國民會議的臨近召開，反蔣浪潮有增無減。孫科的「再造派」去廣州，新任命的立法院長林森棄職而走，司法院長兼約法起草委員王寵惠出走荷蘭，國民黨各派都不願再與蔣合作。閻錫山、馮玉祥與桂系相繼垮台後，遠在廣東的陳濟棠成了反蔣聯盟的盟主。在古應芬、陳銘樞等人策劃下，反蔣勢力集結廣州，組成新的反蔣聯合陣線。四月三十日，古應芬、鄧澤如、林森、蕭佛成，以中央四監委名義發表彈劾蔣介石提案，歷數蔣的罪狀。五月三日，兩廣將領陳濟棠與桂系李宗仁、白崇禧等數十人，聯名發表通電，支持四監委的彈劾案，要求立即釋放胡漢民及蔣介石下野。

一九三一年五月三日，蔣所控制的國民會議在南京開議，通過了「中華民國訓政時期約法」，蔣被選為國民政府主席。五月二十六日，孫科致電蔣介石，要求蔣放棄黨國所賦予的職責，同時陳濟棠也調集軍隊沿邊界布防。五月二十八日，反蔣集團在廣東省政府大樓開國民政府成立大會，選出十五人組成國民政府委員會，委員分別為唐紹儀、汪精衛、古應芬、鄧澤如、孫科、鄒魯、許崇智、林森、蕭佛成、陳濟棠、陳友仁、李烈鈞、熊克武、唐生智、蔣尊簋。並推汪精衛、孫科、古應芬為常委，由汪精衛任國民政府主席，並發表國民政府成立宣言，宣告國民政府成立，限令蔣介石於四十八小時內下野，這就是史上所稱的「寧粵分裂」。

六月八日，蔣介石面對排山倒海的壓力，開始讓步，首先公開表示胡漢民可以出南京。所謂「大江東南、山明水秀，處處可由胡自擇」。七月十三日，胡漢民遷往孔祥熙寓所，獲得稍多自由，但仍未釋放。一九三一年（民國二十年）「九一八事變」發生後，寧、粵雙方迫於輿論的強大壓力，由對抗走向合作，胡漢民也因此在十月十四日獲得自由，結束了近八個月的監禁生活，搭乘鐵路局為他準備的專車離開南京到上海。[3]

胡漢民到了上海後，汪精衛、古應芬、孫科、鄧澤如、李文範等粵方的和談代表也到上海，經過十多天的折衝樽俎，寧粵雙方代表終於達成三項協議：（一）寧粵雙方各自召開國民黨第四次全國代表大會，依比例選出新的中央委員，在南京合併召開四屆一中全會，產生新的中央政府。（二）國民政府主席不得以軍人充任，由一中全會推選德高望重

3 有關湯山事件之始末，參閱楊天石《蔣氏秘檔與蔣介石真相》，頁二八三、二八六，北京，社會科學文獻出版社，二〇〇二年二月；以及劉福軍前揭書，頁二三七。

的同志擔任。（三）撤銷陸海空軍總司令部，改設軍事委員會統率全國軍隊。按照約定，蔣介石於十二月十七日宣布辭去國民政府主席、行政院院長、陸海空軍總司令職務。隨後，改組國民政府，選舉林森為國民政府主席，孫科為行政院院長，張繼為立法院院長，伍朝樞為司法院院長，戴季陶為考試院院長，于右任為監察院院長。推胡漢民、汪精衛、蔣介石三人為國民黨中央政治會議常務委員，輪流主持中央政治會議，決定政策方針，但不負實際政治責任。胡漢民再次成為國民黨內舉足輕重的人物，他準備隱居上海，在幕後控制時局。[4]

一九三二年（民國二十一年）一月十三日，蔣介石到杭州與汪精衛會談，十六日，雙方達成協議，蔣主軍、汪主政、蔣汪共管黨務。一月二十一日、二十二日，蔣、汪相繼回南京，策劃推翻孫科政府。一月二十五日，孫科被迫辭去行政院院長職，由汪精衛出任行政院院長，蔣任軍事委員會委員長兼參謀總長，從此進入蔣、汪合作共治時代，胡漢民被邊緣化，成為國民政府的在野派。

---

4 劉福軍前揭書，頁二三八—二三九。

第六章　國民黨對雲南的經略

雲南位於中國西南，自一九二八年（民國十七年）起，一直由龍雲掌控，從龍雲統治雲南初期開始，雲南與廣西的情況相類似，都是半獨立狀態。龍雲是雲南人，一八八七年出生於昭通一個彝族家庭，一九一四年畢業於雲南陸軍講武堂第四期步兵科，歷任滇軍排長、中隊長、大隊長等職。一九二一年（民國十年）進兵廣西討伐陸榮廷，被委任為李友勛旅的梯團長，攻下柳州後，龍雲升任柳州警備司令。一九二二年（民國十一年）春，回到雲南，任滇軍第五軍長兼滇中鎮守使，一九二六年（民國十五年）任昆明鎮守使，一九二七年（民國十六年）任雲南省務委員兼雲南講武堂校長，同年六月，龍雲任國民革命軍第三十八軍軍長，八月，代理雲南省主席。一九二八年一月，蔣介石任命龍雲為雲南省主席兼國民革命軍第十三路軍總指揮等職。對日抗戰期間，龍雲任集團軍總司令，軍事委員長昆明行營主任兼陸軍副總司令。一九二九年（民國十八年）秋起，龍雲就統治雲南幾十八年之久，被稱為「雲南王」。此後，蔣介石為拉攏龍雲又給他許多頭銜，但龍雲與蔣介石之間也有諸多矛盾，對蔣的命令，凡於他有利的，他就執行，沒有利的，他就不予理睬，或借故不辦，反正天高皇帝遠，國民政府中央，對他鞭長莫及。由於龍雲在雲南的經營時間較長，又手握重兵，蔣介石對他很有意見，但一時也無法動他，因而隱忍了一段時間。

一九三二年（民國二十一年）前後，中統（中央委員會調查統計局）的前身「特工部」，為發展各省特務組織，在各省黨部委員中遴選一批人，分任各省「肅反專員」，負責掩護並領導各省的特務室進行活動。雲南方面，環境特殊，怕龍雲不肯答應在雲南設「肅反專員」，於是派一個與CC系有關係，又與龍雲有小同鄉之誼的國民黨雲南省黨部委員兼書記長裴存藩任雲南省的「肅反專員」。裴存藩，雲南昭通人，黃埔軍校三期畢業，曾任北伐軍排長、連長及大隊長，中國國民黨雲南省特派員，軍事委員長昆明行營中將政治部主任，雲南省政府社會處處長，雲南省昆明市市長，國民黨雲南省黨部代主任委員，一九四八年（民國三十七年）一月，當選第一屆立法委員。裴存藩接受任務後，曾託龍雲的親信張邦翰向龍雲疏通，表示此一機構，唯一的目的在對付共產黨，絕對聽從龍主席指揮，為主席服務。同時將特務室改為與省府其他「廳」並列，聽命於龍主席，以消除龍雲的疑慮。抗戰開始後，一九三八年（民國二十七年）特工部在漢口改組為「中央調查統計局」（即現在法務部調查局的前身），亦即「中統局」，雲南「肅反廳」也相應改為雲南省調查統計室，簡稱「調查室」，以雲南昭通人查宗藩為主任。

一九三七年對日抗戰開始後，國民政府遷重慶，一些重要工廠，以及大中學校也陸續遷往昆明及其周邊城市，雲南做為大後方的地位，益形重要，蔣介石對雲南也日漸重視。一九三〇年代後期，很多大學紛紛向西南遷校，在當時的昆明，就有西南聯大（北大、清華、南開三校合併而成），雲南大學、昆明師範學校等大專院校，其他公立、私立中學校遷西南者，亦日漸增加，教授與學生數量因而劇增，隨著抗戰的推進，教授與學生的愛國運動日益高漲，當時在雲南有一些活動是在龍雲的默許下進行的。一九四五年五月四日，雲南昆明各大中學校舉辦「五四青年節」的活動。西南聯大、雲南大學、中法大學、英語專科學校等八千多師生和各界人士與會，大會發出通知，指出：「當前國家首務之急是廢除一黨專政，……組織聯合政府」等口號，當時任國民政府總參謀兼陸軍總司令何應欽，準備鎮壓學生運動，因為沒有得到龍雲的支持而作罷。[1]共產黨在雲南大中學校的活動，引起陳立夫的注意，他以中央社會部長名義，多次給國民黨雲南省黨部和省主席龍雲密令，要他們密切注意昆明各大學、中學、文化團體，特別是西南聯大師生的政治態度，龍雲則認為此時正值對日抗戰時期，青年學生的思想比較活潑，常辦一些座談會、講座等，也是正常現象，沒有干涉的必要。龍雲對於社會部的密令，未予理會。陳立夫對龍雲

---

[1] 時攀、朱韞編，「中統」檔案，頁四十一—四十五，北京，中國友誼出版公司，二〇一〇年九月。

的反應，非常失望，經報告蔣介石，蔣介石對龍雲的不聽節制，本來就有意見，現在聽到陳立夫的報告後，對龍雲更加不信任。一九四五年夏，陳立夫帶了一幫人馬來到雲南，在昆明期間，陳立夫與龍雲有過幾次長談，除了表面上贊賞龍雲在雲南主政的政績外，還特別囑咐龍雲注意共產黨在雲南的活動，並希望龍雲真正擁護蔣介石，在蔣介石領導下，將雲南治理得更好。龍雲也對陳立夫講了一些心裡的話，他告訴陳立夫，他現在已五十六歲了，哪裡也不去，就待在雲南做幾年，把雲南治理好就行了。這些話在陳立夫聽來，似乎覺得龍雲不想離開雲南，就是想搞獨立王國，不與蔣介石合作，故對共產黨的活動，睜一眼，閉一眼。

為了加強對雲南的控制，陳立夫向蔣介石建議，派ＣＣ派的骨幹份子李宗黃到雲南去，因為李宗黃是雲南人，熟悉雲南情況，且反共立場堅定。蔣介石同意陳立夫的建議，李宗黃於是帶了一幫ＣＣ派的幹練份子到雲南去。李宗黃，字伯芒，一八八七年出生於雲南鶴慶縣，早年曾在湖北陸軍中學、保定軍校學習。一九一〇年在天津加入同盟會，辛亥革命時赴武漢，被黃興任命為督戰參謀。一九一三年返回雲南任職，一九二四年（民國十三年）一月，赴廣東，任廣東江防司令，並當選第一屆候補中央委員，六月，代理駐粵滇軍第二軍軍長，一九二八年（民國十七年）又回雲南，從事反共活動。一九三〇年代投入ＣＣ系。一九四五年八月，日本投降後，蔣介石覺得倒龍雲的機會到了，他決定以軍事

杜聿明
（1904-1981年）

龍雲
（1884-1962年）

裴存藩
（立法委員）

手段先將龍雲控制的滇軍基本部隊，盧漢的第一方面軍第六十軍、九十三軍調往越南北部，再將中央軍調入滇南，以防盧漢回師援龍。然後將杜聿明部隊調往昆明，使龍雲成為空頭司令。一九四五年九月二十七日，蔣派空軍副司令王叔銘攜帶他給杜聿明的親筆信抵昆明，信中說：「日內就要頒布免除龍雲的雲南軍政本兼各職，調任軍事委員會參議院院長。」十月一日，蔣又派人送信給李宗黃，要他第二天（十月二日）隨宋子文、何應欽、陳誠等人，一起飛往西昌，商談改組雲南省政府事宜。第二天（十月二日）蔣介石在西昌召開緊急會議，研究解決龍雲問題，會上決定，派盧漢為雲南省主席，李宗黃為民政廳長，在盧漢由越南回雲南前，由李宗黃代理省主席。當天下午，蔣介石令王叔銘駕機將關麟徵、李宗黃送到昆明，並給杜聿明手令三件：（一）免去龍雲軍事委員長昆明行營主任及雲南省主席本兼各職，軍事委員長昆明行營撤銷，所屬人員由中央統一安排。（二）雲南地方部隊交昆明防守司令杜聿明改編，雲南省政府交盧漢接受，盧漢未到任前，由省民政廳廳長李宗黃代理。且任命龍雲為軍事委員會參議院院長。任命盧漢為雲南省政府主席。

一九四五年十月三日，杜聿明派兵包圍龍雲公館及雲南省政府所在地五華山，強迫龍雲辭職去重慶。四天後，蔣介石在宋子文陪同下，接見龍雲，龍雲對蔣用非常手段調其職務非常不滿，並說：「我來重慶做不做，無關緊要，你這樣做，恐怕國人留下很不好的印象。」龍雲同時表示，自己身體不好，不想做參議院院長，只想休息。十月十五日，蔣介石覺得對龍雲做得有些過分，為了安撫龍雲對蔣的不滿，蔣託詞說：「是杜聿明誤解他的意思下指令」，因而發表對杜聿明撤職查辦命令。這是蔣、杜事先說好的一齣雙簧戲，事後依蔣介石對杜的承諾，調升杜聿明為東北保安司令長官，全權負責東北的軍事。[2]

2 參閱汪幸福《政治殺手——陳立夫》，頁二〇〇—二〇六，武漢，湖北人民出版社，二〇一二年四月。

第七章　國民黨對西北的經略

一九二六年（民國十五年）五月，國民黨召開二屆二中全會，決定由蔣介石出任中央組織部部長，蔣隨後指定副部長陳果夫代理部長，由於工作需要，在組織部內部設立了一個「黨務調查科」，負責對黨員情況進行調查登記。這原是一個純粹黨務工作單位，並非特務組織，沒有組織編制與法定經費來源，一開始只是向蔣介石送一些情報，從蔣介石那裡得到一些經費，但後來的發展，卻成為國民黨中統特務組織的起源。中央組織部調查科在一九二七年（民國十六年）「四一二事件」（即反共清黨）後，擴展其工作範圍，人員也由起初的十多人增加了數倍，新增的人員都是一九二八年（民國十七年）六月，由蔣介石從中央黨務學校畢業的學生中挑選出來的，從此以後，中央組織部調查科的職責便開始向特務工作轉化。一九二八年一月，蔣介石重新上台後，決定擴大特務組織機構，以應付黨內外鬥爭的需要，他採納了陳果夫的建議，讓國民黨中央組織部黨務調查科，專司黨務情報的搜集工作，任命其秘書陳立夫為調查科科長，不久後，由張道藩、葉秀峰先後任科長。陳立夫接任調查科科長後，對調查科的工作做了新的規定，除調查黨員的思想及派系隸屬外，其主要任務集中在蒐集共產黨及其他黨派的情報，這個調查科也成了國民黨兩大特務系統之一的「中統局」的前身。

一九三二年（民國二十一年），蔣介石命令陳果夫、陳立夫兄弟責成徐恩曾在調查科的基礎上，建立一個更大的組織。為此，徐恩曾以軍校來的人為基礎，成立一個特務工作總部（簡稱特工總部），這個特工總部對外活動從不用「總部」名義，其指揮所屬活動，多用化名代號。因此，社會上知道這個組織的人並不多。特工部於一九三八年被撤銷，存在時間只有七年。[1]

一九三七年七月，對日抗戰開始後，南京特工部為疏散南京方面的重要人物，分派專員以上高級職務人員，分赴西南、西北、華北、津浦、平漢、平綏各路督導。派到西北的孫步墀，其任務在偵查監視馬步芳。馬步芳歷任青海本家族軍隊副營長、營長、團長，一九二九年（民國十八年）接受馮玉祥改編，成為西北軍國民革命軍第二集團軍獨立第九混成旅旅長。一九三六年代理青海省主席，西北剿匪第二防區司令。一九三八年正式任青海省主席，國民黨青海省黨部主任委員，從此成為「青海王」。孫步墀的另一任務，就是監視馬鴻逵。一九三三年一月，馬鴻逵率十五路軍，進駐寧夏，兼任寧夏省主席。一九四

1 時攀、朱韞前揭書，第十、二十二頁。

〇年蔣介石令各省設立稽查處，馬鴻逵便將寧夏省軍警聯合督察處，改組為寧夏省軍警聯合稽查處，並任命十七集團軍總司令部軍法處處長程福剛兼任稽查處處長。程福剛為山西稷山縣人，曾任山東省聊城、博平縣縣長，寧夏省靈武、平羅、寧夏中衛等縣長，寧夏省政府主任秘書，討逆軍第十五路總指揮部軍法處處長，第十七集團軍總司令部軍法處處長，寧夏全省軍警聯合督察處少將處長，寧夏省黨部執行委員兼財務委員會主任委員，一九四八年（民國三十七年）一月當選為第一屆立法委員。

一九四五年秋，對日抗戰勝利後，隨著局勢變化，馬鴻逵又把軍警聯合稽查處，改為寧夏省保安司令部稽查處，程福剛仍兼任處長。一九四九年（民國三十八年）春，根據國民黨中央命令成立寧夏省警保處，原稽查處撤銷歸併警保處，由馬如龍兼任處長。

長期以來，馬鴻逵把寧夏視為他自己的私人地盤，國民黨為拉攏二馬（馬步芳與馬鴻逵），並加強中統在西北特務組織的力量，達到安定中國後方的目的。孫步墀後來以中央調查統計局（中統局）專員身分，和兼任中央黨部秘書處視察專員名義，在甘肅蘭州成立專員辦事處，督導甘肅、寧夏、青海、及西北公路的黨部特務活動，以便拉攏西北「二馬」的關係，並偵查青海、寧夏、新疆的情況。孫步墀為方便工作，首先和第八戰區司令長官朱紹良做好關係，同時又與馬鴻逵的小姨子結婚，拉緊了與馬鴻逵的關係。孫步墀同時也為了拉攏馬步芳，把馬步芳的兒子馬繼援帶到重慶見蔣介石，經過這番安排，不久便成立寧夏

馬鴻逵（1892-1970年）

馬步芳（1903-1975年）

省「調查統計室」，及西北公路特別黨部，並派一批特務，擔任甘肅省黨部委員，基本上，掌控了甘肅省黨部。

一九四一年孫步墀去重慶和中統局洽談成立中統局西北區，孫步墀自任區長，王從光為副區長。西北區所轄範圍包括甘肅、寧夏、青海、新疆四省和隴東包圍區與西北公路。甘肅、寧夏雖然正式建立調查統計室，但由於這兩個省的內部矛盾嚴重，使得調查統計室發展相當緩慢。青海因馬步芳割據勢力的存在，而未建立中統特務機構。至於新疆，主要是盛世才的地盤，情況更加特殊，不僅中統人員進不去，所有國民黨中央人員也都進不去。因此，西北區的經營甚為困難，特務機構只能與黨部合而為一，沒有單獨再成立特務機構的必要。一九四二年五月，中統局撤銷西北區部，但也只是取消區部的名義，孫步墀的專員辦事處仍原封不動，保持下來，到後來也發揮不了作用[2]。

蔣介石雖和馬鴻逵在利害關係上有矛盾，但在反共立場上卻相當一致，馬鴻逵對蔣介石的「攘外必先安內」的政策也表認同，並藉此不斷擴充實力。一九三七年（民國二十六年）七七事變爆發後，蔣介石迫於形勢，表面上聯共抗日，實行第二次國共合作，中共陝、甘、寧邊區政府成立，但骨子裡的反共立場，絲毫未變，馬鴻逵也同樣把反共當做頭等大事。馬鴻逵成功地破獲寧夏多起中共地下黨組織，得到蔣介石的嘉獎。一九四〇年秋，陳立夫來到寧夏視察時，馬鴻逵命稽查處長程福剛，把寧夏共產黨工委書記崔景岳所寫的共產黨延安黨中央傳送的寧夏工委組織名單及活動情形的密信原件，呈交陳立夫帶回國民黨中央，向蔣介石邀功。抗戰勝利後，國民黨中央組織部密令各省調查室，在國民黨統治區內的各機關、學校建立秘密防共小組，以防共產黨份子潛伏活動。寧夏調查室主任任振華奉命後，報請馬鴻逵批示：「由稽查處協助辦理」，程福剛處長指派黎杰會同調統室，在寧夏全省督察建立防共小組，並責令張冀專責辦理，由黎杰與張冀講述建立防共小組的意義，選擇小組成員條件，確定相關的組織紀律等工作內容。小組成員的選擇條件，必須是負責人信賴的優秀國民黨員，要有一定的文化程度與社會經驗，並且在任何情

2 時攀、朱韞前揭書，頁四十六、四十七。

況下，不許暴露身分，其任務在暗中監視本單位人員的言行和與那些人往來的情況。防共小組成員只許有縱的聯繫，不許有橫的聯絡，組員受組長領導，所有組員只知道組長，組員與組員間，互不相識。每一個縣、鎮建立一個中心小組，各單位的小組或通訊員，受中心小組領導。中心小組由當地稽查處、警察局、縣黨部、三青團的主要負責人聯合組成，受省領導小組指揮，而省領導小組由稽查處和調統室聯合組成。[3]

一九四五年一九四六年，先後在永寧、寧朔、靈武、昊忠、金積、中寧、中衛、同心、賀蘭、平羅、黃渠橋、寶豐、石嘴山、磴口、定遠營等十五個縣政府及其所屬的田賦糧食管理處、警察局、軍糧局、郵政局、稅務局、銀行、縣黨部、三青團支部、縣參議會、回教協會、商務會、水利局、汽車站、中學、師範、中小學校等單位建立防共小組一百九十多個。到了一九四六年（民國三十五年）四月間，國內形勢開始變化，國共內戰有一觸即發之勢，防共小組因而暫停辦理，原因是中共主席毛澤東應邀到重慶赴蔣介石的約，展開國共和平談判。此時，中共中央與各民主黨派紛紛發表宣言，反對內戰，呼籲「民主、和平、團結、自由」，要求國民黨還政於民，結束一黨統治，容納各黨派，成立聯合政府。迫於外在形勢，防共小組因引起很大批評，不得不暫停活動。[4]

3 同前書，頁五十二—五十三。
4 同前書，頁五十三。

第八章　國民黨對新疆的經略

新疆地處中國西北邊陲，又是蘇聯援華的必經之路，戰略地位十分重要。一九四〇年（民國二十九年）三月初，周恩來從蘇聯回國，路過新疆省會迪化（現改為烏魯木齊），住在八路軍駐新疆辦事處。在迪化期間，周恩來與盛世才會談三次，並介紹了在蘇聯的見聞，希望盛世才與共產黨合作抗日。經過幾次會談，盛世才對周恩來頗為欽佩，也予熱情招待。盛世才這個人生性多疑，反復多變，心狠手辣，為了開發新疆，盛世才曾向共產黨求援，請求中共中央派一批幹部到新疆幫助他工作，以改變新疆面貌。後來盛世才又跑到蘇聯，與蘇聯拉關係，以建設新疆名義，從蘇聯要了甚多物資。盛世才與蘇聯中共的交往，及共產黨勢力在新疆的逐步壯大，引起國民黨的高度關注，而盛世才與中共的合作，蔣介石頗為焦慮，必須儘快派人經略新疆，否則後果嚴重。

盛世才何許人也？盛世才（一八九七－一九七〇），原名振甲，字晉庸，德三，遼寧省開原人，生於一八九七年。一九一五年（民國四年）畢業於上海吳淞中國公學，後赴講武堂學習，早年加入奉系軍隊，後由奉軍郭松齡保送日本明治大學和日本陸軍大學深造。

一九二七年（民國十六年）畢業返國後，擔任國民革命軍總司令部參謀。一九三〇年盛世才應新疆省秘書長魯效祖之邀，自願請調新疆，因表現良好，不久被新疆省主席金樹仁任命為軍事學校戰術總教官。一九三二年，哈密暴動，哈密王府軍官「和加尼牙孜」，於哈密組織武裝反抗時，請西北軍閥「朵司令」馬仲英派遣部將馬世明，派兵助陣。盛世才發揮軍事長才，兩度擊潰馬世明。一九三三年一月，馬世明再犯迪化，仍為盛世才所阻，從此，盛世才有「常勝將軍」之譽。一九三四年初，盛世才藉助蘇聯力量，擊敗南疆張培之，北疆馬仲英，時人開始以「新疆王」稱呼盛世才。同年三月，國民政府任命為新疆省主席，盛掌新疆軍政大權後，銳意省政改革，一九三四年四月，宣布「反帝、和平、建設、民族平等、清廉、親蘇」六大政策，一時頗受新疆地區各族擁護與愛戴。盛世才曾於一九二四、一九三四、一九三七年三次向中共要求入黨，未獲批准。抗日戰爭爆發後，盛世才一度贊同國共合作，與蘇聯、中共建立關係。一九三八年九月，出訪蘇聯，見過史達林，並當面向史達林要求加入共產黨。一九四一年蘇、德戰爭爆發後，盛世才的思想開始轉變，一九四三年加入國民黨，任新疆省黨部委員，國民黨中央監察委員，第八戰區副司令長官等職。[1]

---

[1] 參閱汪幸福《政治殺手——陳立夫》，頁一四八，武漢，湖北人民出版社，二〇一二年四月。

黃慕松（1884-1937年）

盛世才（1897-1970年）

張志智（立法委員）

盛世才主政新疆後，多次向共產黨求援，請中共中央派一批幹部到新疆協助，他還向共產黨提出入黨要求，由於他的身分特殊，中共中央將他的請求報到共產國際，共產國際未予同意。一九三〇年代末至一九四〇年代初，中共中央陸續派遣一些共產黨員到新疆工作，一九三七年七月，國民黨派在西北區活動的中統專員孫步墀，幹事張效仁，給陳立夫、徐恩曾發了許多密報，告知共產黨在新疆推行抗日民族統一陣線，得到老百姓的擁護。密報中還說：共產黨在新疆建立了航空學校，準備借盛世才之力，建立空軍，還建立了土木工程學院，專門培養共產黨的工程人才，共產黨顯然有長期經營新疆的計劃與目的。陳立夫得到報告後，立即告訴蔣介石，蔣得知消息後，非常著急，深怕地大而富饒的新疆落入中共手中，於是派盛世才的陸軍大學校長，也是國民黨中央候補執行委員黃慕松為特使，到新疆去勸盛世才歸順國民黨中央，不要在新疆搞獨立王國。黃慕松將蔣介石派他去新疆的想法，不經意的向南京新聞界透露，新聞記者將他談話整理成〈治疆方針〉一文，發表在中央日報上。陳立夫看到這個消息，覺得黃慕松的作法不妥，因為新疆問題很複雜，也很敏感，盛世才又是一個敏感多疑的人，看到這個消息一定不高興，甚至不會理會黃慕松。黃慕松也覺得陳立夫的顧慮有道理，立即派人去中央日報要求更正，但報社說來不及，也沒有必要，而黃慕松馬上就要動身出發，此事遂罷。

果不其然，黃慕松一到新疆，盛世才就認為是蔣介石派黃到新疆去領導他，要奪他的權，於是不再認這個昔日老師了，將黃慕松軟禁起來，後來黃託人向盛世才求情，盛世才將黃放出來，並要他立即回內地，不得在新疆逗留。這次任務失敗後，不久蔣經國剛從蘇聯回來，蔣介石想到盛世才此時正在投靠蘇聯，與蘇聯關係好得不得了，便派有留蘇背景的兒子，作為他的代表，去新疆遊說，那知道，蔣經國人還未入新疆，就被盛世才驅趕了回來。

新疆的共產黨員越來越多，盛世才與蘇聯和中共的關係也越來越好，使得陳立夫焦急萬分，他覺得要把盛世才拉攏過來，非得自已親自出馬不可，因為一九二〇年代，他與盛世才在北伐軍中共事過，兩人關係也還不錯，蔣介石也覺得派陳立夫去比較好。當時蘇聯援華的一批飛機，要從新疆經過，才能進入中國內地，此事得先與盛世才交涉好，蘇聯的飛機才能運來。為了去與盛世才交涉此事，蔣介石決定派陳立夫到新疆，並要求盛世才支持中央抗戰。為了防止盛世才又扣留中央大員，陳立夫請上蘇聯駐華大使鮑可洛夫一同前往。因為盛與蘇聯關係比較好，且蘇聯大使也想去新疆視察一下使領館的工作情形。蔣介石對陳立夫的新疆之行，非常重視，特派一架專機送陳立夫與蘇聯大使鮑可洛夫向新疆飛去。到了新疆後，陳立夫深知盛世才疑心病很重，見到盛世才後，沒有馬上談政治方面的事，而僅談及北伐及北伐分手後各自的經歷。經過幾天的接觸、觀察，陳立夫確實感到共產黨在新疆的勢力很大，如果盛世才繼續和共產黨長期合作下去，新疆將成為另一個陝北，其範圍甚至比陝北還大，他們談了蘇聯援華飛機經過新疆，並請盛世才支援一些油料給國民黨中央。陳立夫又以教育部長身分，簡單了解新疆教育方面的情況，等兩人關係融洽了，陳立夫才言歸正傳，單刀直入，勸盛世才轉變立場，展開反共行動。陳立夫詳細分析蘇聯與共產黨對新疆的陰謀與共產主義的禍害，力勸盛世才在思想上趕快轉向，把共產黨趕出新疆，並歸順蔣委員長領導的國民政府。陳立夫同時表明蔣介石對盛的信任，保證只要歸順中央，效忠蔣委員長，蔣委員長會給予很好的安排，如願意繼續在新疆做省主席，可以照做，如想到別的省去也可以，如都不願做，想到中央政府任職，也能予滿足。經過竟夕長談，陳立夫鼓其如簧之舌，對盛世才思想的轉變開始起了作用，而陳立夫又以教育部長身分，承諾對辦師範學校的盛世才夫人給予協助，一石兩鳥，盛世才的老婆也為之心動，對盛世才的轉向，發揮了催化的作用。陳立夫告訴盛世才夫人，蔣介石對盛很信任，只要盛真心歸順中央政府、擁護蔣介石，用行動來表示，就是與共產黨決裂，將在新疆的共產黨全部抓起來。

陳立夫完成了新疆之行，回到南京後，對新疆的局勢仍很關注，一直與盛世才保持連繫。一九四一年蘇聯與德國戰爭爆發後，盛世才認為蘇聯再也靠不住了，開始轉向反共。為了支持盛世才打擊共產黨，陳立夫向蔣介石建議派中統局局長徐恩曾赴新疆工作，徐恩曾當時的身分是國民政府交通部次長，就以「西北交通檢查團」名義進入新疆，其任務有二：（一）進一步動員盛世才反共，歸順蔣介石的國民政府。（二）清查在新疆的共產黨組織人員名單，一旦盛世才與共產黨徹底決裂，中統可將新疆的共產黨一網打盡，全部肅清。盛世才得到蔣介石政府的支持，首先製造了「新疆陰謀暴動案」，逮捕多名共產黨人。一九四二年三月十九日，盛世才以其弟盛世祺與蘇聯駐新疆人員陰謀製造「國際大陰謀」的罪名，大義滅親，將盛世祺秘密捕殺，隨後誣其弟媳婦陳秀英與蘇聯軍官通姦，「陰謀殺害其夫」罪名，將其逮捕處死。

在「國際大陰謀案」中，盛世才共逮捕六五六人，處死八十八人，連蘇聯駐新疆總領事巴林庫，駐新疆軍事總參事拉托夫也牽連在內，被逮捕關押。一九四二年四月下旬，蔣介石給盛世才寫一封親筆信，鼓勵他與中共決裂，加入國民黨。為了儘快控制新疆，蔣介石一方面拉攏盛世才，另一方面也給盛世才施加軍事壓力，蔣令其親信將領，號稱西北王的胡宗南，不聲不響的把部隊開進新疆，並很快占領了新疆與內地進出的關隘猩猩峽，使盛世才有大軍壓境之感。同時又特派第八戰區司令長官朱紹良到迪化，力勸盛世才徹底拋棄親共親蘇政策，趕快歸順蔣介石。盛世才感到蔣介石對新疆的壓力，如此緊迫，若再拖延，自己在新疆的地位真的保不住了，於是決定馬上反共投蔣。一九四二年八月，盛世才下令將在新疆地區工作的中共黨員全部調回迪化，八路軍駐新疆辦事的工作人員也全部集中監視。一九四二年八月二十九日，蔣介石派其夫人宋美齡，內侄毛邦初和第八戰區司令長官朱紹良到新疆督促盛世才反共，扣押中共黨員幹部，盛世才當即表示同意。宋美齡代表蔣介石許諾盛世才幾項官職，如國民黨新疆省黨部主任委員、新疆省主席、第八戰區副司令長官等。此後不久，中共在新疆的大批黨員、幹事被捕，包括中共在新疆的負責人徐杰（陳潭秋），毛澤東的弟弟毛澤民（周彬）、林基路、馬明芳、杜寧（楊之華）等二十餘人。一九四三年九月二十七日，深夜，中統與盛世才的軍警秘密處決了陳潭秋（徐杰）、毛澤民、林基路等人。[2] 一九四四年八月上旬，盛世才有感於國民黨勢力已開始動搖他的權力基礎，於是大肆逮捕國民黨黨員，又打算與蘇聯重修舊好，並致電史達林表示願意歸順蘇聯，但遭史達林拒絕。

[2] 汪幸福前揭書，頁一四八——一五六。

談到盛世才大肆逮捕國民黨員，有一段特別值得一述，事情經過如下：一九四三年（民國三十二年）一月，國民黨中央在新疆恢復新疆省黨部的組織，國民黨為拉攏盛世才，防其投向共產黨，以盛世才為省黨部主任委員，並派黃如今為書記長，張志智、童世荃、林柏雅等為省黨部委員，林繼庸為省政府建設廳廳長。一月十六日，省黨部正式成立。盛世才主持新疆省政期間，實施恐怖暴虐統治，無辜被逮捕拘禁或屠殺之人民，據估計達八萬之眾。特務密布橫行，令公務人員彼此監視，親友之間不敢往來，不敢交談，甚至也不通慶弔，人死不敢收屍。當時迪化籠罩在恐怖氣氛中，即使在交際場合，只要有盛世才在，就顯得特別緊張。張志智（一九四八年一月當選第一屆立法委員）於一九四二年（民國三十一年）十二月下旬，奉派到新疆辦報，並在新疆遍播國民黨的革命種籽。張志智到新疆後，以省黨部委員身分積極發展國民黨的組織工作，足跡遍及塔里木戈壁、吐魯番、焉耆、庫車、阿克蘇、喀什、葉城、和闐、于闐及諾羌等地，縱橫天山南北，從南疆到北疆，實地考察，到處以省黨部名義大量印製國旗及孫中山遺像等，宣揚三民主義，此舉觸怒了盛世才。一九四四年（民國三十三年）四月，盛世才大肆逮捕國民黨黨政高級人員，包括省政府秘書長劉效藜、教育廳長程東白、省黨部委員兼新疆日報社社長宋念慈、主筆郎道衡、以及伊犁行政督察專員徐伯達等，這些人不是盛世才的同鄉、同學、就是密友，而且都是他從各處請來新疆共事的人。八月十一日，張志智、黃如今、童世荃、林繼庸等人也上了盛世才派來的汽車，直送第一監獄，盛世才將中央派來新疆工作的國民黨人員，一夜之間，幾乎一網打盡。

盛世才同時派其參謀長汪鴻藻向中央派到新疆的監察使羅家倫說，盛督辦為中央破獲了一樁重大的政治陰謀，指這些被捕的人員是共產黨徒，陰謀叛國，在蘇聯支持下，企圖在新疆建立「東土耳其斯坦共和國」。張志智被捕押入牢房後，受盡嚴刑拷問。八月三十日，國民黨派第八戰區司令長官朱紹良與中統局長徐恩曾連袂飛抵迪化，瞭解新疆情況並參與盛世才對張志智等人的審訊，主審官為盛世才。張志智看到朱紹良與徐恩曾在場，知道自己有救了，於是在審訊庭上厲言痛斥盛世才與蘇聯勾結，罵盛數典忘祖，認賊作父，賣國求榮等罪狀，大義凜然，聞者動容，氣得盛世才當場掏出手槍作勢要殺人。這時徐恩曾靈機一動，站起來大聲說，「我現在代表總裁下緊急命令，新疆不能再動張志智一根汗毛，因為他是一名要犯，他還牽連著更重大的案子。」徐恩曾這一計，終於使張志智死裡逃生。中央派到新疆工作人員，也在一九四四年十二月二十二日，全部被釋，一九四五年（民國三十四年）四月一日，張志智由新疆返回重慶。[3]

[3] 童世荃、丁慰慈〈大義凜然的張志智——張氏在新疆從事黨務工作及被陷經過〉，收錄於《一個勇者的畫像》，一九七六年十一月。

隨後，國民政府派吳忠信接任新疆省主席，將盛世才調為農林部長，結束了「新疆王」長達十二年的統治生活。盛世才就任農林部長後，新疆人民控訴盛世才的罪行，並發起「討盛運動」，國民黨感於輿論壓力，將盛世才撤職查辦。盛的岳父邱宗濬在盛世才調離新疆後，也舉家自迪化遷居蘭州。盛世才隨國民政府來台後，一九四九年五月十六日深夜，其岳父一家老小被滅門，稱為「邱宅大血案」。盛世才因殺人無數，仇家太多，蔣介石特別派了一個排的步兵保護他，有人送東西來，盛一概不吃，全部轉送鄰居。一九七〇年（民國五十九年）七月十三日，盛世才因腦溢血逝世於台北，享年七十三歲。

第九章　第一屆立法院院長副院長提名人選之爭

一九四八年（民國三十七年）五月八日，行憲第一屆立法委員首次在南京舉行會議，開會前，蔣介石在他黃埔路官邸，約集CC系、政學系、朱家驊系和黃埔系的國民黨立法委員具中常委身分的陳立夫、張道藩、谷正綱、賴璉、吳鐵城、王啟江、劉健群、黃宇人、倪文亞、湯如炎、白瑜等舉行午餐會，蔣當眾人面前說：「我提議張群、何應欽兩人中選擇一位擔任行憲後的首任行政院院長。你們看怎樣？」蔣說完，沒有人做聲，因為大家心裡明白，蔣介石實際上是要使立法院長和行政院長受黨的約束，也就是唯蔣之命是聽，不能有所異議。沉默幾分鐘後，黃埔系的黃宇人首先起立發言說：「蔣先生為何不提胡適？」蔣介石臉色一沉，非常不高興地說：「書生能成什麼氣候？」看蔣否定了黃宇人的提議，賴璉站起來說：「我贊成何應欽先生。」蔣卻說，「何應欽還要負責軍事，現在戰事要緊，軍事上離不開他。」陳立夫看出來了，蔣介石是極力想讓張群當行政院長，就站起來說：「我贊成張群。」陳立夫的提議，其他與會的人，沒有一個表示贊同，蔣介石等得不耐煩了，立即宣布表決，「同意張群同志的請起立。」在座的人都站了起來，於是蔣介石就說：「好，行政院長的人選全票通過。」經過一番杯酒酬酢後，蔣又說：「下面開始討論立法院院長、副院長的候選人。」在座的人誰也不說話，等著蔣介石提名，於是蔣介石接著說：「我提議由孫科、陳立夫為立法院院長副院長的候選人，請大家發表意見。」眾人還是沉默不語，這時，有「大砲稱號」的黃宇人站起來發言，「孫科任立法院院長，本人表示贊同，但陳立夫任副院長恐怕有些不妥。」接著湯如炎、朱家驊、王啟江等人也紛紛起立，七嘴八舌，表示反對陳立夫當立法院副院長。蔣默不作聲，陳立夫有些尷尬，他萬萬沒想到黃宇人等人竟當面反對他當立法院副院長。但他心理明白，有蔣介石撐腰，今天不管什麼人反對，最後還是會過關。因此，他心定下來，默不作聲，靜觀事態發展。在這節骨眼上，CC系的人當然挺身而出，替陳立夫講話，張道藩首先站起來，「我贊同立夫同志當立法院副院長，立夫同志在我黨內德高望重，年富力強，工作經驗和政績都十分突出。我認為立法院副院長位置，非立夫同志莫屬。」

緊接著賴璉也站起來質問黃宇人，「你們不贊成立夫同志當選立法院副院長，理由是什麼？說出來讓大家聽聽。」賴璉語氣咄咄逼人，但黃宇人也不甘示弱，大聲說：「立法院的副院長應以平素在黨內少有恩怨的同志來擔任，才能協調各方面的立法委員，為民主憲政樹立良好的基礎，立夫同志顯然不宜擔負這一職務。」此話一出，張道藩馬上激動起來，予以反駁，他說：「照你這麼說，立夫同志在黨內有不團結現象，與黨內同志有個人恩怨，現在是選舉，不是共產黨的批評和自我批評。」賴璉也緊跟著說：「立夫同志為人怎樣，政績如何，我想黨內同志自有公論，委座心裡更是明白。」說完了，看了蔣介石一眼，蔣介石沒有做聲，隨即黃宇人、湯如炎、朱家驊、王啟江等人又站起來，反駁ＣＣ系大員的說法。雙方各執一詞，爭執不下，互不相讓。副院長選舉之爭進入短兵相接狀態，蔣介石見雙方爭論不休，似乎不會有共識，乃喝了一聲，「大家不要吵了，現在宣布表決。」大家靜下來，等待蔣介石的宣布。蔣說：「贊成陳立夫任立法院副院長的請站起來」，話聲未落，ＣＣ系的委員毫不遲疑地站起來，因為蔣的意思早就明示了。黃埔系的委員也識趣的相繼站起來，大砲黃宇人依然坐著不動。朱家驊磨蹭了一陣，見大家站起來，自己也站起來。王啟江也跟著猶豫著站起來。這時只有湯如炎，心不甘，情不願的，半坐半立，說不清是什麼姿勢，蔣介石抬頭問湯：「你這個樣子，是贊成，還是反對？」湯如炎說：「我原是反對，既然大家都贊成，我只好服從。」場面有點好笑，只是不敢笑出來。蔣介石又對黃宇人說：「民主是應少數服從多數，你是否服從多數的決定？」黃宇人站起來說：「我不過是代表一票，起立與否，無實際意義。」蔣介石聽了十分震怒：「你這是什麼意思，難道我壓制民主，壓制群眾嗎？」黃宇人見蔣盛怒，不敢再說話了。陳立夫見狀，起立對蔣介石說：「委座息怒，委座息怒。」

陪在蔣介石身旁的蔣夫人宋美齡見此情形，低聲對蔣說：「今天談了很久，可以休

傅斯年（1896-1950年）

息了吧？」蔣介石順勢宣布散會，率先悻悻然，拂袖而去。本來事情到此已塵埃落定，陳立夫可以穩坐立法院副院長寶座了，誰知道事又出變。幾天後，黃埔系、朱家驊系、政學系及其他黨派的立法委員，在新街口東南角的一家銀行二樓上舉行午餐會，經過醞釀，他們又相約另推立法委員傅斯年競選立法院副院長，與陳立夫相抗衡。傅斯年（一八九六—一九五〇），字孟真，山東聊城人。一九一六年（民國五年）考入北京大學，一九一八年（民國七年）與羅家倫、毛子水等組新潮社，創辦新潮月刊，一九二〇年留學英國、德國，一九二六年回國，任中山大學教授，一九二八年任中央研究院史語所研究員，翌年任所長。曾任國民參政會參政員，北京大學代理校長，一九四九年出任台灣大學校長，辭去立法委員，一九五〇年十二月腦溢血猝逝。

在這次餐會上，政學系的立委文群發言，列舉反對陳立夫，支持傅斯年的理由，要求大家口徑一致，共同對付陳立夫，文群聲嘶力竭的大喊：「立法院副院長不應由一個搞派系的人來擔任，除他之外，大有人在。」結果經文群一煽動，會場情緒十分熱烈。自此以後，反陳立夫的一幫立委，每隔一兩天，就在此處午餐餐敘，餐費各自分攤，不足的，由桂系的立委邱昌渭負擔。有一次，邱昌渭帶的錢不夠，由他在帳單上簽字。第二天邱昌渭派人到餐廳清償欠款，並索回簽字單據時，餐廳經理卻說：「欠帳登在簿上，但帳單找不到了。」這一兩天，黃埔系的劉健群、黃宇人聽到與軍統有關係的立法委員說，中統已向蔣介石報告，說這次反對陳立夫，支持傅斯年，完全是桂系李宗仁一手策劃的，並附上邱昌渭簽字的那張單據為證，蔣介石信以為真，對李宗仁更加惡感，於是下決心，一定要讓陳立夫當選立法院副院長。一九四八年（民國三十七年）五月十七日，立法院投票選舉院長副院長。結果，孫科順利當選第一屆立法院院長，陳立夫也在一片非議聲中，當選立法院第一任副院長。[1]

1　陳冠任前揭書，頁三三二—三三五。

第十章　蔣介石引退　架空代總統李宗仁

一九四八年（民國三十七年）十一月七日，美國總統大選結果揭曉，選前美國輿論與民調一面倒看好的總統候選人紐約州長杜威，竟意外落選。選前押錯寶的蔣介石既失望又尷尬，攜帶美金四百萬親赴美國為杜威助選的立法院副院長陳立夫，更是懊惱不已，不僅白費功夫，還幫了倒忙，得罪杜魯門。在國共內戰中節節失利的國民黨政府，把希望寄託在杜威當選總統後，美國能支持國民政府，援助國民黨作戰，這一下子，可真是賠了夫人又折兵。十一月九日，國民黨政府硬著頭皮，厚著臉皮，寫信給杜魯門要求繼續支持國民政府，協助國民政府作戰。三天之後，被結怨已深的杜魯門斷然拒絕。就在這時，東北全境也被共軍攻陷。十一月二十八日，蔣介石決定由夫人宋美齡親自出馬，出訪美國，協商美援事宜。十二月一日，宋美齡飛抵紐約，十天之後，杜魯門夫婦很不情願的約見宋美齡，見面時，宋美齡向杜魯門提出了再提供三十億美元的軍事援助。杜魯門回答說：「美國只能付給已經承諾的援華計劃的四十億美元，這種援助可以繼續下去，直到耗完為止。美國不能保證無限期地支持一個無法支持的中國」。蔣介石急需得到的美援沒有盼來，宋美齡的訪美又大吃杜魯門的閉門羹。一九四八年十二月三十日，暗中受到杜魯門支持的桂系，其大將白崇禧又自武漢發來逼宮電報，要求蔣介石下野，以利國共和談，因為桂系大將均認為蔣介石是國共和談的絆腳石，蔣介石不下台，和談無法進行。[1]

一九四九年（民國三十八年）一月，百萬共軍已陳兵長江北岸，南京情勢岌岌可危，在這種情勢下，美國對華政策已有國府中樞換人的打算。桂系也在美國暗中支持下，不時發動逼蔣下台的強大攻勢，面對重重危機，蔣介石焦慮萬分，於一九四九年一月十六日，召集國民黨、民社黨及青年黨代表開會，商討如何應付時局的對策。在座談會上，包括國民黨的部分人士，主張「政府應迅速向中共求和」，甚至連國民黨高層，一向為蔣介石信任器重的邵力子，也公然主張無條件接受毛澤東的八項和談條件，這八條件是：（一）懲辦戰爭罪犯，（二）廢除偽憲法，（三）廢除偽法統，（四）依據民主原則，改編一切「反動」軍隊，（五）沒收官僚資本，（六）改革土地制度，（七）廢除賣國條約，（八）召開沒有「反動」分子參加的政治協商會議，成立民主聯合政府，接收南京國民黨「反動政府」及其所屬各級政府的一切權力。這些條件等同於要國民黨政府無條件投降。因此，一月十六日，蔣介石邀請邵力子、張治中、張群、吳鐵城、孫科及民社黨和青

[1] 張學繼、張雅蕙《陳立夫大傳》，頁三二二—三二三，北京，團結出版社，二〇〇四年一月。

孫科（1891-1973年）

年黨領袖，在自己的官邸就毛澤東所提八項條件徵詢意見時，孫科首先就說：「中共所提八項條件，是要我們無條件投降。」一九四九年一月十七日上午，國民黨中央政府開會討論與中共和戰問題，蔣介石沒有參加，由孫科主持，邵力子、張治中主和；谷正綱、張道藩主戰，雙方尖銳對立，一場舌戰，不歡而散。蔣介石看邵力子、張治中主和立場堅決，而自己也需要贏得時間整頓軍備，以爭取喘息時間。因此，一月十九日，國民政府行政院舉行政務會議，決定「願與共方進行無條件停戰，並指定代表進行和平談判」，與此相呼應的是社會輿論普遍表示，「非蔣介石下野，則和談不能進行」。蔣介石深感形勢已無可挽回，便準備「引退下野」，於是在一月十八日，重新佈置人事，擴大京滬警備總部為京滬杭警備總部，任命湯恩伯為總司令，統一指揮蘇、浙、皖及贛東地區軍事；派朱紹良為福州綏靖公署主任，余漢謀為廣州綏靖公署主任，陳誠為台灣省主席兼警備司令，蔣經國為台灣省黨部主任委員。從蔣介石的人事部署，已可看出把重點放在經營台灣，一旦大陸無法確保時，以台灣為國民黨寄身以待復起的基地。

一九四九年（民國三十八年）一月二十一日，蔣介石於正午約宴五院院長，正式宣布引退，下午二時在黃埔路總統官邸，召集國民黨中常會臨時會議，出示他和李宗仁的聯名宣言，並依憲法第四十九條規定，自一九四九年（民國三十八年）一月二十一日起，由李宗仁副總統代行總統職權。[2]當時場面至為淒惋，此情此景，似有無限哀傷，正是所謂「最是倉皇辭廟日」，與會眾人中有人已潸然淚下，甚至放聲痛哭。這時谷正綱忽然含淚起立，大聲疾呼「總裁不應退休，應繼續領導和共產黨作戰到底。」蔣介石以低沉語調說：「事實已不可能，我已作此決定了，我今天就離開南京。」這是蔣介石的第三次引退。蔣介石下野之前，國民黨政權已處於風雨飄搖之中，時局一天比一天緊張，國民黨大員早已開始考慮自己的退路了，蔣介石的兩大親戚孔祥熙帶頭滯留美國治病，宋子文把巨額家產轉移到國外。就在這時，陳果夫的病情也一天天加重，逐漸走到生命的盡頭，一些親友紛紛來勸陳果夫到台灣養病，儘快離開多災多難的是非之地。陳果夫內心掙扎了很久，直到一九四八年（民國三十七年）十一月十五日，才向蔣介石寫了報告，請求到台灣

2　陳冠任前揭書，頁三四二—三四三。

養病，蔣也很快就予批准。一九四八年十二月六日晚，陳果夫偕妻子與老父陳其業及家人數人，於暮色蒼茫中登船離開上海，前往台灣。十二月七日，陳果夫一家到達台灣基隆港，再坐火車，第二天抵達台中，住在台中市雙十路八號的一間公寓，陳立夫則留在大陸，協助蔣介石維持國民黨搖搖欲墜政權。

陳果夫、陳立夫兄弟對蔣介石的下野感到痛心疾首，可是蔣介石的內心卻認為大陸局勢會走到這般田地，是二陳壞了他的事，是二陳兄弟把持黨務，把黨搞壞了，二陳搞特務政治，激起各方的反感。因此，把責任一下子推到二陳身上。當蔣介石退出會場時，陳立夫為示忠心，跟著出來送行，蔣卻扳著臉怒斥：「共產黨沒有打敗我，打敗我的是自家的國民黨。」接著用手指著陳立夫，恨恨地說：「就是你們一班人」，並發誓再也不登中央黨部的大門。[3]這不就是史書上所說的：「朕躬無罪，罪在群臣，是群臣誤朕矣！」大陸丟失，二陳兄弟或許與有罪焉，但若把責任全往二陳兄弟身上推，稍有歷史常識的人，恐怕會覺得有失公允。

離開中常會後，蔣介石驅車先到中山陵拜別，面容嚴肅地站在中山陵前，默然無語，悲從中來。一九四九年（民國三十八年）一月二十一日午後四時十分，蔣介石乘美齡

[3] 陳冠任前揭書，頁三四四——三四五。

號專機，從南京明故宮機場起飛，蔣吩咐駕駛員衣復恩，繞空一周，向首都作最後巡禮，心中不免感嘆：「無限江山，別時容易見時難」。誰想到這一別二十六年，蔣介石再也沒有機會重歸故里。蔣介石離開南京，先回老家奉化溪口。過了一段時間，陳立夫又去溪口晉見蔣介石，這一次，蔣顯得和顏悅色許多，對陳立夫說話也客氣多了。在隨後的談話中，蔣告訴陳立夫，他還要東山再起，要陳立夫在政府中運作孫科院長和其他要員，「不要與李宗仁合作，拆李的台，造成混亂，使李陷於為難境地，我們才有希望。」[4]一九四九年（民國三十八年）一月二十九日，蔣介石在溪口召見行政院秘書長黃少谷，要他將中央黨部先行遷到廣州，名義上是對國民黨現況加以整頓，以圖根本改革，實質上是蔣介石想在幕後以總裁身分操控國民黨不與南京的李宗仁代總統合作。此事經陳立夫的督促勸說，一九四九年二月一日，行政院院長孫科將行政院遷到廣州，孫科對外聲稱，這一舉動是反對李宗仁代總統在一月二十七日致電中共主席毛澤東，同意接受毛提出的八項條件，為國共和談基礎，骨子裡也是孫科為報副總統競選時被桂系打敗的一箭之仇。

孫科此舉，使府、院正式分家，南京石頭城只剩下一個代總統辦公室，李宗仁代總統這一下子，被架空了。堂堂一個國民政府，總統府在南京，行政院卻遷往廣州，李宗仁

4 同前註，頁三四六。

又氣又惱，一面打電話給蔣介石，指責他不顧大局，暗中拆台，一面給孫科打電話，要他把行政院搬回南京，孫科不予理睬。李宗仁見廣州方面按兵不動，知道行政院遷回南京已無望，便使出最後一招，決定在南京召開立法院會議，宣佈行政院遷廣州是非法行為。這時陳立夫出手了，他以立法院副院長身分表示，對立法院在何處開會有權決定，李宗仁要在南京開會，他便提出在廣州開會。為了拉攏更多立法委員離開南京到廣州開會，陳立夫使出經濟手段，凡願意到廣州去的立法委員，每人送船票一張及美金一百元，抵達廣州後，每月再給三百元港幣做為特別津貼。李宗仁在無法可想的情況下，只好派張群到廣州做說服工作，孫科由於有陳立夫的背後撐腰，乾脆不見張群，李宗仁無計可施，只好親自屈尊就駕去拜會行政院長。二月二十二日，李宗仁親赴廣州，陳立夫與孫科虛與委蛇，到機場迎接李宗仁，見面後李宗仁藉口視察工作，閉口不談行政院遷回南京的事。到了晚上，李宗仁避開陳立夫，單獨去見孫科，向孫科攤牌說：「現在華盛頓支持的是南京，不是溪口。」李宗仁同時運作粵系軍頭歸向他，孫科在廣州待不下去了，只好再把行政院搬回南京。孫科一回南京，在廣州的立、監兩院立即發起對孫科的彈劾，立、監委員指責孫科及其內閣為「和平之障礙」，「民國以來最惡劣無能之內閣」，孫科招架不住，只好於一九四九年（民國三十八年）三月八日向李代總統遞上辭呈。孫科內閣垮台後，李宗仁在蔣介石的壓力下，推出何應欽組閣，府院合作進行和談，何應欽院長夾在蔣介石與李宗仁之間，左右為難，於一九四九年五月三十日，宣布內閣總辭，李宗仁提名居正組閣。[5]

居正是國民黨元老，前任司法院院長，居正接到李代總統的電報後，立即前往求見蔣介石請示，蔣不便當面阻攔，表面上贊成。於是居正向蔣提出上台組閣後，希望蔣給予實際支持，把存在台灣的黃金美鈔運到廣東，撥充軍政費用，蔣未明白反對，居正乃從台灣飛抵廣州謁見李代總統，請示組閣事宜。居正與李宗仁關係不錯，居正一旦組閣，李、居合作，對蔣不利，蔣介石乃決心全力阻止居正組閣。陳立夫在其回憶錄（成敗之鑑）裡提到：「……此時立法院已搬到廣東，如經該院通過此一任命案，由李、居二人互為表裡，政府麻煩就大了，那時立法院新當選不久的院長是童冠賢，副院長劉健群，我們盡力拉立委至廣州開會，結果對此案贊成反對各占一半，因童院長傾向李宗仁，我乃正告劉健群必須投反對票，乃在表決中以一票之差否決了任命居正為行政院長的人事案。」據說，蔣介石為阻止居正出任行政院長，曾派袁守謙從台灣飛抵廣州，會同保密局（原為軍統局，抗戰勝利後改為保密局）局長毛人鳳一個個向親蔣立委打招呼，要他們投票否決居正組閣，親李宗仁的立法院院長童冠賢，也受蔣的特務威脅躲到香港去，而同意權投票時，由副院長

5 張學繼、張雅蕙前揭書，頁三二六。

劉健群主持。另外，桂系立委韋永成、張岳靈和陳逸雲三人居香港，未能趕上立法院參加投票，因此，在三百零三張立委選票中，居正只得一百五十一票，離過半數只差一票，如韋、張、陳三位委員趕上投票，局面將改變。居正組閣遭否決後，李宗仁思之再三，決定與蔣介石妥協，轉而提名閻錫山組閣，一九四九年（民國三十八年）六月三日，立法院以兩百五十四票贊成，五十六票反對，通過閻錫山出任行政院院長。六月十一日，國民黨中常會決議通過蔣介石提議設立最高決策機構——非常委員會，由蔣介石任主席，李宗仁任副主席，居正、孫科、于右任、何應欽、閻錫山、吳忠信、張群、吳鐵城、陳立夫、朱家驊為委員。[6]蔣介石通過「非常委員會」這個臨時機構，重掌軍政大權，代總統李宗仁成了有職無權的空殼代總統。

6 張學繼、張雅蕙前揭書，頁三二六、三二八。

第十一章　大陸失守李宗仁去美國　蔣介石在台復職

一九四九年（民國三十八年）一月二十一日，蔣介石宣布下野，李宗仁代行總統職務，一月二十二日，李宗仁發表文告，宣稱「中共方面所提八項條件，政府願即開始商談，並決定推張治中、邵力子、黃紹竑、劉斐、章士釗、李燕等六人為國民黨方面的和談代表，並指定邵力子為首席代表，於雙方同意之地點，進行和平商談，邵力子與共產黨有很深淵源，一直參與中共的和平談判，得到中共的好感。三月二十四日，國民黨決議組織南京國民政府和平商談代表團，邵力子堅辭首席代表，改由張治中為首席代表。在一月二十五日，中共發言人發表關於和談問題談話時，已表示「願意在一月十四日毛澤東主席對時局聲明的基礎上，和南京反動政府談判和平解決的問題，談判的地點，要待北平完全解放後才能確定，大約將在北平。」[1]而代總統李宗仁對和平談判的底線，是想與中共「劃江而治」，這是李宗仁的一廂情願，不是中共所能接受的。一九四九年四月一日，張治

1　張學繼、張雅蕙前揭書，頁三二三。

中、邵力子等國民黨的和談代表到北平，正式舉行和平談判，雙方主要就戰犯問題和解放軍渡江問題交換意見。國共雙方和談之前；一九四八年十二月二十五日，毛澤東以「中共權威人士」名義，發布國民黨戰爭罪犯名單，第一批四十三人，蔣介石名列榜首，李宗仁名列第二，陳果夫、陳立夫兄弟名列第七、第八位。經過半個月的協商，中共代表團提出「國共和平協定」最後修正案八條二十四款，限令南京政府在四月二十日前答覆。蔣介石對此和平協定修正案，怒氣沖沖地說：「哪裡是和平協議，明明是投降條件。」並大罵張治中等談判代表無能，喪權辱國。聽命的李宗仁也拒絕在協議上簽字。一九四九年（民國三十八年）四月二十一日，毛澤東、朱德發出「向全國進軍命令」，共軍大舉渡江，四月二十三日，占領南京，周恩來誠懇希望全體國民黨和談代表留北平，與中共合作，建設新中國，南京和談代表團在邵力子首先發言後，堅決表示不再回南京的態度，大家一致通過全團留在北平不返的決定。和談代表團全團投共，這是蔣介石做夢也沒有想到的事。[2]

南京失守後，國民政府不得不遷廣州，李宗仁代總統眼看局勢迅速逆轉，國民黨已無能為力，原本企盼與共產黨「劃江而治」的圖謀破滅。接著上海、武漢，相繼淪陷，總統府被迫又遷重慶。看來，李宗仁已無法應付危局，一九四九年（民國三十八年）七

---

2 左玉河《至尊幕府——蔣介石和他的高級幕僚》，頁一九九—二〇一。

月十六日，蔣介石突然飛抵廣州，在梅花村召開國民黨中常會，組成「非常委員會」，以蔣介石為主席、李宗仁為副主席，臨時主持戰時軍務，李宗仁代總統的總統府成了空架子，大權旁落。[3] 非常委員會成立後，七月二十三日，蔣介石在廈門召開軍事會議，佈置福州、廈門防務，設立東南長官公署，意圖確保台灣安全。李宗仁則另有想法，以經營自己的老巢兩廣為當務之急。因此，在非常委員會期間，李、蔣爭執不斷，互不相讓，會議毫無結果。一九四九年十月上旬，共軍進逼廣州近郊，李宗仁將政府遷往重慶，情勢危如累卵，蔣介石見此情境，決心重返前台，重掌政權。事實上，此時CC系和政學系控制的媒體已不再以「總裁」稱呼蔣介石，而逕呼為「總統」了。幾天後，吳忠信自台灣抵重慶，帶來蔣介石親筆函，內中表達蔣要復出的意思，要求李宗仁與蔣介石發表一個聯合聲明，說明和談失敗，李氏自動告退，敦請蔣氏復出領導，以竟反共全功。此後，張群、朱家驊等亦先後找李宗仁，希望李聲明引退並參加勸進。李宗仁認為蔣介石欺人太甚，勃然大怒對吳忠信說：「蔣先生如果要復辟，就自行復辟好了，我沒有這個臉來勸進。」蔣介石於一九四九年十一月十四日下午，乘飛機由台北抵重慶，李宗仁為避免難堪，自動離開重慶，負氣出走昆明、桂林、海口，巡視一番後，以治病為由，去了香港，再從香港轉到美

3　陳冠任前揭書，頁三四九—三五〇。

國去當寓公。[4]

李宗仁離開重慶後，國民政府群龍無首，陳立夫見機不可失，立即以個人名義給蔣介石發一封電報，「籲請蔣公復出」，蔣介石很快回復，表示「為黨國安危計，即來重慶」。十一月十四日，蔣飛抵重慶接下李宗仁丟下的爛攤子。不久，重慶也吃緊，共軍進入重慶外圍，加上舉國經濟蕭條，通貨貶值嚴重，國民黨兵敗如山倒，重慶守不住了，國民政府從重慶再遷成都，但成都也亂成一團。一九四九年十一月三十日，蔣介石飛抵成都，在北校場中央軍校，開始盤算新的戰略計劃。蔣介石有三個構想：一是退守雲南，二是固守川南，三是撤到西康。蔣的昔日大將對他的計劃幾乎無人感興趣，大家似已意識到大勢已去，無可挽回。蔣介石請劉文輝、鄧錫侯、熊克武、白傳儀等川康將領吃飯，在飯桌前，蔣提議請他們把家眷送到台灣去，以免後顧之憂，大家表面答應，卻沒有絲毫動作。隨後蔣介石又召集他們來開會，結果那些將領一個也沒來，這時候，蔣才真正體會到「大難來時各自飛」的人情冷酷。當時陳立夫去軍校看蔣介石，見此情況，預感可能要出事了，於是對蔣說：「情況已十分危急，這些人可能對總裁不利，還是速作打算為好。」接著又問蔣：「下一步怎麼辦？」蔣說：「你和閻院長先飛台灣，我準備去西康。」這時

---

4 張學繼、張雅蕙前揭書，頁三二九、三三〇；以及《李宗仁回憶錄（下）》，頁七六五。

胡宗南率部奉調西康，實施蔣介石的作戰計劃。陳立夫馬上說：「總統不能去那裡。」「為什麼？」蔣介石似有不解的問。陳立夫馬上說：「總統若到西康，胡宗南軍隊到達者僅兩團的兵力，劉文輝（西康省主席）在那裡已經十幾年了，他如在機場請總統訓話，再來一次西安事變的翻版怎麼辦？」蔣臉色凝重，沉吟片刻後說：「那我去雲南好了。」陳立夫又表示反對，他說：「盧漢（雲南省主席）也靠不住，雲南絕對去不得。」經過陳立夫的分析說明，蔣介石打消去西康、雲南的念頭，改派張群赴昆明探虛實。結果，張群被盧漢扣留，幾天後，雲南果然正式宣布脫離蔣氏政權，轉向共產黨。這證明陳立夫有先見之明。

一九四九年（民國三十八年）十二月八日，共軍兵臨成都，國民政府召開行政院緊急會議，決定撤離大陸。陳立夫也擔心滯留成都，會成為「張群第二」，因此立即與行政院長閻錫山搭乘一架飛機飛往台灣。蔣介石之所以不要陳立夫與他一起走，而要陳立夫與閻錫山一起走，用意是要陳立夫監視閻錫山，蔣對陳立夫說：「他（閻錫山）是院長，你是政務委員，你也應該與他一起走，你不是說伯川（閻錫山）的思想包袱沉重，情緒不好嗎？這種人在這個時候很容易投共，你跟他在一起，可起監視作用，他就不敢投共了。如果發現他有投共傾向，要堅決阻止，必要時可採取非常手段制止。」[5]那天晚上行政院長閻

5 汪幸福前揭書，頁二六九。

錫山偕副院長朱家驊、總統府秘書長邱昌渭、參軍長劉士毅、政務委員陳立夫、萬鴻圖，教育部長杭立武、財政部長關吉玉等一行十四人，乘坐一架飛機從成都起飛，到四川與湖北交界處遇到亂流，只得折返成都，第二天再飛。閻錫山因為攜帶大批金銀財寶超重，影響飛行，只好減少搭乘人數，陳立夫與閻錫山為此起衝突。經過這次危險的飛行，陳立夫對閻錫山十分反感，認為像閻錫山這樣貪圖錢財的人，不能再在政府擔當大任。到了台灣後，陳立夫在蔣介石面前告了一狀，說閻錫山這次到台灣，攜帶的金條數十箱，使朱家驊、邱昌渭、杭立武等要員險些來不成台灣，還使一些該同行的人也來不了，而閻錫山所攜帶的數十箱金條，來路也不明。蔣介石聽了陳立夫的報告，對閻錫山開始不信任了，是以閻錫山到台灣不久後，任了很短時間的行政院長就被撤換了。[6]

閻錫山到台灣甫卸行裝，即接見各報記者，表示此次他的「戰鬥內閣」的組成，係基於戰略考量，才於十二月七日（一九四九年）晚間決定遷台，並在西昌另設大本營，統率陸、海、空軍在中國大陸作戰，以「政軍分離」方式，求後方政治的穩定及前方軍事的靈活。當十二月七日行政院發布「政府遷設台北」並在西昌設大本營，統帥陸、海、空在大陸作戰時，蔣介石也手諭台灣省主席陳誠，表示政府決定遷台灣，須特別歡迎，希望台

---

6 同前註，頁二六九、二七〇。

灣民意機關多有精神擁護的表示。[7]一九四九年（民國三十八年）十二月八日上午，陳誠在全省行政會議上宣布政府遷台消息，並表示中央存台的財富相當充足，各機關人員來台後，決不致增加台灣人民的負擔。同日下午二時二十分，台灣省議會議長黃朝琴亦在行政會議上表示，「今天聽到政府決定遷來台北的消息，大家都覺得非常興奮，台灣光復四年來，對中央政策無不竭誠擁護，現在政府即將遷移來台，必能予台灣省政府建設更多的協助與指示，本人謹代表全省民眾表示竭誠歡迎與擁護。」並在全體與會人員的掌聲中通過歡迎中央政府遷台的電文。[8]一九四九年（民國三十八年）十二月九日，行政院正式在台辦公，十二月十日下午八時，蔣介石搭乘中美號專機由成都飛抵台北，代表中華民國法統的國璽和行政院大印，亦由成都運抵台北，總統府及行政院則一起遷至介壽館（即今總統府）二樓辦公。至此，中華民國政府遷設台北一事，大致底定。國民黨政府遷台後，以台灣為生聚教訓，整軍經武，徐圖反攻大陸的最後根據地。一九四九年十一月二十七日，國民黨臨時中常會決議，籲請總裁繼續行使總統職權，蔣介石乃在一九五〇年（民國三十九年）三月一日，在台北總統府宣布復行視事，並發表復職文告。

---

7 何智霖編《陳誠先生書信集——與蔣中正先生往來函電（下）》，頁七三九—七四〇。

8 一九四九年十二月九日，《公論報》第四版、《中華日報》第二版。

第十二章　國民黨改造　陳立夫放逐美國養雞

一九四八年（民國三十七年）四月，第一屆國民大會召開，蔣介石被選為中華民國行憲第一任總統，依據中華民國憲法規定，行政院院長、由總統提名，經立法院同意後任命。蔣介石總統原準備提名政學系的張群出任行政院院長，在同年五月二十一日，立法委員談話會上，CC系的立法委員一致主張以假投票方式試行選舉，以其結果供蔣介石作為行政院長提名參考，投票結果，何應欽得票最多，張群一氣之下，表示決不就任行政院院長，當天晚上即離開南京到上海，何應欽進退不得，他知道蔣介石心中屬意的人選是張群，在張群離去後，他也表示不任行政院長，逼得蔣介石只好找一九四五年宋子文任行政院長時的副院長翁文灝來當院長。翁文灝是著名的地質學家，一九二二年任教於清華大學地質系，並一度代理清華大學校長，一九三五年十二月任行政院秘書長，抗戰時期，任經濟部長及資源委員會主任委員，一九四五年任行政院副院長，抗戰勝利後，翁文灝接連五次請辭行政院副院長，打算回到地質與地理科學的研究。想不到這次又要被委以行政院院長職務，蔣介石並言明在先，「請你不要推辭」，翁文灝甚感意外，自認其素性與才能都難當此政務。儘管如此，蔣介石主意已定，於五月二十四日向立法院提名翁文灝出任行政院院長人事案，立法院通過翁文灝人事案後，一九四八年六月四日，翁文灝走馬上任，成為首任行憲內閣的閣揆。此後國民黨內派系間權力之爭激烈，六月二十日，行政院副院長顧孟餘請辭，翁內閣一直處於動盪不安之中，一九四八年七月，國共內戰後期，國民黨政府財政瀕臨破產，一則需籌措龐大軍費，以應付內戰，再則需擺脫國內物價飛漲的困境。蔣介石要翁院長加緊擬訂財政金融改革方案，然而財經問題並非翁的專業，病急亂投醫的結果，採納了財政部長王雲五的「幣制改革」，發行金圓券，代替法幣，限期收兌金銀外幣，強令限制物價，結果不到三個月，此項改革徹底失敗，金圓券急劇貶值，各大城市爆發大規模搶購物資風潮，物價狂漲，黑市猖獗，民怨沸騰。一九四八年十一月底，翁文灝實在無法應付，遞上辭呈，鞠躬下台。[1]

翁文灝請辭後，同年（民國三十七年）十一月二十六日，立法院院會通過蔣介石提名孫科出任行政院院長。行憲第一任立法院院長孫科任職七個月後轉任行政院院長，乃辭去立法院院長職務，立法院院長須進行改選。當時的副院長陳立夫為CC派的領袖，原本有意接任院長，卻因為國民黨中央支持李培基委員出任院長、劉健群委員任副院長。

1　戴晨京編著《學者的悲哀——從政文人的最後結局》，頁二一二—二一三、二一六—二一八，北京，華文出版社，二〇〇六年一月。

翁文灝（1889-1971年）

立法院內的革新俱樂部（即CC派）支持李培基選院長，但主張由CC系的程天放出任副院長，而新政俱樂部（即三青團）、民主自由社與一四座談會等派系的立委則支持劉健群任副院長，不贊成李培基任立法院長。李培基（一八八六—一九六九），河北省獻縣人，早年在東三省講武學堂及陸軍測繪學堂學習，並加入同盟會，辛亥革命期間，任關外民軍總司令部參謀長，一九一八年（民國七年）投閻錫山率晉軍，一九二七年（民國十六年）夏，任國民革命軍北伐第一軍第一師師長並被任命為綏遠都統，一九二八年六月升任第三集團軍第一軍軍長，十月任河北省政府委員，一九二九年（民國十八年）八月，任綏遠省主席，一九三八年二月，任國民黨監察委員，同年五月任銓敘部長，一九四一年十二月，任考試院秘書長，一九四二年（民國三十一年）一月任河南省政府主席兼河南保安司令，一九四四年七月至九月間被罷免，一九四八年（民國三十七年）一月當選第一屆立法委員。

行憲第一任立法院院長副院長的選舉，在各方各有堅持，互不相讓情形下，吳鐵城領導的民主自由社成員串連華北大同盟、黃埔系、三青團、桂系及朱家驊系的立委推出童冠賢、劉健群搭配，一舉成功。一九四八年（民國三十七年）十二月二十四日，下午三時半進行第二任立法院正副院長選舉，出席委員三百五十一人，開出三百四十九張票，空白票六張，廢票十二張，童冠賢以一百九十六票，過半數當選為立法院院長，李培基僅得一百二十三票，下午副院長選舉時，發出選票三百四十二張，開出三百四十二票，其中有效票三百二十一張，廢票五十三張；劉健群以兩百零二票當選為立法院副院長，程天放僅得一百二十六票。童冠賢在國內的知名度並不高，立法院內的CC份子並不喜歡他，童氏之能脫穎而出，應歸功於立法院其他的派系，對CC的勢力太大有意見而反彈的結果。其實，童冠賢也是學者出身，他出生於河北張家口市，年青時就讀天津南開大學，後又公費赴日本早稻田大學留學，繼而到美國哥倫比亞大學，英國劍橋大學及德國的國立大學研究政治及經濟學。一九二五年（民國十四年）回國後任北京大學教授，國立中央大學法學院院長、教務長、監察院審計部次長等。後隨國民黨元老顧孟餘赴廣州參加國民黨北伐革命軍，受命返京任中國國民黨政治委員會華北分會委員。抗戰期間參加救災工作，勝利後，曾任國民政府善後救濟署冀、熱、平、津分署署長等職。一九四九年（民國三十八年）二月，代總統李宗仁與行政院院長孫科為了中央政府是否南遷廣州，發生府、院之爭時，童冠賢支持李宗仁與共產黨和談，不同意立法院遷廣州，國民黨在陳立夫策動下，使一部份立委離開南京去廣州開會，因此立委一分為三，一部分留南京，一部分去上海，一部分撤往廣州。李宗仁拒簽國共和平協定後，在上海方面有范予遂、李世軍、于振寰、武和軒等五十五位立法委員，發表聲明，脫離國民黨，擁護共產黨。立法院的委員少了幾十位後，使CC派在立法院的勢力相對壯大起來。[2]童冠賢與李宗仁相唱和，更加深CC派對他的不滿，因此，不時給他製造麻煩。CC派委員潘朝英等在立法院內發起「倒童運動」，童冠賢為避風頭，偷偷與黃宇人避居澳門，後又移居香港，與顧孟餘、張國燾、甘家馨、邱昌渭等展開第三勢力活動，不願與立法院遷台灣，因而向立法院寫了辭職函。[3]

接到童冠賢的辭職函後，陳立夫當時的考量是，立法院院長童冠賢既然寫了辭職書，而他原是立法院副院長，可負實際責任，立法院的實際大權在他手裡，過了一些時候，他就可以順理成章的做院長。孰不知，蔣介石對立法院長的人選，早已心有所屬，他還是想讓陳立夫負責黨務，立法院長的位置，他是屬意黃埔弟子，副院長劉健群出任。因

2　汪幸福前揭書，頁二八八。

3　同前註。

為蔣介石知道陳立夫與陳誠不和，如果立法院院長由陳立夫或其他ＣＣ分子出任，已經於一九五〇年三月八日就任的陳誠行政院長的任何施政方案，就會卡在立法院，而無法施展，台灣政局就會一天到晚矛盾重重，問題成堆。因此蔣介石覺得童冠賢辭職問題必須馬上處理，否則夜長夢多，童冠賢只要有立法院長身份在，可以合法掩護非法，做出不利於政府的事，在國際上也會造成不良影響，由是認為童的辭職事不能拖，應盡早准予辭職，馬上選舉新院長。蔣介石同時提出由劉健群代理立法院長。

聽蔣介石一說，陳立夫臉色大變，陳誠與劉健群系出三青團，關係很好，劉健群出任立法院長，陳誠的任何施政計劃，在立法院就會暢行無阻，到時候，ＣＣ在立法院就難有作為。為了阻止劉健群出任院長，陳立夫首先發言，列舉數條理由，反對劉健群出任院長，他說：「立法院的人員比較複雜，不一定會聽中央的」，陳立夫發言之後，ＣＣ派大將谷正綱也起立發言反對，他說此時推劉健群任立法院長，不太合適，黨內還有比劉健群更合適的人選。另外，鄭彥芬也發言反對。蔣介石見ＣＣ派紛紛反對他的提議，心裡雖不痛快，但還是忍住，沒有發火，要求與會人員繼續就此事發表意見，哪知，後來發言的人有相當多的比例贊成ＣＣ派的說法，蔣介石心想ＣＣ份子對此事作了一番密謀，於是臨時決定，此事就此為止，以後再召集黨內有關人員商議解決辦法。

為了使劉健群的人事案順利通過，蔣介石的隨從秘書周宏濤向蔣建議，除聯絡黨內各領導人外，還應召集各小派系的頭面人物，開一次疏通會。把蔣的意見告訴他們，以求得統一。蔣介石同意周宏濤的建議，於是由周宏濤、立委張光濤、立委吳延環三人商議決定，以陳誠（行政院長）、陳立夫、王世杰（總統府秘書長）三人名義，於一九五〇年（民國三十九年）五月三十日，聯名邀請全體立委餐敘。宴會開始，由總統府秘書長王世杰代表陳立夫、陳誠，向各位立委作說明。王世杰說：「今天請大家來，主要是說明立法院院長的人選問題，童冠賢已經提出辭職，現在要考慮安排新院長。考慮到立法院第五期已經屆滿，院長的選舉應到下次會議再行改選。在改選之前，黨中央的想法，由劉健群副院長代理，希望各位立法委員支持中央的這一考慮。」王世杰說完，大家都鼓了掌，陳誠、王世杰以為既然大家都鼓掌了，應該不會有什麼問題，沒料到，掌聲之後，CC派的陳博生委員突然站起來大聲說：「我反對劉健群代理院長，原因是他不適合擔任這一職務。」接著立委邵華、江一平也起立發言反對劉健群代理院長，主張維持現狀，由陳立夫繼續負立法院的全責。緊接著鄭彥芬委員也若明若暗的支持陳博生、邵華等人的觀點。散席後，陳誠馬上趕到士林官邸向蔣介石報告餐會中的情況，蔣介石聽後極為生氣，逕自上樓去，坐在辦公室生悶氣。陳誠想挽回此事，又邀陳立夫、王世杰到行政院商討如何將此事處理好。陳立夫依然不鬆口，一再向陳誠、王世杰表示，他實在沒有把握通過劉健群代理院長的人事案，因為立法院的情況太複雜，他控制不了。[4]

陳誠、王世杰見陳立夫態度絲毫無轉圜餘地，只好作罷。陳、王兩人對陳立夫的作梗，甚為惱火，他們心想：「台灣是蔣介石主政，立法院長由誰當，自然應該是蔣說了算，你陳立夫是蔣的部下，有什麼權力作梗？」五月三十日晚上九點，周宏濤也將陳立夫、陳誠、王世杰下午開會情形報告蔣介石，蔣聽了之後，臉色鐵青，心想台灣正處於極度困難之際，陳立夫為首的CC分子，仍不能體諒他的難處，不顧大局，只想到派系利益，不斷給他出難題，要改變這種混亂局面，非下狠心懲治陳立夫不可。蔣介石於是決定處治陳立夫，首先，不准陳立夫參加當局舉行的任何會議。其次，利用國民黨改造機會，將陳立夫在黨務方面的權力全部拔除，然後逐出國外。第二天（五月三十一日），蔣介石給總統府秘書長王世杰傳令，從今以後，再不准陳立夫參加任何政務會議。陳立夫得到這一消息，心裡非常緊張，也有些後悔，兩次托人向蔣求情，想與蔣面談，蔣介石不理他。陳立夫又親自給蔣寫一封道歉信，對於劉健群的人事案，未能配合總裁旨意，請總裁原諒他，蔣介石也沒有回信。六月八日（一九五〇年），陳立夫利用晚飯後散步的機會，信步走到周宏濤家，請周幫忙解開他與蔣之間的心結，但仍強調「劉健群的人事案，要在立法

[4] 汪幸福前揭書，頁二八九、二九〇。

院通過，有一定的難度，因為立法院的人事很複雜，想以感情領導、控制他們，實在很難，劉健群的人事案難以通過，我雖然有相當的責任，但與蔣總裁兩面控制人的手法，也有一定的關係。」周宏濤不同意他的說法，並坦率以道：「這是因為過去黨的領導幹部未能盡責建立黨的運作制度，總裁才不得不考慮安置黨內外人士，搜羅人才。你長期負責黨方面的工作，現在黨內出現這樣嚴重的分歧局面，你難辭其咎。」[5]

一九五〇年（民國三十九年）六月九日上午，蔣介石將一份中央銀行改組的理、監事名單交給周宏濤，周發現蔣介石用紅筆將陳立夫的名字劃掉了。在草擬國民黨中央改造委員的名單中，原先規劃的十七人，陳立夫名列其中，蔣介石也將陳立夫的名字劃去了，這樣定案的國民黨中央改造委員只有十六人。七月二十一日晚，蔣介石召集全體中常委談話，點名批判了二陳兄弟，並宣布「黨即應改造」。蔣介石對二陳兄弟的批評，歸納起來有兩點：其一、國民黨在大陸的失敗，本質上是黨本身的失敗，而黨的失敗，是二陳直接造成的，必須承擔責任。其二、黨的改造，就是告別過去，刷新政治，不能再見黨內派系傾軋、人事紛爭的現象。我們黨員不能再有敗壞紀綱、藐視組織的行為和作風，用到台灣來瓦解我中華民國最後的基礎，使其重蹈大陸各省的覆轍，而要做到這一點，清算歷

5 汪幸福前揭書，頁二九二。

史，改變現狀，創造未來是貫通的。[6]七月二十二日，國民黨第六屆中常會臨時會議準備討論國民黨改造方案，作最後的溝通。會上，CC分子陳肇英、李宗黃等人反對停止六屆中央執行委員會，中央監察委員會職權，也不同意由總裁一人重新遴選成立中央改造委員會。CC分子發言後，蔣介石怒火中燒，厲聲說道：「黨的改造不容再緩，否則我不能再以總裁地位領導這個黨，如果同志們仍不信賴我，只有退出本黨。」他又指著反對者說：「贊成者站起來，反對者請出去」，蔣介石發了大脾氣，與會人員只好站起來表示贊成。[7]一九五〇年七月二十二日上午，蔣介石主持國民黨中常會，正式通過改造方案。七月二十六日，蔣介石在台北舉行二百多人參加的黨政軍要員茶會，正式向外公布，由陳誠、張道藩、谷正綱、蔣經國、沈昌煥、連震東、張其昀、鄭彥芬、陳雪屏、胡健中、袁守謙、崔書琴、谷鳳翔、曾虛白、蕭自誠、郭澄等十六人組成「中央改造委員會」。八月五日，中央改造委員會正式接替原中央黨部職權，並掛牌辦公。自此，控制操縱國民黨黨務，叱咤風雲達二十四年之久的陳氏兄弟雙雙出局，被排除於國民黨的權力核心之外。病中的陳果夫不堪遭此重擊，又氣又惱，病情益劇，而陳立夫聽說蔣經國會同陳誠請CC派大將余井塘與張道藩吃飯時，通過余張兩人傳給陳立夫的一句話，說「陳立夫是個混

6　陳冠任前揭書，頁三五四－三五七。
7　汪幸福前揭書，頁二九二。

蛋」。陳立夫聽到此話後，對哥哥陳果夫說：「我要離開台灣這個互相傾軋的是非之地，遠走他鄉」，陳果夫也同意弟弟這一想法。

陳立夫於是向有關部門打了去美國的報告，沒想到蔣介石很快就批示：「同意」。陳立夫準備束裝就道，前往美國時，蔣介石似乎覺得做得過分了，於是又派人送他五萬美元做為安家費。一九五〇年（民國三十九年）八月四日早晨，陳立夫偕夫人孫祿卿及一子一女，由台北搭飛機先赴瑞士參加「道德重整運動會議」，開完會後，再飛往美國寄居。當天到機場來送行的門生故吏與親朋好友計三百多人，陳立夫心中痛苦到了極點，想起在台居住的八十歲高齡老父（陳其業）及病在床褥的兄長，不知何年何月才能再相見，內心百感交集，在向眾人揮手告別時，眼中已是盈盈淚滴！一九五一年（民國四十年）八月二十五日，陳果夫病情急轉直下，帶著一生對國民黨和蔣介石的功與過、榮與辱、忠與怨，離開人間，享年五十九歲。遠在美國紐澤西州養雞的陳立夫，接到噩耗，痛哭一場。當時蔣介石對於CC派的整肅，並沒有停止，儘管手足情深，陳立夫還是強忍悲痛，沒有能夠回台灣參加葬禮，只能隔著重洋遙為祭拜。一九五二年（民國四十一年）國民黨中央改造結束，蔣介石先後給了陳立夫「國策顧問」與「總統府資政」兩個虛銜，並按月給他寄來薪俸，但要求陳立夫在紐澤西州養雞辦農場，勿再參與台灣的政事。

第十三章　王世杰拒任行政院長　陳誠取而代之

一九五〇年（民國三十九年）三月一日，蔣介石在台灣復行視事，行政院長閻錫山自知院長可能做不成了，因此早有鞠躬下台的心理準備，而蔣介石來台後準備生聚教訓，復國建國，這個時期的行政院長一職，非常重要，蔣介石確實考慮很多，民間也議論紛紛，當時到台灣的黨政大員中夠資格出任行政院長的人選不少。例如王世杰、何應欽、張群、孫科、陳誠等五人，其中何應欽、孫科、張群在大陸時期皆出任過行政院長，孫科還兩度出任，此五人中，何、張、孫三人雖有再任行政院長的可能，但蔣介石對他們過去任職期間的表現，並不滿意，不想讓他們重作馮婦。剩下王世杰、陳誠兩人中，陳誠雖有任行政院長的資望，但當年在大陸東北戰場上被共軍林彪打敗，名聲嚴重受損，當時黨內外對他很有意見，甚至有人喊出：「殺陳誠以謝國人」，加上他又是職業軍人出身，做最高行政首長，似乎不太妥當。因此，蔣介石以減除法方式淘汰了前四人後，把目標訂在王世杰身上。蔣之屬意王世杰出任行政院長的原因有二：其一，王世杰非常聽話，可以完全配合蔣的理念與政策方針，多年來對蔣忠誠不二，又是學者出身，較無政治野心，有利於蔣介石心目中想培養蔣經國為接班人的布局。其二，王世杰學養不錯，遇事比較冷靜沉穩，且在國民黨高階官僚中，資歷甚深，能力亦強，在國民黨的人際關係不錯，對於行政院長一職，定能勝任。

王世杰，一八九一年出生於湖北崇陽縣，早年在武漢、天津等地讀書，一九一三年去英國留學，一九一七年轉往法國就讀巴黎大學，一九二〇年獲得法學博士學位。不久回國，應北京大學校長蔡元培之邀在北京大學任教，並參與創辦《現代評論》周刊，是知名的法學家與教育家，隨後步入政壇，受蔣介石的信任倚重，歷任國民政府法制局局長、武漢大學校長、國民黨中央宣傳部長、國民參政會秘書長、外交部長、國民政府委員，第二、三屆聯合國大會首席代表等職。[1]

蔣介石與王世杰談論出任行政院長前，先派其子蔣經國探詢王世杰的態度，王世杰不知道蔣經國真正意圖為何，不敢答應。有一天，蔣介石親約王世杰到辦公室當面徵求王世杰的意見，並對他說：「雪艇（王世杰字），行政院長再不能要閻錫山做了，我考慮來考慮去，覺得只有你幹行政院長最合適，我們剛到台灣來，百廢待舉，需要一個強有力的，比較能幹的人出任此職，你就把這個擔子挑起來吧！」王世杰怎麼也沒想到蔣介石此時真

1 汪幸福前揭書，頁二七〇—二七三。

的要他出任行政院長，不過，這件事王世杰已有考慮，他認為國民黨敗退到台灣後，共產黨還會窮追不放，繼續攻打台灣，這時期做行政院長，沒有什麼意思。再說，自己跟蔣介石做了大半輩子，對蔣的為人很瞭解，原來跟蔣的知名知識份子，死的死、跑的跑，原因是看透蔣的為人，跟蔣幹好了，功勞是他的，幹不好，就成了替罪羔羊，永遠為他背黑鍋……。[2]

王世杰不願出任行政院長，還有一層考慮，就是難以對付以陳立夫為首的CC分子。在重慶時，無論是在國民政府當秘書長，或是在外交部長任上，領教過陳立夫的厲害，在國民黨六屆二中全會上，陳立夫唆使不明真相的人，公然喊出：「打倒王世杰」、「王世杰下台」，把他搞得坐立不安，裡外不是人。雖然事過多年，他一想起六屆二中全會的那一幕，就不寒而慄。此外，還有一事，一九四五年八月，他突然被蔣介石任命為外交部長，並奉蔣之命赴蘇聯，代替宋子文（行政院長）與蘇方進行談判，八月十四日，在損害中國領土與主權的「中蘇友好同盟條約」及其照會上簽字，致使一百五十多萬平方公里的外蒙古從中國分離出去。王世杰代表國民政府在莫斯科簽字，回國後，國民黨內有很多知道此事內情的人，在背後罵他出賣國家民族利益，不再與他往來，為此，他曾很痛苦。當時

2　汪幸福前揭書，頁二七五。

中蘇舉行的秘密談判，無論是第一階段或第二階段，都是按照蔣介石的指示行事，蔣的兒子蔣經國也參與談判，到條件談妥，快要簽字時，宋子文卻中途退出，最後落墨的是王世杰，此後王世杰一直為蔣、宋背著賣國的黑鍋。因此，他一旦擔任行政院長，稍有閃失，會有人搬出這段歷史揭他的瘡疤。

王世杰聽了蔣介石的話後，對蔣說：「我追隨總裁幾十年來，總裁對我的信任、厚愛、栽培，我一直銘記在心，並永志不忘，這次總裁要我擔任行政院院長之職，是總裁再次對我的信任與厚愛，我心裡萬分感激，但是，我能力低，又不會做協調工作，難以勝任這一重要職務，為了黨國的事業，請總裁另選賢能，考慮比我更為合適的人來做這一工作。」[3]蔣介石見王世杰不答應此事，心裡大不悅，他心想：「別人想這個院長，想得快要發瘋，你還要推辭，真不識抬舉。」由於王世杰沒有答應出任行政院長，蔣、王的談話就在不愉快中結束。過兩天，蔣介石又叫心腹陶希聖到王世杰家裡探聽王世杰究竟是真的不願任行政院長，還是謙辭。王世杰將其對蔣介石講的話，再講一遍，陶希聖從王世杰的口氣與態度判斷王世杰是真不想出任行政院長，並將探詢的結果告知蔣介石，並談了自己對這件事的看法，蔣見王世杰堅持不想任行政院長，心裡有氣，決定重新考慮其他人選。

[3] 前揭書，頁二七五—二七六。

陳誠（1898-1965年）

王世杰（1891-1981年）

王世杰不想任行政院長，國民黨的另一大員陳誠內心竊喜，急切想坐上院長寶座。與此同時，以陳立夫為首的ＣＣ派聽說蔣介石準備找王世杰或陳誠出任行政院長時，卻是又緊張又憂心，因為王世杰屬政學系，政學系長久以來在國民黨內位居要津，是ＣＣ系的勁敵，而陳誠與ＣＣ系也水火不容，這兩人之一上台，ＣＣ系在台灣就沒有好日子過。因此，為了阻撓王世杰與陳誠出任行政院長，陳立夫等ＣＣ分子經過數次密謀，決定以強留閻錫山看守院長的辦法，阻擋王世杰與陳誠。一九五〇年（民國三十九年）二月二十六日晚，雷震將探聽到消息告訴了王世杰，並希望王世杰在此關鍵時刻，大膽的出來承擔行政院長的重擔，雷震說：出任行政院長是你義不容辭的責任，民、青兩黨的蔣勻田、陳啟天也持相同的看法，連谷正綱也這樣認為，他們的共同看法是陳誠出任行政院長，有三點不宜：其一，他是軍人，台灣領導人都為軍人，將來人家會說「中華民國的政府為軍政府」。其二，陳誠過去從事的主要是軍事工作，現在如做政務，一下子難以適應，也會貽誤軍事。其三，陳誠近來脾氣不好，如掌行政院，不出三個月，內則與行政院同仁不能相處，外則與立法院不能合作，要他做行政院長，則是毀了他。不過，王世杰坦陳「做行政院長要有班底，他過去從不搞幫派，現在沒有人馬。沒有班底就沒有力量，沒有力量，上台後就不易渡過目前的難關。」王世杰又說：「比如台灣省政府主席吳國楨是強人，也就不易聽我的命令。軍事方面的預算，陳誠必然要為軍方講話，他一站在軍方說話，我就不好辦。而立法院中的那些CC分子也極不好應付。所以，我不想做這個院長，如果陳誠任院長，我做副院長，輔助他就可以了。我對蔣總統講過，如果陳誠同意，我出任副院長，最好是不由總統推薦，由陳誠來邀請我就行了。」

雷震走後，CC派的大將谷正綱又來勸王世杰，力促他出任行政院長，因為在CC派看來，閻錫山不一定挽留得住，陳誠與王世杰兩人比較起來，陳誠上台對CC派最不利，要設法把陳誠擋在行政院大門外。兩害相權，CC派只有退一步同意就陳、王兩人中，請王世杰出來才是上策。王世杰心裡明白谷正綱來找他，並不是真心要他做院長，而是CC派的策略運用，因而沒有答應谷正綱的勸進。

一九五〇年二月二十七日，陳誠已風聞蔣介石要王世杰出任行政院長，心裡頗不是滋味，論資歷，他不比王世杰低，行政院長的首選人應該是他，沒有想到蔣介石竟然要王世杰幹。後又聽說王世杰不想做，但又不知是真是假，於是他決定派與王世杰有些關係的台灣大學校長傅斯年以勸王世杰出任為名，探詢王的真實想法。傅斯年畢竟是書生，不知陳誠的用心，他將陳誠勸其出任行政院長的話轉告了王世杰，而傅斯年自己也極力贊成王世杰出任院長，不必顧慮太多。王世杰聽後對傅斯年說：「孟真（傅斯年字）啊！我是個老實人，對你說個真心話，此時的院長不好做，我如上任，三個月就有可能要垮台」。傅斯年說：「陳誠任院長，對台灣的軍事必有妨礙，軍事搞得不好，台灣安全也有問題，你應出任行政院長」，王世杰苦笑了一陣後，對傅斯年說：「你告訴辭修（陳誠字），行政院長一職，他幹比我幹好」。經過一番交談，傅斯年心裡斷定王世杰是真的不願做行政院長。他將自己探得的情況，如實的告訴陳誠，陳誠聽了非常高興，心想「王世杰不幹，行政院長一職，非我莫屬了」。陳誠之所以渴望出任行政院長，因為他過去做過參謀總長、軍政部長等軍職，唯獨沒有做過行政院長，如果有機會出任此職，他想在這個位置上做出成績，讓大家看看，以一掃過去在東北戰場失利的陰影，重塑自己的新形象。

一九五〇年二月二十八日，下午四點半，蔣介石在台北陽明山辦公室約見民社黨與青年黨領袖蔣勻田、陳啟天，想聽聽他們的意見。蔣勻田開門見山就說，「這幾天大家對安排誰為行政院長十分關注，我們希望安排雪艇做院長」，蔣介石想聽他們所持的理由，蔣勻田說：「他有學識、經驗，與各國各界的關係較好，美國領導人對他印象也不錯，台灣要美國人保護，今後依賴美國人的地方還很多，他適合與美國人打交道，這樣你身邊的左右手、一文一武，而且又很能幹。」陳啟天也表示非常同意蔣勻田的說法。蔣介石聽了蔣勻田、陳啟天的一番話後，搖頭說：「你們考慮的意見，與我想的一樣，我何嘗不想這樣做呢？可是我請雪艇出來，他總不同意，他堅決不幹，我沒有辦法」，蔣勻田與陳啟天當即表示，如果是王本人說不幹，他們下山後，將直奔王家，力勸王世杰出任行政院長。蔣介石說：「你們去說吧！」蔣、陳二人直奔王世杰家勸說，勸了半天，王世杰依然不鬆口，蔣、陳兩人白費唇舌。

一九五〇年三月一日，蔣介石在台北公開宣布復行視事，三月四日中午十二時，蔣介石約請國民黨部分黨政要員吃午飯，席間向與會人員說：「我原想請雪艇任行政院長，並請他多次，由於種種原因，他不願出來，現在只有請辭修（陳誠）任院長了，大家對此應有所準備，應支持我的這一提議，使這一人事案在立法院能順利通過。」蔣介石說完後，在場的立法委員谷正鼎馬上表示：「聽說有不少立法委員不同意辭修出任此職，他們有可能用假投票辦法來抵制此事。」蔣介石聽了，想起在大陸時期，陳立夫等ＣＣ分子，曾用假投票辦法阻止張群出任行政院長，現在又要故技重施，很生氣的說：「如果立法院不能通過辭修的任命，我再次下野也在所不惜」，坐在一旁的張群見蔣介石生氣，也向蔣介石進言說：「對這件事，我徵求過民、青兩黨的意見，他們希望此次能由文人組閣。」[4]下午四點，蔣介石又約國民黨中常委及非常委員會成員談話，再次重申他原本想請王世杰出來組閣，但王世杰堅決不幹，他不想做，強迫他做也不好。除了王世杰外，只有陳誠出任此職最合適，希望大家支持他的提議。蔣介石說完，與會人員你一語、我一語，谷正綱直截了當地說：「我對辭修任行政院長的問題，表示兩點意見，一、辭修為現役軍人，依憲法軍人不能任文官。二、最好叫雪艇任行政院長，如果他堅決不任，非要辭修任，辭修則不能兼任國防部長一職。」谷正綱說完，蔣介石馬上說：「為雪艇的事，我已說了不少話，再叫他出來，已不現實。辭修係軍人的問題，這好說，叫他退役就是了。」

蔣介石這麼一說，眾人再不發言了。散會後，陳立夫召集CC派同仁密議，商量結果，覺得最好的辦法，還是聯合民、青兩黨中的立委，強行挽留閻錫山，CC派知道王世杰堅決不任行政院長的態度後，十分失望。他們認為王世杰不出任，對CC派不利，因此下一步阻止陳誠的唯一辦法，就剩下一招，即在立法院行使同意權時，不通過陳誠的任命案。於是CC派立委分頭到各立法委員家中拜訪，向立委說明陳誠出任行政院長的害處，以及挽留閻錫山的好處。而此時，蔣介石也派出數路人馬到各立法委員家中動員，要求遵

---

4 汪幸福前揭書，頁二七九。

循蔣的指示，同意陳誠出任行政院長。[5]

儘管國民黨中央已採取動員黨籍立委支持陳誠的措施，陳誠還是不敢掉以輕心，他認為出任行政院長的最大絆腳石，就是陳立夫，為減輕壓力，他決定直搗黃龍，直接找陳立夫談交換條件，承諾組閣時會在內閣裡為CC系安排幾席位子，希望CC系不再反對他出任行政院長。其次，請全體CC系立委吃飯，看一場京劇名角顧正秋的戲。一九五〇年三月七日，陳誠來到陳立夫家中拜訪，陳誠直言，總裁已決定要他出任行政院長，是王世杰不幹，才落到他頭上的，他本不想幹，只因為總裁一再要他幹，只得把這副擔子挑起來。陳誠坦言，他出任院長，在黨內有不少阻力，特別是CC系人士。此次希望CC人士看遠一些，支持他、幫助他，他上任後不會虧待CC人士，陳誠並允諾一旦在立法院獲得通過，將在內閣中安排幾位CC人士，作為對CC人士支持的回報。陳立夫聽此一說，心中大喜，連忙問道：「你計劃安排幾個？」陳誠答：「二至三人」，陳立夫說：「爭取三人，如果是這樣，我將在下屬中，做說服工作，支持你出任行政院長。」後來陳誠實現諾言，在內閣中安排CC分子張厲生出任行政院副院長（張任副院長後脫離CC系倒向陳誠），余井塘出任內政部長、程天放任教育部長。雙方條件成交後，各有所得，皆大歡喜。

5　同前註，頁二八〇。

一九五〇年（民國三十九年）三月八日下午三時，立法院行使行政院長同意權，出席委員三百八十八人，結果陳誠獲得三百零六票，陳誠的任命案，順利通過。

第十四章　王世杰被免除總統府秘書長疑雲

一九五〇年（民國三十九年）三月八日下午，立法院通過陳誠出任行政院院長人事案，三月九日，國民黨中央日報報導，立法院通過陳誠任行政院長，同時還登載，王世杰、張厲生、谷正綱三人都有可能任行政院副院長。王世杰看到這一消息，雖感意外，卻是他推辭出任行政院院長時曾表示，如果陳誠延攬，他願意當副院長。當他心裡正準備去當行政院副院長時，蔣介石電話來了，要他馬上到陽明山蔣的行館一談。王世杰依約一進蔣介石的辦公室，蔣便對他說：「雪艇啊！我叫你做行政院院長，你不願幹，卻要做副院長。從昨到今，我反復考慮，你還是不到行政院好，來我這裡做秘書長，這樣對你對我都好。我作這樣的安排，主要是考慮你跟隨我多年，無論是資歷、能力，去做副院長有些委屈，故又給你安排一個秘書長，這樣使你光彩些，也好做事，不知你意如何？」王世杰一聽，大吃一驚，沒有想到蔣介石突然要他接總統府秘書長，他跟隨蔣多年，內心很清楚，伴君如伴虎，秘書長說起來好聽，實際上無權也無事可做，加上蔣介石喜怒無常，翻手為雲、覆手為雨，這個官非常難當。這樣想著，他對蔣介石說：「辭修與我談過，同意我任行政院副院長。」「我就任副院長吧！」蔣介石說：「現在情況有變，原來報上你們三人為副院長，現在只有張厲生一個副院長，你做秘書長比較好，我這裡的事情就由你管了。」蔣介石不待王世杰回應，接著又說：「外面對此次人事安排議論紛紛，目前局勢艱危，很多事情急著要人處理，大家要趕快落個位，就這樣定了，你好好幹吧！」[1]

王世杰見蔣介石態度堅決，不准他提什麼要求，他再不作聲，悶悶不樂地下山。據了解，蔣介石突然不要王世杰做行政院副院長，其原因有三：（一）原定張群出任總統府秘書長，但張一再表示不當秘書長，蔣介石沒法，只好臨時決定要王世杰出任此職。（二）陳誠覺得CC希望在行政院安排谷正綱、張厲生兩個人當副院長，很不妥，陳誠擔心CC將來給他作梗造亂，使他的意見與指示，在行政院難以貫徹實施。因此，經過考慮後，陳誠向蔣介石建議減掉王世杰與谷正綱。減掉王世杰是因為王資歷老，恐不好共事。（三）陳立夫找蔣介石建議王世杰不要到行政院，蔣介石思考後，接受陳誠和陳立夫的建議。王世杰被指派為總統府秘書長後，一肚子火，向來看他的兩個部屬說，「要我任秘書長，應先徵求一下我的意見，這麼大的事，也不管我適不適合做，突然決定要我幹，太要不得。」儘管一百個不願意，也只好聽命接受。

---

[1] 汪幸福前揭書，頁二七〇—二七三。

果然，王世杰出任總統府秘書長一職，不到三年，一九五三年（民國四十二年）十一月十七日，蔣介石突然下令免去王世杰的秘書長職務。十一月二十六日中央日報在顯著版面刊登一條中央社的電訊，「秘書長王世杰十一月十七日奉令免職」，其原文如下：「秘書長王世杰，蒙混舞弊，不盡職守，著即免職，此令。」[2]關於王世杰突然被免職丟官的原因，有幾個傳聞：

第一、一九四〇年代末，國民黨創辦民航隊時，因無創辦經費，由政府借給民航隊一百二十五萬美元，做為開辦費，該隊得到這筆巨款後，立即匯往美國作為購買飛機及零件的費用。一九四九年，國民黨因大陸局勢逆轉撤退來台灣，民航隊未辦成，匯到美國的巨款被凍結。一九五〇年（民國三十九年）秋，美國政府宣布解凍台灣當局在美國的財產。政府的一些官員極力主張收回此款，蔣介石也曾指示當時的外交部長葉公超設法將此款收回台灣，為了收回這一百二十五萬美元，民航隊特給外交部、交通部遞交報告。外交部收到報告後，轉呈行政院院長陳誠，陳誠批示意見後轉呈總統蔣介石。此時，台灣與英國關係發生危機，英國即將外交承認中華人民共和國，陳誠心急如焚，他考慮到此時收回這筆錢，有可能得罪美方，更擔心美國也像英國一樣變卦，承認中共政權，因此決定暫

2 汪幸福前揭書，頁二八三。

時不收回此款。由於當時王世杰因病住院，陳誠便將批示意見，交總統府副秘書長黃伯度呈給蔣介石閱示。當時蔣介石住在桃園大溪行館，接到行政院轉來的外交部、交通部報告後，並未仔細審閱，就匆匆在上面批了「如擬」二字。這就是說，蔣介石也同意行政院院長陳誠的意見，暫不收回此款。

過了一段時間，不知是誰在蔣介石面前又提到此款，蔣介石聽了，想起曾多次囑咐外交部長葉公超要收回此款的往事，以為該款已收回了。如今有人再度提起，蔣對這件事不放心，於是連忙叫人通知外交部長葉公超前來，要親自問清楚民航隊的美元匯款收回了沒有。

葉公超一進蔣介石辦公室，蔣劈頭就問：「民航隊在美國的那筆錢收回了嗎？」葉公超告知還沒有，蔣又問：「為什麼還沒有收回？」葉公超回答：「這筆錢至今未收回，是根據你的意見辦的。」蔣介石一聽此言，火冒三丈，破口罵道：「混帳，這筆美金是中華民國的錢，數目那麼大，我能叫你不收回嗎？」「這麼大的一筆錢不收回，你辦什麼外交？你受了賄，你這是賣國行為。」葉公超被罵得抬不起頭，他不敢爭辯，出了總統辦公室後，不能忍受無端受辱，直奔行政院，向院長陳誠辭職。陳誠聽了葉公超的陳述，又見他一臉淚水，頗為同情，對葉公超說：「辭職之事不要提了，我去說明一下。」當天，陳誠叫人從檔案庫裡翻出蔣介石批示的公文，匆匆趕到蔣介石辦公室，陳誠對蔣說：「民航隊的那筆款子暫未收回，是因為你已批了意見，怎麼又罵葉公超呢？」蔣介石一聽，愣了一下說：「我批了意見嗎？」蔣戴上老花眼鏡仔細一看他批示的公文，真的批了意見。蔣介石一時語頓，頗感尷尬，當即將總統府秘書長王世杰叫過來，狠狠地訓了王世杰一頓說：「雪艇，民航隊那筆錢的批示是我昏庸批錯了，但我的錯是因為你沒有說實情造成的，你蒙蔽了我，你沒有盡職守！」

王世杰在蔣介石面前向來忍辱負重，唯命是從，這一次覺得太冤了，加上蔣介石未徵求他同意就命他做秘書長一事，本來心裡有氣，現在又受無妄之災，實在忍不住了，他不服氣地抗辯說：「你批意見時，我在住醫院，是黃伯度（副秘書長）送給你批的，不存在我不盡職的問題。」一聽王世杰據理力爭，蔣介石更加生氣地說：「你是秘書長，有問題你就有責任嘛！」王答：「我未上班，又沒有經手，怎麼能說我有責任呢？」蔣介石見王回嘴頂撞，怒火中燒地說：「你這樣頂我，對你沒有好處的。」王世杰說：「我沒有錯，你要怎麼處分就怎麼處分好了，反正我也不想幹了！」蔣說：「不幹也好，馬上免職。」據說，這件事情，也就是當面頂撞蔣介石一事，是王世杰被免職的原因之一。

第二、王世杰為處理「軍事審判」的案子，特別是那些死刑的叛亂犯（政治犯）與蔣氏父子有矛盾，從一九四九年底起，叛亂犯一直由國防部或保安司令部直接呈送蔣介石審批，致使許多無辜人士被當作共產黨或匪諜或叛亂犯處決，外界對此頗有煩言。王世杰早就聽聞外界有很多議論，因此做了秘書長後，認為凡是軍法審判的案件，在呈報蔣介石審批時，應先經秘書長過目，然後由他簽呈總統審批。經他過目後，如認為有疑點或不能殺的人，他就可以退回去。為這事，王世杰與蔣介石父子和陳誠當面談過很多次，談多了，蔣介石與蔣經國父子就很反感，認為王世杰同情共產黨間諜，其觀點與立場有問題。因此，蔣介石早就有撤換掉王世杰的想法，只是沒有比較充足的理由，而未立即免除其職務。

第三、王世杰反對蔣氏父子在台灣搞「青年反共救國團」，一九五二年（民國四十一年）十月三十一日，蔣氏父子在台灣成立一個「中國青年反共救國團」，蔣介石自任團長，蔣經國任主任，這個救國團在台灣各大學校大搞反共抗俄的工作，干擾學校正常教學活動，台灣民眾尤其是大中學校的教師員工意見很多，王世杰是文化界所敬重的政府高官，過去當過大學校長、教授、教育部長、外交部長，台灣的教育界很多人向他反映過此問題，他雖然知道此事是蔣氏父子決定的事，向蔣介石反映此事，有可能引起蔣的不悅，但還是鼓起勇氣向蔣介石報告民眾的看法，建議解散各級「青年反共救國團」的組織，使學校的教學活動不受干擾。果然不出所料，王世杰一談起這事，蔣介石就很不高興，心中對王世杰有所不滿。最後借民航隊匯美國的款子未收回之事，狠狠修理了王世杰。

另外有一說，一九五三年（民國四十二年）美國副總統尼克森來台訪問，蔣介石向尼克森尋求美援，尼克森說，「國民政府似不需要過多美援，因為中國官員在國外存有大批款項」，他並告以逃美的吳國楨在美國銀行存有五十萬美元，美國聯邦調查局與國會均有此項調查紀錄。尼克森離台後，蔣介石下令追查此事，查處的結果是王世杰擅自批准吳國楨購買外匯十二萬美元。惟吳國楨在美國聽聞此事後，也發表聲明，澄清此事並非事實。據說，當吳國楨逃去美國後，其父和其子均留在台灣做人質，而王世杰也常批評政治黑暗，特務橫行，以及蔣經國獨攬大權等言行，這可能是導致王世杰去職的最重要原因。[3]

3 戴晨京編著《學者的悲哀——從政文人的最後結局》，頁二六五，北京，華文出版社，二〇〇六年一月。

第十五章　張道藩以退為進　直取立法院長寶座

一九四九年（民國三十八年）底，國民黨政府輾轉來台，張道藩身為ＣＣ派的重要分子，亦隨政府遷來台北，並在一九五〇年（民國三十九年）七月，出任國民黨中央改造委員會委員，兼中華日報董事長。國民黨中央改造後，在十六名改造委員中（原擬定十七名改造委員名單中，陳立夫被國民黨總裁蔣介石刪掉，故只剩十六名），屬於ＣＣ派的改造委員僅張道藩、谷正綱和胡健中三人，可見在來台後ＣＣ派勢力大幅滑落時，張道藩仍為蔣介石所眷顧。張道藩在擔任國民黨中央改造委員後，參與策劃推動國民黨的改造，並陸續處理幾件重大的政治事件，如李宗仁代總統的罷免案與吳國楨案。

一九五〇年初，代總統李宗仁以治病為由，滯留美國不歸，棄國政於不顧，國民黨政府中央處於群龍無首之狀態，國民黨乃因勢利導，籌劃蔣介石復出領導，蔣於一九五〇年三月一日正式復行視事，也就是恢復在一九四九年一月二十一日辭去的總統職務。李宗仁在美國聽聞蔣介石在台復行視事，再任總統職務，表示反對。同年三月四日，李宗仁在美國宣稱自己仍為中華民國總統，並聲明即將返國行使總統職權。而在台灣的國民大會代表李鍾吾等以李宗仁在美國的行為違憲、誤國，有負國人重托，乃依照「總統副總統罷免法第十二條準用第九條」之規定（即副總統之罷免，準用總統罷免之程序），於一九五〇年五月五日提出聲請罷免副總統李宗仁。另有部分國代提出簽署書，主張罷免李宗仁案應暫緩公告，其理由謂：「李副總統於西南軍事緊急時，稱病出國，並在國外迭發謬論，玷辱國體，各方抨擊糾彈，皆主張立予罷免，國民大會代表，依據憲法所賦予之職權，自應率循眾意，提出罷免申請書。惟盱衡時局，深感在此反共抗俄，軍事緊張之際，舉國上下應集中力量，一面確保台灣基地，一面迅速反攻大陸，以慰水深火熱同胞。關於舉行臨時會罷免副總統問題，不妨俟戰局更穩定時再行籌計。」因此，罷免李宗仁案，因部分國大代表有不同意見，而未依法公告，一時懸而未決。

一九五一年（民國四十年）十一月，又爆發了毛邦初、向維萱抗命與貪污失職案，李宗仁竟以代總統名義批令毛、向兩人繼續在美執行職務，並通知美國國務院，聲明其乃中華民國合法的總統，繼於十一月五日向美國新聞界宣稱：「余已擬有恢復中國合作政府計劃，不久即可宣布此計劃。」此言一出，引起國人極度憤慨，國民大會全國聯誼會，於十一月二十五日在台北舉行年會時，各代表提出罷免李宗仁案多起，經決議交由全國聯誼會幹事會研究進行。一九五二年（民國四十一年）一月，監察委員金維繫、崔震華等有鑒於李宗仁在美言行顯係違法，乃提出彈劾副總統李宗仁違法失職案，連署之監委達九十二人，至一月十一日，監察院舉行全體委員審查會議審議，出席監委九十三人，一致通過對李宗仁代總統的彈劾案，並指出李宗仁在美國的上述言論，顯有顛覆政府，危害國家之意圖，實觸犯刑法第一百條之罪行，並依憲法第一百條規定，向國民大會提出，其觸犯刑法部分，依監察法第十五條之規定，逕送司法機關依法辦理。

前面提到毛邦初、向維萱抗命與貪污失職案，其案情略如下：毛邦初（一九〇四—一九八七）係浙江奉化人，黃埔軍校三期畢業，一九二九年（民國十八年）任中央陸軍官校航空班飛行組組長，旋奉命籌建筧橋航空學校，於一九三一年（民國二十年）成立，毛氏歷任副校長、校長、國民政府航空委員會委員、空軍指揮部副總指揮、航空委員會副主任，對日抗戰勝利後，任航空委員會駐美國代表及聯合國安理會軍事參謀團中國代表團成員，一九四六年（民國三十五年）任參謀本部空軍總司令部副總司令，曾代表政府常駐美國，後授空軍中將。一九四九年（民國三十八年）隨政府來台，一九五一年（民國四十年）赴美購買飛機，因抗拒交接軍購料款，而與國民黨政府在美國興訟，後因貪污案被撤職查辦，滯留美國不歸。而毛案另一涉案人向維萱，為空軍駐美辦事處參謀主任，辦理為政府購買美製飛機，被控與上司毛邦初串同舞弊，帳目報銷不清，空軍總部電召其返國，與毛邦初抗命不聽，因而與毛氏同案被通緝。[1]

[1] 周宏濤口述、汪士淳整理〈毛邦初事件起落〉，《傳記文學》八十一卷三期，二〇〇二年九月，頁四二一。

一九五一年十二月二十九日，張道藩突然戲劇性的函請內政部及立法院，要求辭去立法委員職務，並請自一九五二年（民國四十一年）一月起停發各項開會通知及薪給。張道藩突如其來的請辭立委舉動，轟動了立法院及台北政壇，各界對張之請辭動作，議論紛紛，不明所以。國民黨總裁蔣介石立刻派人加以勸阻，時任中央改造委員會秘書長張其昀亦銜蔣介石之命，致函內政部長余井塘將張道藩的辭職函退還。一九五二年二月十六日，張道藩在國民黨層峰一再勸阻下打消辭意。[2]接著三月七日，立法院程序委員會宣佈，定於三月十一日，立法院第九會期第八次院會，選舉立法院第四任院長。因為立法院第三任院長劉健群於一九五一年（民國四十年）十月十九日因病辭職，所遺院長職務須進行改選。劉健群院長之請辭，實係立法院內派系鬥爭之結果。話說一九四九年（民國三十八年）大陸失守後，時任立法院院長的童冠賢竟然滯留香港發展第三勢力，不肯來台，並提出辭去立法院院長。童的辭職案，蔣介石基於特殊情勢的考量，並未立即接受其請辭而改選院長，而是提出由劉健群副院長代理院長。陳立夫想當院長的希望落空，為了阻止劉健群扶正，陳立夫首先發難，反對劉當院長，其他CC派成員亦紛紛發言反對劉健群當院長，蔣介石執意要劉健群接任院長，此事後來導致陳立夫被迫離開台灣，去美國養雞。陳立夫

[2] 見《聯合報》，一九五二年二月十六日，第一版。

離開台灣後，與在台北的ＣＣ分子藕斷絲連，立法院中的ＣＣ分子並沒有銷聲匿跡，反而憤憤不平，不斷尋找機會給劉健群製造麻煩。劉健群在立法院的處境十分艱難，亦無所作為，在心力交瘁、身心俱疲之下，多次提出辭職，到了一九五一年（民國四十年）十月，實在撐不下去了，才決心辭去立法院院長職務。[3]

劉健群請辭立法院院長後，由副院長黃國書代理院長職務，立法院長一職，虛懸達五個月之久。一般推測，立法院長改選，張道藩的當選呼聲最高，因為張道藩與陳果夫、陳立夫兄弟淵源甚深。在一九五〇年（民國三十九年）七月，中國國民黨中央改造後，ＣＣ派的勢力受到重挫，張道藩是ＣＣ派碩果僅存的三位改造委員之一。然而張道藩有感於與二陳關係密切，難免兔死狐悲，為免遭受池魚之殃，因此在一九五〇年立法院院長選舉時，蔣介石面諭張道藩讓賢，以避風頭，而提名黃埔系與三青團出身的劉健群出任院長。這次劉健群請辭後，立法院有意角逐院長寶座者，在團派方面有鄭彥芬，屬於ＣＣ派的有東北大老齊世英，與貴州選出的谷正鼎等委員，他們都有躍馬一試的雄心。不過，他們還在半推半就階段，而公開表態者有江一平與劉文島兩位委員。屬於ＣＣ一系的中央改造委員胡健中也有可能出馬，唯獨張道藩本人矢口否認有角逐院長的意圖。擔任立法院

3 汪幸福前揭書，頁二八九—二九五。

張道藩（1897-1968年）

長，必須隨時周旋於數百位各種不同背景與政治立場的委員之間，對於學藝術，且生性浪漫的張道藩而言，也是一件苦差事，因此，當他聽聞執政黨可能提名他競選院長時，起初遲遲不到立法院報到，繼而提出辭去立委的聲明，這些動作或許是逃避當院長的心理反射，沒想到國民黨中央改造委員會最後還是通過提名張道藩為立法院院長候選人。

經國民黨中央確定提名後，張道藩經各方敦促，赴立法院報到並分別登門拜訪各立委。一九五二年（民國四十一年）三月十一日，立法院第九會期第八次會議進行立法院長選舉，在立法院內另兩個政黨，青年黨與民社黨皆未提候選人（因席次太少，青年黨籍立法委員僅十二人，民社黨十六人），青年黨籍委員夏濤聲，表示青年黨全部投票支持國民黨候選人；民社黨籍委員趙祖貽亦透露民社會不提候選人，支持國民黨的候選人。院長選舉時，出席委員五百零一人，上午十時十分開始投票，十時四十分主席黃國書宣布投票完畢，十一時開票，結果發票五百零一張，開出五百張，有效票四百六十六張，空白票二十六張，廢票八張，張道藩獲得三百五十三張票，超過半數，當選為立法院第四任院長，得票率百分之七十・四。張道藩之出任院長，一般認為是以退為進的策略成功，次日（一九五二年三月十二日）下午，張道藩假中國廣播公司台灣廣播電台會議室招待中外記者，表示接任後，決心作一超然院長。有記者詢問張，之前曾請辭立法委員，卻又當選院長，不知有何感想，張道藩以詼諧口吻答稱：「這情形有如一個程度很低的學生，功課不好要退學，老師不許，同學把他抓回去，罰他做苦工。」[4]立法院原訂於三月十五日舉行院長交接，張道藩臨時因身體不適，延至三月十七日下午三時，假台北市中山堂堡壘廳舉行立法院院長印信移交儀式。

張道藩就任院長兩年後，一九五四年（民國四十三年）二月二十六日，以立法委員身分，向行政院院長陳誠提出質詢，指出：二月七日（一九五四年），吳國楨在美國芝加哥W.G.N電視傳真台發表談話，說他離開台灣是因為健康與政治原因，且因他主張台灣民主化，而別人認為反共須用共產黨的手段等語。一九五四年二月十六日，又在芝加哥寓所接見合眾社記者，發表以下意見：（一）在目前環境下，我不願回台灣，因為我認為現在中國的政治情形，與我當初和政府發生爭論時，並無改變。（二）我現在仍為行政院政務

---

[4] 《聯合報》，一九五二年三月十三日，第一版。

委員，但曾五次提出辭呈，未獲照准。（三）因我主張要光復大陸必須要做到下列各點：（1）爭取台灣人民的全力支持。（2）爭取海外僑胞的全力支持。（3）爭取自由國家，尤其是美國之同情與支持，但是除非能在現行統治地區內實施民主，否則上述諸端皆無法做到，不幸的，若干人士竟認為與共產主義作戰，必須採取共產主義的方法。（4）我深信，目前的政府過於專權。[5]

張道藩認為吳國楨作為行政院政務委員，卻發表不利國家之言論，是否可以寬容？請行政院院長陳誠轉知吳國楨答覆以下各點：（一）他說：「除非吾人能在現行統治下之地區內實施民主」，請他答覆，今天在自由中國所行的不是民主，是什麼？（二）他說：不幸若干人士竟認為與共產主義作戰，必須採用共產主義的方法，他所謂「若干人」是何等人？請他指出姓名，並說明究竟有若干人？同時舉出採共產主義方法的事實。（三）他相信目前的政府過於專權，他之所謂「專權」，作何解釋？（四）他說，「除非實施民主，否則就不能爭取台灣人民及海外僑胞之全力支持，也就不能爭取自由國家，尤其是美國的同情與支持。」他有何種事實證明台灣人民、海外僑胞對我政府不全力支持？他更有

---

[5] 戴晨京前揭書，頁三九七—三九八。

何事實說明我政府不爭取自由國家和不爭取美國的同情與支持？他又有何種事實說明美國對自由中國不同情與支持？希望行政院長能迅速取得吳國楨的答覆。[6]

對於張道藩院長以委員身分對吳國楨在美國言行的質詢，列席院會的行政院副院長張厲生，在答覆立委佘凌雲、張道藩等所提質詢時表示：行政院政務委員吳國楨前曾多次表示辭職，尚未照准。不論在政治責任及政治道德上言，吳氏絕不該發表違反國家政策與危害政府之不利言論，今竟在美悍然出此，則政府當予照准其辭去政務委員職務。[7]張道藩在立法院的質詢，很快傳到吳國楨耳中，他對張道藩的指責，並不憤怒，但表示「我對他的不說真話，表示遺憾」，並聲明「如果立法院要我說出有關台灣政府真正性質的事實，我準備隨時以事實支持我的聲明，當我發表我最近一篇聲明時，那是完全出於盼望台灣方面的我國政府設法從事若干民主之革新，那些都是在國家危機及現在所必需的。」吳國楨最後表示：「我知道現在需要我們團結，我知道我們經不起在外國『洗髒布』，這幾個月來，我保持緘默，希望我政府可能從一個較佳的角度去看東西，如果政府要我指出那些弱點，我很願意指出來，我不想此時公開這些事實，如果他們堅持要這樣，我可以說出來，但我不願使我們的敵人得到幫助和快慰。」對於行政院副院長張厲生所稱政府接受他辭去

---

6 《聯合報》，一九五四年二月二十七日，第一版。

7 《聯合報》，一九五四年二月二十七日，第一版。

政務委員職務一事，吳國楨表示「欣慰」。[8]

身為立法院院長，張道藩向來極少在院會發言，此次以委員身分嚴詞批評吳國楨在美的言行，外界紛紛揣測他是奉黨的命令對吳國楨作口頭攻擊，張道藩否認外界的揣測，他說：「若臆測蔣總統命令社會大眾責斥，這將是對蔣總統的一種侮辱。」一九五四年三月四日，張道藩特借立法院舉行中外記者招待會，嚴斥吳國楨在美言論，並舉發其在台灣省主席任內，私自濫發鈔票，反對「耕者有其田」政策等違法事實，在此期間，正在召開大會的國民大會對吳國楨在美言行亦同聲譴責，要求政府召回吳國楨交付彈劾懲戒，並吊銷其出國護照，同時間，台灣省臨時省議會亦於三月十一日在該會駐會委員會議中，提出臨時動議，以前任台灣省主席吳國楨在國外發表荒謬言論，誣衊政府，損傷國譽，該會為全省最高民意機關，對此事是否應有所表示，請各駐會委員發表意見。此案經提出討論後，一致決議：「……應將其主台期間與本會糾紛各案，予以整理，並授權議長、副議長發表。」一時之間，撻伐之聲四起，三月十二日，聯合報社論更催促政府對吳國楨案採取迅速而徹底的行動，並主張國民黨應該運用紀律，開除其職務，進而開除其黨籍，政府應當機立斷，全面徹查，將真相公諸國人之前。[9]這是吳國楨事件在台灣引起的風暴。（吳國楨事件始末詳見另章敘述）

8 《聯合報》，一九五四年二月二十七日，第一版。

9 《聯合報》，一九五四年三月五日，第一版；以及三月十二日，第三版。

第十六章　張道藩院長戲劇性辭職

張道藩接任立法院院長後，將立法院的工作重點，放在三黨（國民黨、青年黨與民社黨）合作，關於立法院與行政院之間的互動關係，則強調兩院溝通與合作。他說：「在五權憲法下的五院制，行政與立法之間的關係相當密切，如果雙方在提案之前先作溝通，問題便容易解決」，並謂：「立法院為民意機構，須注意民間意見的反應，尤盼新聞界之聯繫合作。」除此之外，張道藩主持院會處理議案亦非常用心。據資深委員說，張道藩每週二、五會議開始前，總會找議案有關的委員會委員，先行瞭解當日議程上列入討論事項的議案內容，及可能引起爭論的問題所在，因此當院會進行逐案討論時，作為院會主席的張道藩，對於可能引發的問題已瞭然於胸，處理起來也就更得心應手，這一點是以後接任院長者所忽略的作法。

一九五二年（民國四十一年）三月十八日，立法院召開第九會期第十次院會，張道藩正式接任院長後，就與國民大會洽商有關國大代表法定人數問題，因為在此之前，發生副總統李宗仁罷免案，國民大會因在台代表不足法定人數，無法召開國民大會處理李宗仁的罷免案。張道藩就任院長後，積極尋求問題之解決。立法院於一九五二年五月間，向行政院查明國大的最新動態，至同年七月二十四日，行政院函覆立法院略稱：「國大代表人數仍不足開會之法定名額。惟關於國大代表附匪或陷匪區未能來台或情況不明，申請遞補之案件，是否均能援用『國民大會代表選舉罷免法施行條例第五十八條』之規定辦理，尚待進一步之解釋。」其後，立法、行政兩院曾數度研商此一問題，直到一九五三年（民國四十二年）九月間，立法院通過「第一屆國民大會代表出缺遞補補充條例」，同年十二月又通過「國民大會組織法第八條條文」，將國民大會開會的法定人數，由總額過半數，改為三分之一。同年十二月三十一日，立法院院長再函請行政院查明國代最近狀態。迨一九五四年（民國四十三年）一月七日，得到行政院函覆稱：「國民大會代表人數已足法定名額」。緊接著總統於一九五四年一月九日頒布國民大會召集令，同年二月九日開始報到，十九日開始集會，同時司法院大法官會議亦作出釋字第二十九號解釋稱：「國民大會遇有憲法第三十條列舉情事之一，召集臨時會議時，其所行使之職權，仍係國民大會職權之一部分，依憲法第二十九條召集之國民大會自得行使之。」

完成了以上修法及司法院大法官會議的解釋程序後，張道藩乃將監察院所提彈劾副總統李宗仁案，送國民大會，俟國民大會集會時一併處理，國民大會接到立法院移送監察院所提彈劾案副本後，乃致電滯美不歸的李宗仁，促其返國，以便正式送達彈劾副本並提出答辯。李宗仁接到監察院電文後，仍置之不理，這是可預見的結果，然就國民黨政府而言，這是罷免李宗仁必走的正當法律程序，國民大會遂於一九五四年三月一日大會開會時，以一千四百零三票對四十票的壓倒多數，完成了罷免李宗仁副總統的最後程序。[1]

一九五六年（民國四十五年）三月二十日，正當立法院召開院會之際，張道藩以久患失眠，院務繁劇，不勝重負為理由，堅請辭去立法院院長職務。張道藩突如其來的請辭，引起社會各界猜測其原因是否健康出問題，或院務繁劇不勝負荷，或遭受壓力？傳言紛紛，莫衷一是。但也有一種聲音認為張道藩院長官僚架子，甚至有某邊疆選出的立法委員為了私事，動輒指責院長，並大量印發攻擊傳單，又因部分國民黨籍委員在院內發言與表決不受黨紀約束，於是有人認為是張道藩院長領導無方，不能控制國會中多數黨黨員。因此，國民黨中央對張頗多不諒解，故而使其萌生退意。張道藩辭呈提出後，國民黨中央決議懇切慰留，並令立法院秘書長將其辭職函代為收回。張道藩對於黨懇切慰留，極為感動，同時也因日本懇請張赴日訪問，張已答應，時間緊迫，亟待洽商訪日事宜，遂暫時打消辭意，並率團赴日訪問。

[1] 《聯合報》，一九五四年三月十三日，一版。

一九五七年（民國四十六年）二月十五日，立法院舉行第十九會期第一次會議邀請行政院院長俞鴻鈞列席作施政報告，並答覆委員質詢，依議事規則規定，應由張道藩親自主持會議。但當天會議之際，張院長本人卻在台灣南部，由副院長黃國書主持院會。按照慣例，立法院每會期開始，先由行政院院長列席作施政報告並備委員質詢，這是立法院每會期例行也是重要事項，除非因病或其他重大事由，通常總是由立法院院長親自主持，而過去張道藩也很少不出席院會主持會議，這次行政院院長的施政報告，張道藩本人竟在台灣南部而不主持院會，因而引起外界諸多揣測。立法院新聞室為此特別發出新聞稿謂：「院長張道藩因在南部旅行，旅途受風寒染感冒，遵醫囑須靜臥數天養病。」這番說明原以為可以澄清外界疑慮，豈知過幾天，張道藩竟由南部回來了，還出席立法院親自主持兩次院會。之後，又向院會請假兩週，於是有關張院長倦勤之說又起。張道藩自任立法院院長以來，確實想把立法院院務做好，但因求好心切，許多事情總是事與願違，尤其立法院生態環境非常複雜，院長主持會議並不能憑己意指揮委員同仁，立法委員也不是院長的部屬，他們要如何發言，如何表決，絕非院長所能左右，況且院長還是由委員選舉產生，委員如果對院長有所不滿，不但可以批評不諱，甚至可以發動罷免。因此，任何強勢作為的院長，必難獲得立委同仁的支持。此中難處，實非局外人所能體會，國民黨中央遇有立法院黨籍委員不配合執政黨政策發言與表決時，常認為身為國民黨黨籍立委的龍頭，領導無方，難免發出責備之聲，個性好強的張道藩，內心頗覺委屈。張道藩自一九五二年（民國四十一年）三月出任立法院院長以來，已歷五年，對諸多問題難免感到非常灰心，而其本身體弱多病，除了患胃病外，還有神經衰弱症，經常晚上睡不好，甚是痛苦，加上院務工作繁劇，因而曾數度表示無意戀棧院長寶座，這些應屬情理之常，非虛矯造作之情。但每次提出請辭，都經層峰慰留，這也在情理之中，蓋以立法院院長之大位，一旦出缺，黨內爭逐者必大有人在，最高當局總要面對人事之困擾，也因此能慰留就慰留，直到情勢所逼，必須換人時，才會同意批准辭職。張道藩自陳其屢辭屢被慰留，應非自抬身價。

一九六〇年（民國四十九年）九月二十日，立法院第二十六會期開議，邀請行政院院長列席作施政告，並答覆委員質詢。上午張道藩到中山堂（立法院議場）出席立法院會議前，在家裡摔了一跤，幸無大礙，原定上午九時舉行的第一次院會，因而延遲了一小時。十二月二十日，又傳出張道藩院長因不堪疾病纏擾，向國民黨蔣總裁及中常會提出辭呈，獲准病假三個月，張道藩乃前往日月潭養病休息。十二月二十三日，張道藩在日月潭招待所接受記者訪問，暢談其辭職院長一事，張道藩表示其辭意甚堅，不再接受慰留。他向記者透露，多年來的失眠症未癒，過去常服用安眠藥，後經榮民總醫院治療，主治醫師叮囑他不要再用安眠藥，已經三個月不吃了，但失眠依舊，使他心情煩躁、神經衰弱，如果不放棄立法院長的繁忙職務，體力勢將無法支持下去。一九六〇年十二月三十一日，張道藩前往南投廬山溫泉時，又接受記者訪問，再談他辭職的動機，辭職後的計劃，他的身體狀況，坊間流傳的唐榮案，立法院的「倒張」說，以及繼任人選等問題。歷經數小時的談話，其中關於辭職的動機，張認為主要原因是主持立法院已八年有半，其間毀譽參半，自覺學識淺薄，未能做到盡如人意，故不願再繼續下去，況且立法院有幾百位委員，往往因觀點不同，意見相左，致議案討論有不少歧見，而政府官員對於列席立法院備詢，亦多不習慣，甚至以為是在受審問，如果有法案未予通過，便認為是存心搗蛋，所以引起各方面的誤會。換句話說，立法院長是吃力不討好的差事，正因為個人沒做好，才決心辭去這個職務。張道藩說，多年來，已辭職十五次之多，這次雖獲三個月的病假，並得到總裁允予考慮去留，雖然最近食量很好，但因睡眠不足，體重日減，目前只有九十磅重，經請兩位美國醫師檢查，發現肺部不健全，復經榮民總醫院的細密檢查和透視，證明肺部已有蠶豆大的結核，雖對身體沒有影響，惟須一年或一年半的時間療養，方可痊癒，所以請總裁為我作有利考慮，這一次一定會准辭。[2]

另外有一說，外傳張道藩與唐榮鐵工廠關係匪淺，說張道藩曾於一九六〇年（民國四十九年）十二月二十一日到屏東為唐榮慶賀八十大壽，並在其傳出倒閉時伸出援手。對

[2] 《聯合報》，一九六一年一月一日，第二版，〈八方傳言集一身〉，張道藩現身說法。

此，張道藩並不否認其確實袒護唐榮鐵工廠，不使其倒閉，甚至袒護部分政府官員，主張引用國家總動員法第十六、十八兩條處理此一問題。張的理由是，不想讓這家民間唯一的重工業倒閉，如果唐榮鐵工廠真的倒閉，對政府所標榜的吸引外人及華僑回國投資的心理影響，實難以想像，而立法院在溽暑渾汗如雨，費時三個月通過的「獎勵投資條例」，不等於具文了嗎？如果民眾認為唐榮鐵工廠不應倒閉是對的，那麼袒護唐榮案又有何不可？至於外傳立法院部分委員有「倒張」之說法，及「罷免院長」的活動，張道藩自己判斷，原因有二：一是也許有人認為我不會自倒，因此「倒張」非常容易。另一是無論何人在政治舞台上，即使未樹立大政敵，總也會有不喜歡他的人。罷免院長也有此傳說，過去就有人說，張道藩做不好，曾擬提議予以罷免，立法院通過選舉罷免辦法之規定，只要有立委提議，經過十分之一委員的連署，即可進行改選，這就是罷免。或許立法院部分同仁認為張道藩常常辭職，不願擔任他們的主席，倒不如乾脆罷免來得痛快。可是張道藩說，他並非不願與同仁共事，而是自認為既然院長沒做好，人家罷免又有何不可？由於張道藩辭意甚堅，只要使其速去，不論任何方式，他都表示歡迎與感謝。[3]

3　同前註。

一九六一年（民國五十年）一月十八日，總統府秘書長張群曾赴日月潭與張道藩長談，張群奉蔣介石總統之命，敦勸張道藩打消辭意，惟張道藩還是堅決請辭，不願再繼續做下去，雙方交談沒有改變張辭職的初衷。二月十八日，張道藩返台北，十九日晉見蔣介石，向蔣報告病情，並再次表示堅決的辭意。一九六一年一月二十日下午，立法院第二十七會期開議前一天，國民黨中常會終於批准張道藩的辭職，並提名黃國書、倪文亞競選立法院正副院長。

第十七章　李宗仁罷免案事件

制憲國民大會於一九四八年（民國三十七年）通過選舉產生總統和副總統辦法時，當時任北平行轅主任的李宗仁竟動了參選副總統的念頭。其實早在一九四七年（民國三十六年）七月，李宗仁便邀其桂系同僚程思遠前來北平，告以參選副總統的打算，並請程回南京帶給蔣介石、吳忠信兩人親筆信，表明競選副總統，要求蔣介石予以批准，並希望吳忠信代為疏通。起初，蔣介石對李宗仁參選之意，未置可否，因此李宗仁以為蔣已同意，至少是默許。於是在一九四八年一月八日的一次外籍記者招待會上，公開宣布將參選中華民國行憲第一任副總統。消息傳來，蔣介石氣得捶胸頓足，旁人也認為李宗仁異想天開，成功希望十分渺茫，連桂系首腦人物白崇禧（時任國防部長）也完全料想不到，同屬桂系的廣西省主席黃紹竑匆匆飛抵北平，勸說李宗仁打消參選意圖，免得競選不成，反而引起蔣、桂之間的嚴重磨擦。

黃紹竑進而勸李宗仁競選監察院長，他說監察院院長于右任年事已高，可能要退休，李若去競選監察院長是輕而易舉之事。李宗仁卻態度堅定，不為所動，頂著蔣介石的

黃紹竑（1895-1966年）

壓力，不顧桂系人士白崇禧、黃紹竑、程思遠等人的勸阻，執意參選到底。為此，蔣介石只好尋找一位能與李宗仁抗衡的人物參加副總統選舉，最後選定孫科。孫科是國父孫中山的哲嗣，原具有一定的影響力，加上他是廣東人，由他出來搭檔選副總統，會得到廣東人的支持，而李宗仁選票許多是握在廣東人手中。

孫科原本無意參選，認為副總統並無實權，只是在蔣介石的鼓勵下，才於三月十七日公開表態參選，這一來，對李宗仁構成很大威脅。四月三日，蔣介石也親自出馬，找李宗仁談話，大意是說：「總統、副總統候選人，均中央提名，現在副總統候選人已內定孫哲生（孫科），希望你顧全大局，退出選舉……。」李宗仁回答：「半年前，我已向總裁請示，所以我就積極準備一切，事到如今，我欲罷不能了。」蔣不耐煩地說：「你還是自動放棄的好」，並拉高嗓門說：「我是不支持你的，你還能選得到嗎？」李也毫不含糊地說：「委員長，我一定選得到。」

一九四八年四月四日，國民黨第六屆中央執行委員會臨時全體會議在南京丁家橋國民黨中央黨部禮堂開幕，蔣介石提出總統副總統候選人，應由黨內提名，李宗仁、于右任、程潛，為對付蔣的霸道作風，暗地裡結成聯盟，一致反對蔣的提議。會議最後決議：「本屆總統候選人，仍擁護總裁競選，但黨不提名，本黨同志當依法聯署提名，惟下屆總統副總統競選，應由黨提名。」四月二十三日，國民大會選舉副總統，參選人名單有六人，即李宗仁、孫科、程潛、于右任、莫德惠、徐傅霖。當日開票結果：李宗仁得七百五十四票、孫科得五百五十九票、程潛得五百二十二票、于右任得四百九十二票、莫德惠得兩百一十八票、徐傅霖得兩百一十四票，無一人獲得法定有效當選票數。依選舉辦法規定，由得票數較多的前三名（即李宗仁、孫科、程潛）進行第二輪投票。第二輪投票結果，李宗仁在候選人中居領先地位，但仍未達法定當選門檻，於是需要進行第三輪投票。投票前，蔣介石把賀衷寒、袁守謙找來，希望把程潛的票運作改投孫科，同時示意程潛放棄競選，程潛嚴詞拒絕，當即聲明罷選。

一九四八年四月二十五日，正要舉行第三輪投票時，在前兩輪獲票最多的李宗仁突然宣布退出副總統選舉，此一舉動使許多人感到迷惑不解，其實李宗仁並非真心不願當選，而是一項計謀。四月二十五日，南京各報紙赫然刊登李宗仁罷選聲明，李、程分別退選後，把孫科一人亮在台上，處境尷尬，也無奈被迫放棄競選。蔣介石眼見情勢弄僵，只得派人勸各候選人取消罷選。隨後又親自召見白崇禧，表示一定要全力支持李宗仁，李宗仁經白崇禧勸說後同意取消放棄競選行動。四月二十九日，國民大會再度進行投票，李宗仁以一千四百三十八票多數，當選為副總統。

一九四九年（民國三十八年）四月二十三日，南京淪陷，李宗仁決定離開是非之地，於凌晨搭乘「追雲號」飛機，飛往廣州，飛機飛行一小時後，突然命飛行員轉變航向，去了桂林。一九四九年十一月底，桂林、重慶亦相繼失守，國民政府遷都成都，李宗仁見大勢已去，於十一月二十日，自廣西南寧，飛往香港就醫，並以求援為名，飛往美國。一九五〇年（民國三十九年）一月二十日，監察院致電在美的李宗仁，促其返台，電文中語多指責其於國家危難之際，棄職滯美不歸。李宗仁以代總統名義連覆兩電稱：「病體尚需休養，未能即返。」又說：「赴美就醫未廢政務，接洽美援，仍可遙領國事。」[1]李宗仁回復監察院電文，在台北輿論大譁，一九五〇年二月四日，中央日報、中華日報、掃蕩報同時發表社論，抨擊李宗仁滯美不歸，要求蔣總裁復出，綰領國事，統率三軍。二月

---

[1] 李宗仁攜妻到美國後，住進哥倫比亞大學長老會醫院，經診斷係十二指腸炎，施行手術後康復。詳見《李宗仁回憶錄（下）》，頁七七一。

二十四日，監察院再電李宗仁，指責他滯留美國，遙領國事。為此，向國民大會提出彈劾。二月二十八日，李宗仁覆電稱：「余出院後，即準備返國，嗣據醫囑，身體尚未完全復原，不能於此時遂作長途旅行。」李宗仁不返台的真正原因，據其在回憶錄中說明，「台灣是蔣先生清一色的天下，他掌握了生殺予奪的絕對權力……，我如貿然回台，則無異自投羅網，任其擺佈……，以蔣先生過去對我銜恨之深，我一旦失去自由，恐欲求為張漢卿（張學良）第二也不可得了。」[2]

一九五二年（民國四十一年）一月，監察委員金維繫等九十二人提出「為副總統李宗仁違法失職，提請彈劾一案，經監察院大會審查成立。報告書內容指出：「李宗仁於代總統職權期間，棄職出國，復於代總統名義解除後，在外國擅發命令，顯係違法失職，至其公開聲明：擬有恢復中國合作政府計劃，不久即可宣布，此計劃並非完全依賴武力，顯係有顛覆政府，危害國家之意圖，實觸犯刑法第一百條之罪行，當經決議……，逕送司法機關依法處理。」該彈劾案成立後，監察院將此案送交國民大會秘書處，國大秘書處依法致函李宗仁返台接受彈劾，李宗仁接電文後，未予理睬，但因國民大會在台代表不足法定開會人數，不能按期召開會議。後經立法院於一九五三年（民國四十二年）九月通過「第

2 參閱《李宗仁回憶錄（下）》，頁七七三。

一屆國民大會代表出缺遞補補充條例」及「國民大會組織法第八條條文」，將國民大會開會的法定人數，由總額過半數，改為總額三分之一，使在台的國民大會代表能順利召開國大臨時會議。一九五四年（民國四十三年）一月，國大臨時會議召開，終於通過對李宗仁的彈劾案，並致電李宗仁返台對彈劾案提出答辯，李接電後，認為彈劾案的提出和通過非法。在李宗仁未到台答辯情況下，第一屆第二次國民大會第六次會議通過了「國大代表所簽署副總統李宗仁違憲背誓罷免案與監察院所提副總統李宗仁違法失職彈劾案，至此，罷免李宗仁案乃告落幕。」[3]

3 關於李宗仁競選副總統的經過與赴美不歸，參閱周秀明、王瑩編著《總統的無奈——民國八大總統的最後結局》，頁四五〇—四六一，北京，華文出版社，二〇〇六年一月，初版。

第十八章　吳國楨事件始末

吳國楨（一九〇三—一九八四），字峙之，一九〇三年出生於湖北建始，成長於北京，一九一七年（民國六年）畢業於南開中學，與周恩來同學，畢業後考入北京清華大學，一九二一年清華大學結業，官費保送美國留學，兩年後（一九二三）在愛荷華大學得到學士學位，轉往紐澤西州普林斯頓大學攻讀政治學，一九二六年獲得博士學位，時年僅二十三歲。一九二七年（民國十六年）北伐期間，吳國楨回國，在大學任教並投身政界，先出任南京國民政府外交部秘書、幫辦、條約委員會委員。一九二八年出任外交部條約修訂委員會副組長，第一司副司長等職，惟其興趣不在外交工作，乃毛遂自薦，投向武漢政治分會主席李宗仁，提出湖北改革計劃，為李宗仁所賞識。一個月後，吳國楨任湖北省稅務局長，並受命兼任漢口市政府參事、漢口市財政局長。一九三二年（民國二十一年）年僅二十八歲的吳國楨由國民黨元老何成濬推薦，調蔣介石侍從室任秘書，從此受到蔣介石的倚重，仕途頗為順暢。不久，吳國楨回到湖北，被蔣介石擢升為漢口市市長。一九三八年（民國二十七年）十月二十五日，漢口市陷入日本之手，吳國楨與大批政府軍政人員一起西遷四川，不久在重慶出任國防最高會議第三組組長，一九三九年（民國二十八年）又出任重慶市長，一九四二年辭去重慶市長。一九四三年再回外交部任政務次長，外交部長宋子文常住華府，吳以政次代理部長，深受最高當局寵信，一九四三年十一月，吳國楨以外交部顧問身分，隨同蔣介石出席開羅會議[1]。對日戰爭勝利前，吳國楨出任國民黨中央宣傳部副部長，一九四六年（民國三十五年）五月又出任上海市市長，直到一九四八年（民國三十七年）秋卸任。

一九四八年八月，蔣介石實行幣制改革，頒布「經濟緊急處分令」，蔣經國奉命赴上海，擔任經濟副督導員，以鐵腕全面打擊投機商人，吳國楨當時任上海市長兼經濟督導員，蔣經國赴滬打老虎，侵入吳國楨的勢力範圍，雙方時生齟齬，甚至正面衝突。吳國楨從經濟觀點，認為用高壓政治手段，無法解決經濟問題，吳曾不惜以辭去上海市長，抵制蔣經國的經濟改革。一九四八年八月二十日，蔣經國與俞鴻鈞在上海海關大樓聯合宴請吳國楨，關於政府幣制改革問題，希望得到吳國楨的支持。餐會後，吳國楨向蔣介石打了一通密電，陳述他個人的「反對意見」，蔣介石覆電要吳火速進京，吳到南京後，向蔣介石力陳經濟問題，只能用經濟手段解決，政治的高壓手段絕對行不通。當時國共內戰吃緊，

1 戴晨京編著《學者的悲哀——從政文人的最後結局》，頁三八三—三八五，北京，華文出版社，二〇〇六年一月。

吳國楨（1903-1984年）

國內通貨膨脹至為嚴重，經濟瀕臨崩潰，根本原因在軍事費用，開支浩繁，政府財政出現赤字，不得不發行貨幣以資挹注惡性循環結果，然而鈔票印得越多，票值越低。吳國楨對蔣介石說：「我要求政府收回成命，撤換我的市長之職，藉以維持政府威信。」蔣介石不同意，蔣經國則堅持「一路哭不如一家哭」的信念，認為只要爭取上海民眾的通力合作，施用鐵腕，通貨膨脹是可以控制的，最後雙方約定，上海市政府盡量與蔣經國配合，而吳本人不負成敗責任。最後證明蔣經國的上海打老虎策略失敗，這個政策碰到孔、宋兩大家族就破功了。孔令侃的「揚子案」牽出了宋美齡，「只打老虎、不拍蒼蠅，變成只拍蒼蠅，不打老虎。」蔣經國的上海經改，終於失敗收場。可是蔣經國並不檢討「經改」失敗的原因，卻把帳記在吳國楨身上，責怪吳國楨不肯合作。

吳國楨留美背景頗為宋美齡所看重，被視為是著名的「親美派」，也是「夫人派」的重要成員，而國民黨兵敗撤退台灣後，為求西方，尤其是美國的支持，以實現治亂與爭取美援，吳國楨很自然的得到蔣介石的重用，卻也因此成為蔣氏權力移轉給其子蔣經國的障礙，吳也同時與蔣經國及陳誠產生勢如水火的矛盾。一九四九年（民國三十八年）十二月一日，蔣介石派專機從台南接回吳國楨，次日（十二月二日）發布台灣省政府改組命令，同意陳誠辭去台灣省主席，任命吳國楨接任台灣省主席，同時兼任行政院政務委員及省保安司令，吳國楨登上台灣省主席後與蔣經國之間的衝突越演越烈。一九五〇年初期，以蔣介石為首的國民黨權力核心，開始逐漸轉給以蔣經國、陳誠為首的第二代過渡，蔣介石極力培植親信，排除異己。蔣在大陸時期起用的軍界大老，多系出黃埔，並培植三青團，實現黨團合併，以擴大蔣經國的勢力。到台灣以後，將潰敗的軍隊改編，制訂「軍官假退除役辦法」，相繼將閻錫山、白崇禧、薛岳、楊森等將領，解除軍職，清除了從大陸時期遺留下來的派系山頭，長期控制黨組織的CC派勢力，也在國民黨中央改造後，被剝奪殆盡。陳立夫在一九五〇年八月被放逐美國養雞，一九五一年（民國四十年）陳果夫病逝，國民黨權力逐漸轉移到蔣經國與陳誠為首的實力派手中，但一直受到吳國楨的干擾。吳國楨仗著美國人的撐腰，不僅不聽蔣經國的調遣，還多次主動出擊，挑起與蔣經國的衝突。首先是卡蔣經國的經費，蔣經國到台灣後，創辦「青年反共救國團」，自任主任（團長由蔣介石兼任），救國團的規模不算太大，卻也搞得熱鬧騰騰，蔣經國以搞群眾運動起家，救國團成立後，辦起一個個政治活動，辦活動需要經費，這些經費就只有找省主席處理報銷。吳國楨則以中華民國的黨團活動經費，不應由國庫來解決，而予以拒絕。國民黨與國民政府從大陸時期開始，就是黨國一家，不分彼此。如今吳國楨的阻擾杯葛，蔣經國只好走迂迴曲線的報銷途徑，先經總統府、行政院照准後，還是到台灣省政府領取或報銷[2]。

吳國楨除了反對青年反共救國團的設立外，也指責蔣經國當特務頭子，蔣經國來台灣後，任總統府資料室主任，所謂資料室，其實是特務情報組織，是蔣經國沿用在蘇聯留學時學到的蘇聯克格勃（KGB，即秘密警察組織），以及中統與軍統、保密局那一套組織。吳國楨在上海當市長，蔣介石派黃伯度傳話，希望吳國楨與蔣經國合作。不久，蔣介石親自召見吳國楨，吳對蔣介石說：「經國兄，當然我是幫忙的，總統叫他管特務，事情做得再好，天下人都是怨恨的，如果不做特務，做點社會福利方面的工作，我決盡力協助。」吳國楨與實力派的另一重要人物陳誠也頗多齟齬，早在一九五〇年三月，陳誠出任行政院長之初，吳國楨就感到省、院之間相處不諧，於是想急流勇退，上書蔣介石請辭省主席。後經台灣大學校長傅斯年從中說合，才同意留任。

2　同前揭書，頁三八九—三九〇。

陳誠雖任行政院長，但中央政府只轄三個省，其中浙江省只有舟山與大陳；福建省只有金門與馬祖兩小島，完整的省，只有台灣省。吳國楨的政治地位，雖沒有陳誠高，但管轄的地盤卻差不多，一山難容二虎，省、院之爭乃不可避免。一九五三年（民國四十二年）間，台灣生活必需品價格暴漲，行政院說吳國楨對台灣經濟陷於窘境，須直接負責，吳國楨則反唇相譏說，台灣經濟陷窘境，原因係行政院濫發紙幣所致，諸如此類相互指責，推委責任之爭鬥，不勝枚舉。吳、陳之間的矛盾，蔣介石表面上支持吳國楨，實則陳誠當時負有為蔣經國保駕護航之特殊任務，蔣介石之支持吳國楨，與美國對台灣的態度有關。一九五〇年（民國三十九年）韓戰爆發後，美國把台灣視為美國西太平洋上不沉的航空母艦，重新確定扶蔣方針，經過三年美元經援，台灣財政狀況開始好轉，同時因為美國第七艦隊長駐台灣海峽，蔣介石的安全感大增，如此一來，吳國楨在蔣介石心目中的重要性就日漸減弱，失去了昔日的價值。[3]吳國楨對蔣介石的態度有所領悟，語云：「識時務者為俊傑」，因此下決心請辭台灣省主席，並計劃遠走高飛。然而真正讓吳國楨付諸行動，堅決求去的原因，是他懷疑蔣經國派人要暗殺他。

---

3 同前揭書，頁三九三。

話說一九五二年（民國四十一年）復活節那一天，吳國楨夫婦由日月潭下山回台北，這天台中陰雨綿綿，道路泥濘，路面很滑。吳國楨的司機簡火萬忽然不知去向，到處尋找不著，只好改請一位包姓司機代班，並帶上一位汽車技工和吳的副官，為了節省時間，他們帶著三明治以便在車上用餐，不料吳夫人胃病發作，一行人便到台中無錫飯店用餐，飯畢下樓後，發現司機與人交頭接耳，表情異常，原來有人把汽車前輪的螺絲釘鬆脫，難怪車子在行駛中，方向盤出現搖擺不穩，幾乎失控。吳夫人驚惶地說：「幸而吃這頓飯，否則送命！」吳國楨的司機簡火萬與蔣介石官邸的人很熟，這天他有意迴避，引起吳國楨夫婦的疑心，認為有特務在暗中搞鬼，準備向他們下毒手，但是從日月潭回台北，距離相當遠，車程要好幾個小時，而且道路高低不平，可是車子還能平安開到台中市，再說司機如真發現方向盤搖擺，又有技工在旁，在高低不平的山間公路行駛，如何不及時停下檢查？這些疑團實令人費解。吳國楨大膽斷定，此案是蔣經國安排，計劃以車禍方式使他斷腿致殘或車禍喪命，從而退出台灣政壇，然而令人疑惑的是，蔣經國如真要害吳，何以在雨天且山路泥濘情況下下手，竟然沒有得手？此事有點離奇，是否吳國楨夫婦神經過敏？始終沒有答案，此事發生後吳國楨裝作若無其事，照常上班，但暗中已在籌劃赴美避禍，遠離是非之地。自認死裡逃生的吳國楨向蔣介石請示追查此事，蔣介石沒有反應，甚至於請見而不見，寫信也不回，吳國楨的電話也遭竊聽，種種跡象顯示，吳國楨的省主席再也幹不下去了。

一九五三年三月，吳國楨堅辭省主席，按慣例，蔣介石出面慰留一番，希望吳能與蔣經國和好共事，吳想什麼職務都可以考慮，甚至包括取代陳誠的行政院長職務。事實上，蔣介石此時已讓陳誠出任國民黨副總裁，與他搭檔選副總統。無奈吳國楨與蔣經國的心結太深，已形同水火，和好無望，辭職已成定局。一九五三年四月十三日，行政院批准吳國楨辭職，在蔣夫人宋美齡強力支持下，蔣介石終於允許吳國楨夫婦出國，留下吳父和兒子在台當人質。一九五三年五月二十四日，吳國楨夫婦搭機離台，經東京轉赴美國，前來送行者五百餘人，包括行政院長陳誠、立法院長張道藩、國防部總政治部主任蔣經國及張群等，吳國楨走後半年，發生了「王世杰事件」，並由此引發了「吳國楨事件」。

一九五三年十一月一日，國民黨當局以「蒙混舞弊、不盡職守」罪名，免去王世杰的總統府秘書長職務，王世杰犯罪的事實之一，是擅自批准其好友吳國楨套購外匯美金十二萬元，台灣傳出「吳國楨攜資外逃」的傳聞，報紙還發表「勸吳國楨從速回台」的長篇社論，面對台灣方面來自四面八方的攻擊，在美國的吳國楨為洗刷不白之誣，公開致函闢謠，並請批評他的報紙，勿逼人太甚，否則將不得不「言所不願言之言」。吳國楨還在公開信中就有關套匯傳聞提出說明。他說：來美時，以私人所有台幣向台灣銀行購買五千美元，經行政院長陳誠批准，與王世杰未談過去美費用問題，並略述到美演講二十餘次，每次酬金四百五十二美元，藉以維持生活……。吳國楨將此信寄給當時國民黨秘書長張其昀，並要求公開此信。一九五四年（民國四十三年）二月七日，吳國楨要求闢謠的公開信，得不到答覆。一九五四年二月一日，吳國楨在家中接受合眾社記者採訪，明確提出他個人的政治立場，指出：「除非吾人能在現行統治區內實施民主，否則無法爭取台灣人民及海外僑胞的全力支持，更無法爭取自由國家，尤其是美國同情與支持。」又說：「目前政府過於專權，國民黨的經費，非來自黨員，而靠國庫支出，目的在永保一黨統治，政治部完全拷貝蘇聯，若干人士均認為與共產黨作戰，必須採取共產主義的方法，這種想法欠妥。」這是吳國楨第一次系統的評論國民黨政權。一九五四年二月二十七日，吳國楨趕在召開國民大會第二次會議開議之際，上書「國民大會」批評國民黨一黨專政，軍中有黨組織及政治部，特務橫行，人權無保障，言論自由和思想被控制等弊端。對於吳國楨的批評，國民黨政府不再緘默，經過一番策劃，開始展開攻擊。首先發難的是時任立法院長的張道藩，於一九五四年二月二十六日、三月四日和十二日，三次以立法委員身分，在立法院會議上向行政院提出嚴正質詢，張道藩給吳國楨定了三條罪是：（一）臨陣脫逃，（二）狂妄自大，（三）反對耕者有其田。一九五四年三月四日，張道藩舉行記者會，歷數吳國楨在台灣省主席期間的主要罪狀。三月十二日，在立法院會議上，要求行政院長陳誠查處吳國楨。於此同時，台灣軍界、政府有關官員、國大代表及一批中學校長等各界人士圍剿吳國楨，稱吳「喪心病狂、告洋狀，是叛國行為」，在一片漫罵撻伐聲中，吳國楨在美國報紙上發表「上總統書」，批評蔣介石自私之心較愛國之心為重，且又故步自封，不予任何人批評建議之機會，同時將箭頭指向蔣經國，說他是「台灣政治進步的最大障礙，主張將他送入美國大學或研究所讀書……，在大陸未恢復前，不必重返台灣」。

蔣介石父子看到吳上書總統後，非常惱火，一九五四年三月十七日，蔣介石親自出馬，斥責吳氏與共產黨分子，毫無互異之處。國民大會當天通過臨時決議，要求撤銷吳國楨的政務委員職務，令其回台聽候查辦。後來在美駐台大使的調停下，蔣順階而下，結束與吳之論戰。吳國楨事件中最感為難的是蔣夫人宋美齡，因她力促蔣介石同意吳國楨出國，為此事，宋美齡找了一個藉口，暫時離開台灣這個是非之地，以免惹禍上身。吳國楨事件也暴露宋美齡與蔣經國間的一些矛盾，蔣經國對宋美齡助吳離台赴美，極為不滿，一直耿耿於懷，吳國楨自此事件後，一直住在美國伊利諾州芝加哥郊外的伊文斯頓（Evanston），閉門研究學問。一九六七年舉家遷往喬治亞州，在阿姆斯壯（Amstrong）學院任教。一九八四年六月六日，病逝於寓所。

第十九章　吳鐵城其人其事

吳鐵城（一八八八—一九五三），原籍廣東香山縣平湖鄉人，與孫中山同鄉，一八八八年三月九日出生於江西九江，年幼時其父延師教授經史、英文等課程，後入九江同文書院讀書，一九〇九年結識在九江任職的同盟會員林森（字子超），二人共同創辦「潯陽閱讀報社」，作為宣傳革命思想的場所，並經林森介紹加入同盟會，吳鐵城時年二十二歲，林森已四十二歲，相差二十歲，成為忘年交，吳氏自陳與林森結識，林對他的思想與以後的事業影響很大，其參加革命亦受林森的啟迪，林森與他的關係是「生平風義兼師友」[1]。吳鐵城利用其父的社會地位與影響力，聯絡新軍官兵和幫會力量，展開一些反清的秘密活動。武昌起義爆發後，他參加策動新軍標統馬毓寶，宣布九江獨立，成立九江軍政府，推馬毓寶為督都，林森任民政部長，吳鐵城為九江軍政府參議官，後任參謀次長兼外交部長，又策動海軍反正，為統一九江立了顯赫之功。[2]一九一二年（民國元年）十二月，吳鐵

1 《吳鐵城回憶錄》，頁十六，台北，三民書局出版，一九六九年六月，再版。

2 同前書，頁二十二、二十三。

林森（1868-1943年）

吳鐵城（1888-1953年）

城以江西代表身份，與林森、趙士北，到南京參加選舉孫中山為中華民國臨時大總統，初識孫中山，孫中山得知這位年青人是自己的香山同鄉，便將他留在身邊工作。一九一五年（民國四年），吳鐵城奉孫中山之命前往夏威夷檀香山辦理黨務，吳自東京赴檀島任檀香山自由新報主筆，筆名吳丹（英文Wudan）。一九二〇年（民國九年），陳炯明任廣東省長時，提倡地方自治，實行縣長民選，吳鐵城當選為香山縣民選縣長。一九二一年（民國十年）孫中山在廣州成立護法軍政府時，吳鐵城奉命回廣州，任大元帥府參軍，隨後孫中山赴廣西準備北伐，吳鐵城留守廣州，並任香山縣民選縣長，直到一九二二年（民國十一年）六月，陳炯明叛變，吳被迫卸任香山縣長。一九二三年一月，孫中山發動討伐陳炯明戰爭，粵軍許崇智等在福建組成東路討賊軍，吳任討伐軍第一路軍司令，率部參加作戰。一九二三年（民國十二年）二月，孫中山回廣州設立大元帥府，吳鐵城被任命為廣州市公安局長、警務處處長，工兵局籌餉委員、財政委員會委員等職。十月二十五日，又被孫中山指定為國民黨臨時中央執行委員會委員，參與國民黨的組織工作，自一九一二年結識孫中山以來，吳鐵城一直深得孫中山的信任與賞識。

一九二四年（民國十三年），孫中山召開國民黨第一次全國代表大會，吳鐵城與廖仲凱奉命起草章則，並被任命為廣州市黨部執行委員，先後兼任青年、宣傳、工人各部部長。一九二四年九月，孫中山誓師北伐，軍隊旅次韶關，吳鐵城被任命為大元帥府參軍長，率部保衛孫中山。十月十四日，廣州發生「商團叛亂」，吳鐵城率警衛軍，星夜回師廣州，與蔣介石領導的黃埔軍校學生軍一起平息這場叛亂，這是吳鐵城與蔣介石的第一次合作，吳、蔣相識後，惺惺相惜，從此之後，兩人關係越來越密切。蔣介石與吳鐵城之能夠建立密切關係，主要是兩人對共產黨的立場與態度是一致的，吳鐵城雖然一路受知於孫中山，得到信任與器重，成為廣州的實力派人物，但對孫中山的「聯俄、聯共、扶助農工」政策，打從心裡並不支持，因此，當孫中山於一九二五年（民國十四年）三月十二日逝世後，吳鐵城即極力反對國民黨與共產黨合作。[3]

為了支持蔣介石辦黃埔軍校，吳鐵城將自己創辦的警衛軍講武堂學員送給蔣介石作為黃埔軍校第二期學生。身為廣州公安局長，吳鐵城還從公安局經費中撥出一筆款項，源

---

[3] 左玉河《至尊幕府》，頁二二八—二二九，北京，團結出版社，二〇〇九年十二月。

源不絕地給黃埔軍校，為蔣介石盡忠效力。吳鐵城、孫科和伍朝樞等人成為廣州國民黨右派的中堅，吳的警衛軍改編為國民革命軍第十七師，吳任師長，更加積極反共。一九二六年（民國十五年）三月初，吳鐵城、孫科、伍朝樞一起到黃埔軍校，與蔣介石密謀清除廣州的共產黨員，派兵解除了蘇聯顧問團衛隊的武裝，造成「中山艦事件」，準備動員廣州的反共勢力，將在廣州的共產黨人，一網打盡。中山艦事件爆發後，共產黨與國民黨左派份子等紛紛抗議譴責，要求嚴懲國民黨的右派份子，蔣介石見反對聲浪太大，且反共時機尚不成熟，不敢與共產黨公開決裂，乃採取「棄車保帥」策略，免除吳鐵城第十七師師長及廣州公安局長等職務，並將吳鐵城幽禁於珠江口一個孤離的小島—虎門，難中同伴還有四川的熊克武等幾個人，度過四個多月的幽居生活，罪名是吳與伍朝樞、孫科三人，圖謀不軌，危及共產黨，破壞國共合作，甚至誣控彼等勾結英帝國主義，破壞省港罷工運動，擾亂地方金融。[4] 吳鐵城晚年對於當年的「虎門幽居」感慨萬千，令他傷心的不是自己被囚，而是自己策劃的「清共」計劃沒有成功，如果當年在廣州清共成功，則今日何來滔天的「赤禍」呢？[5]

---

4 《吳鐵城回憶錄》，頁一五五—一五六。

5 左玉河前揭書，頁二三〇、二三一。

四個多月的幽禁，拉近了吳鐵城與蔣介石的心裡距離，一九二六年（民國十五年）雙十節，吳鐵城獲釋後離開廣州到上海，一九二七年（民國十六年）蔣介石在上海發動了「四一二」事件，（即民國十六年的清黨），隨後在南京成立國民政府，吳鐵城再次投到蔣介石麾下，成為「清黨」的反共急先鋒，一九二七年六月，吳鐵城被任命為廣東省政府委員兼建設廳長。一九二八年（民國十七年）四月，蔣介石第二次北伐，馮玉祥指揮第一、二集團軍，進擊津、浦線；閻錫山第三集團軍，沿京、綏線進攻；李宗仁第四集團軍負責京、廣線戰鬥，三路分進合擊，直指京、津。此時日本為確保在東北的特殊利益，逼張作霖退守東北。六月四日，日本關東軍悍然製造了「皇姑屯事件」，炸死張作霖，但國民政府能否完成北伐、統一全國，關鍵就在東北能否易幟，端視張學良的態度而定。蔣介石思之再三，派吳鐵城北上，遊說張學良歸順國民政府。吳鐵城奉命出使東北，以中央大員的氣派，沿津浦路乘「藍鋼花車」，由浦口、經濟南至北平，與張學良所派代表進行多次談判，然後經山海關直駛瀋陽，吳鐵城憑出色的協調交際手腕，幾經折衝，排除萬難，終於說服了東北地方將領，達成東北易幟協議。但東北易幟一事，因為日本的一再干涉，歷經「七月易幟」、「雙十易幟」兩次生變。一九二八年十一月十日，日本昭和天皇舉行加冕大典，東北派遣祝賀專使莫德惠，副專使王家禎赴日，莫德惠親自與田中義一首相爭辯東北易幟問題，最後田中承認易幟是中國內政問題，等於實際默認東北易幟一事。

一九二八年十二月二十九日，張學良、張作相等聯名通電，宣布奉天、吉林、黑龍江、熱河四省易幟，完成中國形式上的統一大業，其間吳鐵城運用其與許多東北將領的舊交，發揮其協調交際折衝樽俎的功夫，確實功不可沒。[6]

一九二九年（民國十八年）七月，蔣介石授權張學良以東北邊防司令官負責抗拒蘇俄挑起的「中東路事件」，中、蘇邊境爆發戰爭，東北軍傷亡慘重，南京國民政府曾允諾出兵十萬，撥軍費數百萬元給東北軍，後因討伐西北，無暇顧及，致未出一兵，為了鼓勵張學良的反蘇情緒，蔣介石任命吳鐵城為東北軍宣慰使，再赴東北勞軍，吳鐵城冒著嚴寒的冬天，秉節出關，馳驅於冰天雪地中，往來中東路，行旅遍及長春、吉林、哈爾濱、札蘭諾爾、博克圖各地，吳鐵城儼然如欽差大臣，到處發表演說。十二月六日，在長春車站演講，再度提到「不到東北，不知中國之博大；不到東北，不知中國之危機」，這兩句話，道出了東北之地大物博，也體悟到日、俄在東北爭奪利益的野心，是中國危機之所在。此話一出，傳頌全國，成為流傳甚廣的名言。一九三〇年（民國十九年），閻錫山、馮玉祥、桂系與汪精衛，聯合反蔣勢力，爆發中原大會戰，守在關外的張學良對時局有舉足輕重的影響。因此，交戰雙方都不遺餘力的想拉攏張學良，大批說客會集瀋陽。吳鐵城

6 陳鴻瑜主編《吳鐵城與近代中國》，頁四十三—四十四，台北，秀威資訊，二〇一二年十二月。

與東北地方實力派人物已有過交往，熟門熟路，蔣介石於是第三次派吳鐵城出關遊說。吳鐵城一到瀋陽，憑其三寸不爛之舌，纏住張學良不放，向東北軍政當局展開一場外交攻伐。

一九三〇年四月，遼寧國民外交協會召開「追悼抗俄將士大會」，蔣介石、閻錫山、馮玉祥都派代表參加致祭。蔣介石令南京政府撥款五十萬元，褒揚東北邊防軍對蘇作戰陣亡的東北軍將領韓光第、魏長林、張季英、林選青等十二人。吳鐵城並代表國民黨中央政府向張學良、王樹翰授勳。吳鐵城一出手就是五十萬元，而閻、馮的代表卻兩手空空，很是尷尬。六月三日，是張學良的三十歲生日，張學良對辦與不辦生日宴，還在猶豫，吳鐵城及時把握機會建議蔣介石致電張學良，催促其舉辦生日宴會，蔣介石採納吳鐵城建議，並派國民黨元老李石曾為祝壽專使，前往瀋陽協助吳鐵城遊說張學良。六月三日，在各方推動下，張學良不得不開生日宴會。南京方面，除了方本仁、吳鐵城外，還加派李石曾為祝壽專使，給足了面子。生日宴會上，吳鐵城宣讀了蔣介石的賀電，專使李石曾也獻上蔣介石送來的賀禮。對於蔣介石的深情關懷，張學良不能不有所表示。一九三〇年六月十四日、十七日，張學良兩次致電蔣介石的心腹，時任湖北省主席的何成濬，說明東北處境困難，內外交迫。冀待相當時機，以求萬全之策，請代向蔣委員長表示：「決願為國家，為介公效命」。

眼看吳鐵城在瀋陽遊說有眉目，蔣介石決定加派時任上海市長的張群，捧著特任狀和印信到東北會晤張學良。早在六月十日，蔣介石已決定先匯款兩百萬元給東北做為東北出兵經費，請張學良儘速出兵佔領平、津，進軍石家莊，以斷晉軍歸路，六月二十九日，張群請張學良就任南京政府授予他的「中華民國陸海空軍副總司令」之職。張學良卻說已電蔣介石表示不能就任，張群勸其出兵助蔣，張學良也未予肯定答覆。張學良之所以猶豫不決是有原因的，原來張學良召集東北軍政要員開過會，商討時局及對策，會上形成三種主張：其一為張作相、張景惠等老一輩將領，主張東北軍的任務，在綏靖地方，保境安民，不必與任何方面合作，尤其不應與蔣介石合作。其二，以參謀長王樹翰為代表的一些軍政要員則贊成與蔣介石合作，主張與蔣聯合，出關助蔣。其三，另有一些將領以張學良的馬首是瞻，寄望時局的演變，雙方息爭言和，停止內戰。因為以上原因，張學良無法給張群肯定的回答。

吳鐵城覺得光口頭勸張學良助蔣，口惠實不惠，沒有多大用處，於是建議蔣介石施展銀彈攻勢，蔣介石立即命令財政部長宋子文解決，宋子文立即給吳鐵城撥了六百萬元現金作為活動費。七月二日，張學良所興建的葫蘆島港開工典禮，在航警學校舉行，張學良親自主持，吳鐵城以鐵道部代表，為開工紀念碑揭幕。接著張群、吳鐵城及其夫人楊慧珍，每天陪張學良打衛生麻將。日夕相處，藉以加強友誼，吳鐵城與張群也趁機勸張學良趕快接受南京政府的任命，出兵助蔣解決國內爭端。張學良在葫蘆島一個月，吳鐵城也緊隨不離。八月十日，張學良到北戴河，吳鐵城又跟蹤而至，他秉承蔣介石旨意，發動銀彈攻勢，對東北軍政大員進行收買攏絡，再將百萬元巨款送給張學良，使張學良感動得說不出話來。

在吳鐵城等人的鍥而不捨遊說、勸說與利誘的催逼下，張學良終於表示：「待中央軍拿回濟南時，可以考慮出兵。」吳鐵城即刻將張學良的保證，電告蔣介石，蔣聞訊，立即調集陳誠第十一師等精銳部隊猛攻濟南。八月十五日，蔣軍奪回濟南，吳鐵城與張群去見張學良，請其兌現諾言，但張學良卻避談此事。直到八月三十日，張學良結束長達五十天的北戴河的避纏回到瀋陽，吳鐵城和張群也追隨而來。此時蔣介石指揮中央軍打垮了津浦線上的晉軍，並從九月六日起，展開隴海線上的總攻擊，雙方經過近半年的激戰，傷亡慘重，為了徹底擊潰馮、閻聯軍，蔣介石命令在瀋陽的吳鐵城加緊工作，爭取張學良早日出兵，九月十五日，張學良召集東北軍政會議，最後決定：「我們為整個大局計，必須從速實現全國統一，早停內戰。最近閻、馮的軍隊已退至黃河北岸，蔣軍並已攻下濟南，我方應實踐出兵關內的諾言。」張學良權衡利害，出兵助蔣。九月十八日，東北軍大舉入關，腹背受敵的馮、閻反蔣派大軍，迅速瓦解，蔣介石終於獲得中原大會戰的勝利。[7]

[7] 左玉河前揭書，頁二三二—二三六。

一九三〇年十月九日，張學良在瀋陽宣誓就任陸海空軍副總司令職務。

一九三一年（民國二十年）十二月，上海市長張群因學生反日運動高漲，被迫辭職，蔣介石任命吳鐵城接任上海市市長。上海是中國交通的樞紐，南京的門戶，戰略地位非常重要，同時，上海也是帝國主義各國在華勢力的大本營，江浙財團的重要據點，是蔣介石政權賴以存在的支柱。無論就軍事、經濟、交通等方面來看，上海均非普通都市可比，蔣介石將這麼重要的大都市交給吳鐵城來整頓，既是對他的信任，也是對他的期望。經過五年的苦心經營，吳鐵城完成了蔣介石賦予的整頓上海的使命。一九三七年（民國二十六年）三月，蔣介石任命吳鐵城為廣東省政府主席，吳鐵城晉身封疆大吏，不久，抗日戰爭爆發，廣州淪陷後，他率省府人員遷往粵北繼續辦公。一九三九年春，吳鐵城奉調重慶，任國民黨中央海外部部長。一九四一年（民國三十年）五月，出任國民黨中央黨部秘書長，此職位是對日抗戰才設立，地位僅次於國民黨總裁、副總裁，當時蔣介石設秘書長一職，意在分享副總裁汪精衛的權力。蔣介石原先任命朱家驊擔任，汪精衛叛逃後，蔣調朱家驊任國民黨中央組織部長，由葉楚傖任中央黨部秘書長，負責辦理並協調全黨事務，蔣介石任命吳鐵城出任秘書長，不僅顯示蔣對吳鐵城的信任，也表明了蔣介石想讓吳鐵城發揮協調的長才，平衡陳果夫、陳立夫兄弟與朱家驊等國民黨內部的派系鬥爭。一九四四年十二月，對日抗戰後期，日軍在占領桂林、柳州後，一度侵入貴州境內，陪都重慶告急，蔣介石急忙命令吳鐵城率領中央代表團到前線慰勞傷兵與難民。在這困難時刻，蔣介石又發起「知識青年從軍運動」，希望在兵源枯竭時，用知識青年來補充，以革新軍隊士氣，因此親自發布文告，號召大中學校的青年學生，投筆從戎。吳鐵城接到蔣介石的指示後，在宣傳「知識青年從軍運動」中，吳鐵城將蔣介石的指示，運用兩句非常動人而容易朗朗上口的口號，予以概括，也就是抗戰末期響徹全國各地的「一寸山河一寸血，十萬青年十萬軍」，這兩句口號，簡賅易懂，能在國家面臨關鍵時刻，激發青年的愛國心，能發人深省而永久不忘。此口號一出，傳頌一時，深深打動許多知識青年的心。一九四六年一月，抗戰勝利後，吳鐵城以國民黨中央黨部秘書長身分出任國民黨方面的政治協商代表，一九四八年（民國三十七年）一月，吳鐵城當選為行憲第一屆立法院立法委員。

依「憲法實施之準備程序」規定，行憲後首屆立法院應於國民大會閉幕後之第七日，自行集會，國民大會於一九四八年五月一日閉幕，立法院即於五月八日集會。五月三日，國民政府派吳鐵城為行憲第一屆立法委員集會籌備處主任委員。五月五日，立法委員開始報到，在正式開議之前，先舉行預備會議，均推吳鐵城擔任主席，相繼訂定「立法委員互選院長副院長辦法」及「立法院議事規則」等內規，並於五月十七日第六次預備會議選舉孫科為院長，陳立夫為副院長，吳鐵城這段時間的表現，深受立法院同仁的肯定與贊揚。立法院開議後，國民黨籍立法委員依其所屬派系、地區、團體等因素，組成多個次級團體，包括由CC派委員組織的「革新俱樂部」；具有三民主義青年團背景，結合出身黃埔與復興社的委員所組成的「新政俱樂部」；另有以吳鐵城為中心的一批立法委員組織的「民主自由社」，以及不屬以上系統，於每週二、五立法院開議前，於週一及週四晚上集會座談的一批委員，稱為「一四座談會」。除此之外，還有主張不偏不倚，採中道立場的所謂「中社」，以及朱家驊系、北方立委聯誼會、訓政時期當過參政員的，所謂「參政員聯誼會」等。[8]

一九四八年十一月，行政院長翁文灝請辭，蔣介石提名孫科組閣，立法院於十一月二十六日行使同意權，同意孫科出任行政院院長。孫科所遺立法院院長職務，「民主自由社」集會決定推舉吳鐵城競選立法院院長，並獲得「新政俱樂部」及「一四座談會」委員支持。三團體於十二月三日集會，討論如何擁護吳鐵城競選院長事宜，吳氏亦親自到場致意，但由於孫科奉命組閣，希望網羅國民黨內各派系主要人物，包括吳鐵城、張群、陳立夫、張治中、邵力子等入閣，共同應付艱難的時局，惟在邀請過程中並不順利，使孫科一度萌生退意，吳鐵城對於外界詢問是否入閣，曾表示「一定拒絕」，然而孫科卻以吳鐵城

8 《吳鐵城與近代中國》，頁三十二—三十三。

是否同意入閣作為其是否擔任行政院長的條件，並聲言吳氏如不答應，即宣布辭職，決不拜命，此舉令吳鐵城十分為難，為了顧全大局，乃於十二月二十日，同意出任行政院副院長兼外交部長。吳氏既入閣，依規定必須辭去立法委員一職，亦即必須放棄立法院院長選舉，此事就吳鐵城言，實屬無奈，對支持他的立委同仁而言，則深感失望與不滿，也因此在後續的第二任立法院院長選舉中，造成國民黨中央提名的李培基的落選，為民主自由社支持的童冠賢，遂在CC系與黃埔系兩大之間相持不下的情況下，意外的當選為行憲第二任立法院院長。[9]

吳鐵城走馬上任後，不久，蔣介石下野了，回到家鄉溪口，仍以電話向孫科內閣發號施令，要求孫科將行政院遷往廣州，以孤立代總統李宗仁。對此，吳鐵城甚不以為然，曾一度回南京以示贊同李宗仁與中共進行和平談判。吳鐵城與美國駐華大使司徒雷登進行一次會談，請求美國貸款，司徒雷登對吳鐵城說：「美國國會對中國政府內部不團結表示憂慮，如果蔣先生不出國，南京無以集中權力，因而和談也就沒有希望。」司徒雷登此說，吳鐵城頗有同感，於是請曾當過蔣介石機要秘書的李惟果到溪口轉達自己急切希望蔣出國的意思，沒想到他這個建議觸怒了蔣介石，蔣非常惱怒，不僅大罵吳鐵城忘恩負義，

9 《吳鐵城與近代中國》，頁三十三—三十四。

還立即對吳鐵城還以顏色。幾天後逼孫科內閣總辭，而吳鐵城的中央黨部秘書長一職也被總裁下令撤銷，由鄭彥芬副秘書長接替。

一九四九年（民國三十八年）四月，吳鐵城與孟光厚在廣州談話，指出蔣介石在東北決策問題上的三點失誤：其一，對共產黨鬥爭的失敗，主因在於抗戰勝利後，對於東北決策之錯誤，且犯了雙重錯誤。其二，抗戰勝利後採用中央武力直接以精銳部隊新一軍及新六軍與林彪部隊進行消耗戰，種下挫敗的原因，如果採取以東北地方武力去消滅東北共軍的政策，便不致演成今天這樣的局面。其三，不肯收編偽滿軍隊，將日本替偽滿訓練的大量中下級軍政青年幹部，逼上梁山，投入共軍陣營。吳鐵城遺憾地說：「爭天下，所要爭的就是人心與人才，失掉人心與人才，就不免要丟掉天下。」當美國杜魯門政府發表對中國政府的白皮書後，吳鐵城也應麥克阿瑟私人邀請，悄悄到東京訪問，麥克阿瑟對吳表示：「美國政府已決定放棄支持蔣介石，但對李宗仁仍寄以希望。」吳鐵城這些表現，使蔣介石十分生氣。一九四九年七月，蔣介石飛到廣州組建「中央非常委員會」，仍提名吳鐵城為委員，是希望換取吳鐵城對蔣無條件的支持。一九四九年底，吳鐵城先到香港再到台灣。次年（一九五〇年）三月一日，蔣介石在台復行視事，吳鐵城被任為總統府資政。一九五三年（民國四十二年）發生總統府秘書長王世杰被撤職事件，吳鐵城與王世杰關係密切，交情素篤，聽聞此事後，立即跑到總統府替王世杰求情，自以為一輩子為蔣介石效命，勞苦功高的吳鐵城，竟為王世杰事件，當面頂撞蔣介石，令蔣非常惱怒。一九四九年蔣介石下野後，蔣對吳鐵城支持李宗仁的做法已經大為不滿，現在看到吳鐵城自恃功高，倚老賣老為王世杰求情，舊恨新仇，怒火中燒，將吳鐵城罵了個狗血噴頭，吳鐵城也不是隨便服輸的人，他依然毫不示弱，據理力爭，令蔣介石更加怒氣沖天，氣急敗壞地摔碎一個茶杯，把總統府資政趕出了總統府。

吳鐵城一生中未受過這樣的「大辱」，他感到自己已失去蔣的信任與眷顧，情緒激動不已，夜不能寐。他本來就患有高血壓，平日每晚只吃一粒安眠藥即可入睡，現在只因蔣介石的羞辱，一夜怒氣難消，連吃了兩片安眠藥仍睡不著。一九五三年（民國四十二年）十一月十八日夜，吳鐵城服了三粒安眠藥方才入睡，次日（十一月十九日）早晨，家人發現這位「黨國鐵老」，真的長眠不起了。蔣介石聽說這位追隨自己數十年黨國鐵老服藥身亡的消息，不勝惆悵、懊悔不已。早知今日，何必當初？[10]

---

10 左玉河前揭書，頁二四〇—二四四。

第二十章　黃國書院長任內二三事

黃國書（一九〇五—一九八七）係台灣新竹北埔客家人，曾就讀於台北師範及淡水中學，一九二〇年（民國九年）潛往中國大陸，後以台灣僑生資格進入上海暨南大學攻讀政治經濟，後來決定棄文從武，歷經波折，由國民黨人士保薦考入日本士官學校第十九期，其後又入日本砲兵專科學校深造。黃國書本姓葉，名焱生，因自認為炎黃子孫，故改名換姓為黃國書，黃氏從日本學習軍事回國後，任教於中央軍校與砲兵學校，先後擔任連長、教導師、營長、砲兵學校戰術主任及研究員等。一九三四年奉派到德國砲兵學校及法國戰術學校學習，從事機械化與砲兵高階研究。對日抗戰期間，擔任獨立砲兵團團長，旋以戰功升為獨立砲兵旅旅長，奉命駐守黃河後，升為副師長、師長。一九四四年四月，黃國書隸屬第一戰區第三十一集團軍（總司令為王仲廉）第七十八軍（軍長為賴汝雄）新編第四十三師師長，參與豫中會戰及豫西、鄂北會戰。抗戰勝利後，先後任第七十五、一百四十四師師長、第九十軍少將副軍長，為台籍軍人中官階最高者。一九四五年（民國三十四年）日本投降後，黃國書以第九十軍副軍長身分回故鄉新竹，先後出任台灣警備總司令部中將參謀兼高參室主任，及鐵道管理委員會委員，這些重要軍事資歷及台籍背景，使黃國書返台後仕途順利[1]！

一九四六年（民國三十五年）十一月，黃國書膺選為制憲國大代表，一九四五年（民國三十四年）以前，台灣還在日本統治之下，原無所謂參與中華民國憲法制定問題，但在一九四六年一月六日，政治協商會議通過的八項協議中，其中一項將「台灣」與東北等日本佔領地區中，新增各該區域及職業代表名額共一百五十名，這一百五十名新增代表中，台灣分配到十七個名額，其中台灣省及八個縣市各一人，共九人為區域代表；其他職業代表八人，包括婦女代表一人，高山族代表一人，農會代表兩人，工會代表兩人，商業代表兩人，合計十七人，連同原已選出之代表（郭耀廷）一人，共十八人為制憲國大代表。各制憲代表由各縣市參議會，農工商各職業團體，婦女會及高山族，推選候選人，再於一九四六年十月，由當時的省參議會召開全體委員臨時會議正式選舉。黃國書當選為新竹縣區的區域制憲國大代表。一九四六年十一月十五日在南京國民大會堂召開制憲會議，黃國書亦被推為主席團之一（由五十五名國大代表組成）。接著第一屆立法院立法委員選舉，於一九四八年（民國三十七年）一月二十一日至二十三日，在全國各地舉行，在台灣

1　以上資料來自《立法院院長黃國書傳記》，立法院委託財團法人成大研究發展基金會之研究結業報告。

地區應選名額為八名（包括婦女一名），選舉結果當選人為：劉明朝、羅萬俥、黃國書、蔡培火、郭天乙、謝娥（女性）、林慎（女性）及鄭品聰。這八位台灣選出的立法委員與大陸各地選出的立法委員，於一九四八年五月八日，自行集會於南京國民大會堂。[2]

黃國書以其大陸經歷及台籍背景關係，於一九五〇年（民國三十九年）十二月，與劉健群搭配競選立法院正、副院長。十二月五日，立法院第六會期舉行立法院院長副院長選舉，選舉結果，劉健群以三百六十四票當選為院長、黃國書得三百三十票，當選為副院長，這也是立法院遷台後第一位台籍立法委員擔任立法院副院長。一九五一年（民國四十年）十月十九日，劉健群請辭立法院長，由黃國書副院長代理院長職務，一九五二年三月十一日，立法院舉行第四任院長、副院長選舉，黃國書未能扶正，仍被執政黨提名為副院長候選人，張道藩被提名為院長候選人。直到一九六一年（民國五十年）二月二十一日，立法院第二十七會期，張道藩院長請辭獲准，黃國書副院長終於十年媳婦熬成婆，經國民黨中央提名為立法院院長候選人。一九六一年二月二十八日，黃國書當選為立法院第五任院長。成為台籍人士出任立法院院長的第一人，倪文亞委員則當選為副院長。黃國書在立法院中不屬任何派系，個人個性隨和，能為各派系委員所接受，故其擔任院長期間，未遭

2 同前註。

受特別壓力，主持院務大抵平順，惟在其任內，卻發生二、三件政壇大事，包括（一）立法委員魏惜言在公司法修正案審議過程中，因不滿院長黃國書的裁定而出言辱罵，遭受懲戒案；（二）黃豆盜賣案發生，最後導致司法行政部長鄭彥芬的下台，以及（三）黃國書家族經營的國光人壽保險公司倒閉，致黃國書被迫請辭案，其中黃豆案涉及問題較複雜，篇幅較長，留待另章敘述。本章先就魏惜言之被懲戒案與國光人壽保險公司案發生之經過詳述如後：

一、魏惜言一夫當關　阻擾公司法修正案

公司法於一九六六年（民國五十五年）七月修正公布後，因執行上尚有困難，經行政院於一九六八年（民國五十七年）十一月提出修正條文四十六條送請立法院審議，經立法院經濟、司法兩委員會聯席審查，歷經數月。由於公司法第五章有關「公司重整」之關係條文，取消無記名股票債券之關係條文第二十八條，立法院審議時未及作政策性之全盤研討，行政院於是對於公司債限制之相關條文，即公司法第十三、十四、二三九、二四一等條文，希望能在立法院延會期間內，完成修法。立法院為兼顧事實之需要及立法院議事程序之規定，遂於一九六九年（民國五十八年）八月二十六日，將上述公司法條文（即第十三、十四、二三九、二四一條）提交立法院第四十三會期第四十三次會議中討論，惟這

四條修正條文並非行政院的原提案，而是由陳顧遠委員等二十三人，以獨立之臨時提案方式，提請院會逕付二讀（即不經委員會審查，直接由院會二讀會討論決定），俾利儘速完成立法程序。

提案人陳顧遠委員在院會中表示：「由於公司法在院會討論時發生許多問題，如果繼續討論下去，恐耽擱時間過久，而國家經濟狀況變化萬千，有關經濟的立法，自須掌握時效，現行公司法第十三條、第十四條對工商業的束縛太厲害，政府一方面希望加速工業發展，另一方面又牢牢地加以束縛，這與各國立法先例相去甚遠。因此，要迅速發展工業，必須放寬這兩條規定。不過依照現在情形看來，恐難以在本會期結束前獲致通過，若延到下會期再討論，又得耽擱幾個月，對國家財政、經濟都有不利影響，故本席等多位委員提出臨時動議，將上述公司法四條文做一修正，逕付二讀討論。」

對於陳顧遠委員的臨時動議，魏惜言委員大表不滿，認為此一提案如做為獨立提案，那對公司法審查修正案將作何處置？公司法修正案全案四十六條，院會已經通過三十九條，只剩七條還沒解決，而且陳顧遠委員的提案亦非獨立提案，只是對審查修正案第十三條、第十四條稍加修正而已，如果這算是獨立提案，與議事規則明顯不合，他表示反對。就議事規則而論，魏惜言的意見，其理由正當，並非無的放矢。魏惜言此言一出，與提案委員及院會主席黃國書展開爭辯，因在場委員不足法定人數，無法立即進行表決，而當天又是第四十三會期延會的最後一天，於是謝建華委員與楊寶琳委員提議第二天加開院會來處理，以解決問題。主席黃國書徵詢大家意見，是否翌日加開院會？魏惜言立即表示反對。梁肅戎則表示，程序委員會可以決定建議加開院會，希望魏惜言委員不要再堅持。魏惜言表示，根據立法院組織法規定，延長會期是院會的決定，不能由程序委員會決定。對此，主席黃國書表示，魏惜言委員所引條文錯誤，最後並宣讀立法院議事規則第四十三條：「出席委員提出程序問題疑義時，主席應為決定之宣告；前項宣告，如有出席委員提出異議，經二十人以上連署成附議，主席即付表決，該異議未獲出席委員過半數贊成時，仍維持主席之宣告。」因此黃國書主席根據立法院議事規則之授權，宣告「明天再加開院會一次」，隨即宣布散會。當黃國書主席宣布最後決議時，魏惜言一面高聲表示反對，一面衝到主席台前面，要爭取發言，黃國書則拿起主席桌上的發言條往桌上猛摔了一下，雙方有所衝突。[3]

八月二十七日，立法院加開院會，通過了爭議的公司法四個條文，魏惜言當天並未出席院會，而是在立法院議場散發傳單，指摘立法院長黃國書在院會中非法宣告加開院會，誤解議事規則，應引咎辭職，否則應予罷免。魏惜言並列舉四點理由：（一）立法

[3] 《聯合報》，一九六九年八月二十七日，第二版，〈修正公司法條文，立院加開院會討論〉。

院議事規則第二十二條明載「本會議於每星期二、星期五開會兩次，必要時，經院會決議得增減會次。」但二十七日加開院會並非出於院會之決議，而由黃國書主席非法所宣告。（二）黃國書主席所假借者為立法院議事規則第四十三條，其規定為「出席委員提程序問題之疑義時，主席應為決定之宣告；前項宣告如有出席委員提出異議，經二十人以上連署或附議，主席即付表決」，加開院會與否，祇須依議事規則第二十二條由院會決議即可，有何疑義？有那一委員提請主席決定？當時主席一經「非法宣告」，本席即大聲連呼反對、反對！主席為何不為本席徵求附議，即付表決，而宣布散會，一走了事。（三）如果加開院會由主席宣告即可，那議事規則第二十二條之由院會議決增減，便可刪除了，而委員反對，不為表決，主席便高出院會了。（四）黃國書院長如此誤解議事規則，以院長之宣告代替院會之決議，不理委員之大聲反對，不付表決而獨自作最後之決定，實屬有虧職守，應引咎辭職，否則予以罷免。而二十七日院會之召開既違反議事規則，應予停開。[4]

魏惜言在八月二十七日主席黃國書宣告次日加開一次會議並宣布散會時，衝向主席台大罵主席黃國書：「混蛋，我大聲反對加開院會，你為什麼宣告散會！」因此，八月二十八日加開院會時，在會場內有吳延環委員提出臨時動議謂：「查本院第四十三會期

4　《聯合報》，一九六九年八月二十八日，第二版，〈魏惜言卯上了，要黃國書辭職〉。

第四十三次會議時，於主席宣告次日加開院會之後，魏委員惜言一個箭步竄到主席台去，將台上文件一擲落地，並對主席公然侮辱，大罵混帳，如非被主席台所隔，勢必動武。侮辱主席即為侮辱本院，似此野蠻行動，應請交紀律委員會依法懲戒，是否有當，敬請公決。」這項臨時動議在院會宣讀後，吳延環委員提出補充說明，表示魏惜言委員是罵主席，不是罵黃國書這個人，主席正在執行職務時，是代表立法院全體，因此要求院會同意將本案交紀律委員會。吳延環說明後，趙家焯委員表示，魏委員罵人固然不對，但過去吵吵鬧鬧的事情也很多，大家不妨息事寧人，魏委員早上發的傳單與這項臨時動議都撤回。王夢雲委員則贊成吳延環的意見，主張將該案交紀律委員會審議。王夢雲發言後，主席黃國書徵詢院會的意見，在場委員鼓掌贊成將該案交付紀律委員會，後經紀律委員會開會決議：「停止出席院會六次」。魏惜言委員成為第一位被移送紀律委員會的立法委員。

魏惜言委員的舉動，不僅受到立法院紀律委員會懲處，立法委員黨部也報請中央議處，國民黨中央委員會也認為公司法修正案為中央既定政策，而第十三、十四兩條文，中常會並經決議必須在立法院第四十三會期通過。魏惜言反對加開院會，意圖使立法院第四十三會期無法繼續討論，違反黨的政策，觸犯黨章第四十一條二、三兩款及從政黨員違反決議及指示處分辦法第三條第一項之規定，應予處分。最後由國民黨紀律委員會作成決定，提報常會通過，停止魏惜言黨權一年。魏惜言也成為首位被停止黨權的立法委員。魏惜言的遭遇可謂屋漏偏逢連夜雨。魏惜言罵主席黃國書固然不對，但平情而論，魏惜言委員當時針對院長處理議事規則之發言，並無不對，魏惜言頭腦清楚，辯才無礙，其發言就議事規則與立法院組織法而言，並無不當，何以要受雙重懲戒處分，依筆者當時在立法院工作的親身觀察，只能說魏惜言得理不饒人，明知院會在場委員不足法定人數，無法就其反對意見提付表決，而仍一味堅持反對，大有一夫當關，萬夫莫敵之勢，而公司法之上述修正條文確實關係重大，其緊咬程序正義而不能顧全大局，是干犯眾怒。筆者當時亦在場目睹魏惜言委員之陝西同鄉委員如陳顧遠、楊大乾等勸其莫執意反對加開院會，俾公司法修正案之問題獲得解決，魏惜言因堅持己意，不聽勸阻，致引起多數委員同僚之憤怒，因而無異議被移付懲戒，這或許足以說明政治是一門妥協的藝術，政治人物得理不饒人，有時也會傷到自己。

二、國光人壽保險公司倒閉案　逼退黃國書

民國五十一年（一九六二年）六月一日，成立於台北市漢口街一段七十八號的國光人壽保險公司，資本額二千六百萬元，董事長為立法院長黃國書的妻子黃龍鳳鳴，常務董事有黃國書、葉克倭（黃國書之子）、劉金源、何傳、黃遠竹、呂義演；常務監察人為林熊祥、總經理柯文實。經營團隊，除了黃國書夫婦及兒子外，不少台灣商界聞人如永豐餘

集團的何傳，板橋林家的林熊祥等在內，國光人壽保險公司成立於黃國書擔任立法院長之後，該公司另外投資國光光學公司、國康油廠、高雄亞洲戲院、國光製紙公司及台灣旅行社。成立之初，前景普遍看好，但或因為轉投資太多，該公司自民國五十三年（一九六四年）後，財務開始出現問題，財政部屢次派員檢查，並先後飭令糾正達四十三項之多，均未見改善。財政部錢幣司（後改為金融司及金融局），調查發現該公司民國五十六年度之財務狀況，除資本已虧損殆盡外，更不足六百萬元，於是財政部次長杜均衡（原資深立委轉任）主張密令該公司迅速設法自行挽救，否則財政部將依法處理。這項決定獲得財政部長俞國華支持，並批示將實情密函呈行政院長嚴家淦。

國光人壽接到財政部密令後，仍無法改善，俟民國五十八年（一九六九年）七月，中央銀行根據其金融業務檢查處對國光人壽資金運用狀況做深入瞭解，發現國光人壽公司財務狀況非常不正常，經其對國光人壽公司資產評估後，實際虧損在七百萬元左右，已超過繳存國庫之保證金三百九十萬元，資產淨值已成負數，當時國光人壽的運轉均賴對外舉債，如周轉失靈對於眾多的保戶及債權人，將造成嚴重影響，甚至可能造成社會及金融秩序的混亂。因此央行金融業務處以密函促請財政部採取行動。財政部接到密函後，除要求國光人壽改善外，並將處理情形呈報行政院長嚴家淦及副院長蔣經國。國光人壽接到財政部密令後，答覆財務部，表示並無資產不足清償債務之情事。財政部為釐清此事，乃會商中央銀行委由會計師宋作楠與國光人壽派員，於民國五十八年十月二日，詳查該公司財務狀況，於十一月七日提出調查報告，發現國光人壽截至五十八年九月三十日止，共虧損七千七百萬元。於是要求國光人壽公司限期內增資，並改善業務，但國光人壽拿不出具體改善計劃，財政部於是在民國五十九年（一九七〇年）四月二十日，勒令國光人壽停業。

國光人壽停業後，其董事長黃龍鳳鳴指控當時財政部長李國鼎勒令國光人壽停業，「違法失職」，摧殘民營企業幼苗，並向監察院提出訴狀，而同時國光人壽的被保險人與債權人，也由陳唯一提出訴狀，監察院於是推派金越光與王文正監委調查。監察委員調查結果表示，國光人壽公司自成立後，財務從未正常過。又指出國光人壽先後直接投資七家企業，違反保險法第一四六條之規定，對此違反規定之行為，財政部僅於民國五十四年三月至民國五十七年二月先後五度糾正，並未依法撤換負責人或撤銷執照，僅科處罰金一千銀元。監委同時指出：財政部早已發現國光人壽之財務問題，卻一再寬容，不依法撤換負責人或予停業處分，財政部錢幣司及當時之財政部次長因顧慮常務董事（即黃國書）之背景，以顧全保險業之前途為藉口，採取限期增資，彌補虧損等方式維護該公司。因此監委也認為財政部對國光人壽監督稽核不嚴於先，因循寬容於後，措施失當，有其責任，故而提案糾正財政部措施失當，該報告於民國五十九年七月十五日，由監察院財政委員會提出，同年七月二十七日，通過糾正案。[5]

財政部於民國六十一年（一九七二年）元月十日，宣布解散國光人壽公司，國光人壽公司解散後，擔任董事長的黃國書夫人，於六十一年元月十五日被台北地檢處通緝，總經理葉克倭也依違反票據法通緝，後於同年二月九日在花蓮被捕。社會輿論也對身為立法院院長的黃國書多所批評，這是黃國書迫於形勢，不得不請辭立法院長的主要原因。黃國書於立法院第四十九會期第二次院會（民國六十一年二月二十二日），亦即黃院長夫人及其子先後被台北地檢處通緝後，引咎提出辭呈，其辭職原因說是「因健康關係，不勝繁劇」。當次院會討論黃國書的請辭案時，委員張志智、楊寶琳、李公權、周樹聲、楊大乾、鄧翔宇、邱有珍、陳海澄、吳越潮、魏惜言、吳望伋、朱有為等，紛紛對黃國書擔任院長十一年的辛勞表示肯定，也對其因健康關係請辭，表示惋惜，除了建議院會予以接受外，並一致主張院長職務，應由副院長倪文亞暫行代理，由程序委員會定期改選院長、副院長。黃國書卸任立法院院長後，仍以立法委員身分出席立法院會議，但逐漸淡出國民黨的權力核心。民國七十六年（一九八七年）十二月八日，以心臟病發逝世，享年八十有三。

---

5 《監察院公報》七七九期，一九七〇年十月五日。

第二十一章　黃豆案爆發　司法行政部長黯然下台

黃國書擔任立法院長期間，國內政壇爆發了一件牽涉中央民意代表，包括立法委員、監察委員，及國大代表的政治醜聞，涉案多位民意代表後來被判刑坐牢，這就是轟動一時的所謂「黃豆盜賣案」。事件的緣起是一九六五年（民國五十四年）底，台北地檢處檢察官周德美指揮鐵路警察局偵辦大華油廠盜賣黃豆案時，發現涉嫌該案的大華油廠董事長王作昌在案發後躲在某監察委員家中，同時還有人出面為王作昌辯白，說王作昌雖係大華油廠董事長，但並未實際負責公司的經營，是以該廠所發生盜賣黃豆的行為，只是王用人不當，被部屬所騙，非法行為與他本人無關，希望法院查個清楚，不要冤枉好人。當時檢警已查出王作昌確係盜豆案的主謀，但因為涉及國會議員，不便貿然到某監委家中去抓人，遂向替王作昌說情的人表示，王作昌如果是無辜的，希望他能出面到法院來說明，法院不會冤枉他。於是王作昌自動到地檢處應訊，由於涉嫌該案證據確鑿，檢察官周德美偵訊後，下令將王收押。

由於王作昌在案發後躲進某監察委員家中，事發後還有人出面為他說情，這些跡象引起了台北地檢處的懷疑，認為大華油廠盜賣黃豆案，內情可能不單純，可能並不純屬油廠與台灣鐵路貨運所官員之間的勾結而已，幕後也許大有文章。當時司法行政部調查局也在注意這件事，台北地檢處請調查局接辦大華油廠盜豆案，偵察幕後究竟有誰涉案，並指派檢察官李兆欣與調查局連繫，查個水落石出。此事經媒體報導，並指有中央民代介入，這就引起立法院的關切。因此，立法委員王子蘭等二十四名，就在一九六六年（民國五十五年）七月二十二日，立法院第三十七會期第三十三次院會中提出臨時動議謂：「近來各報登載，官商勾結出賣黃豆案、配售日片案、復興公司取代大華產業案、東亞公司貸款案，以及造成各行局巨額呆帳案，侵及庫帑，敗壞官常，究否屬實，亟待澄清。而屢屢語涉本院，有所謂黑幕重重，中央民意代表亦插足其間，影響院譽甚鉅。又有所謂『特權集團』等語，同仁於公不容忽視，於私難安緘默，竊以為物必先腐，而後蟲生之。如果政府各主管部門皆保持清廉、尊重法守，民意代表縱想插足亦無隙可乘。國家之敗，由於官邪，凡此各案真相如何？政策目的何在？以及中央民意代表有無牽涉在內？行政院督率所屬機關人員應已有所查考，事關同仁聲譽，擬請院會定期邀請行政院長偕同主管部局首長列席本院報告並備質詢，而維院譽。」王子蘭委員等提案經主席裁示，交由程序委員會排入院會討論。[1]

1 《立法院公報》第三十七會期，第十五期，一九六六年八月九日出刊，頁二十三—二十四。

一九六六年（民國五十五年）七月二十九日，立法院第三十七會期第三十四次院會時，就是否要請行政院院長來立法院報告此案，引起激烈辯論，吳延環委員認為目前全案已經進入司法程序，立法院不宜要求行政院來報告，免得影響司法。但有不少委員認為此事影響立法院名譽，應該要聽取行政院的報告，最後決定下次院會時投票表決。[2]一九六六年八月二日，立法院第三十七會期第三十五次院會開始時，吳延環等二十一位委員提出另一提案，希望能夠將最近發生的幾件大案，不經由院會聽取行政院長的報告，而交各有關委員會去處理。其提案內容謂：

自黃豆案、日片案、東亞案、大秦案、呆賬案等相繼發生後，街談巷議、輿論傳播，均謂每案皆牽涉有中央級民意代表在內，指責廣泛，涇渭不分，遂使本院同仁，無人不成為詬病的對象，為洗刷大多數同仁清白起見，茲特動議作下列處理：

（一）黃豆案業已進入司法階段，外力雖不便問過，但亦不應任其拖延，應由本院函請檢察當局，萬勿顧忌疑犯任何背景，迅速秉公處理，其中如有牽涉本院同仁之處，本院願予以偵察上任何方便。

[2] 同前註，《立法院公報》，頁八十—九十八。

（二）日片案交內政委員會定期公開會檢討，並請新聞局長率同該局所屬有關人員列席備詢，務期水落石出。

（三）東亞案、大秦案、呆賬案，交經濟委員會與財政委員會定期公開開會檢討，並請經濟、財政兩部部長率同有關人員列席備詢，以期瞭解真相。

上述是否有當，敬請公決。

吳延環委員等之動議提出後，張子揚委員首先發言，指出吳延環委員等之提案無異是對王子蘭委員等之提案，提出修正。王子蘭委員等之提案已經上次院會決定在今日表決，不能再提修正意見，此與議事規則不合。因此，張子揚委員反對吳延環的提案。吳延環則表示他所提的動議不是針對王子蘭的修正案。他說：「這事情各人可以有不同的見解，怎麼可以說我不能提案，你要反對就反對好了。」這時郭登敖委員也上台發言，指出立法院過去有一個傳統，就是已經停止討論，將提付表決的案子，從沒有再變更方式提出臨時提案，再查上次院會的發言紀錄，吳延環委員臨時動議的意見，完全與上次會議發言的意見相同，這樣以臨時動議提出是不太好的。」吳延環再度發言，表示其提案符合議事規則，且與王子蘭等的提案無關。院會主席黃國書裁定，將吳延環委員的臨時提案交程序委員會定期討論，此一爭論乃告一段落。隨即針對王子蘭委員等二十四人的臨時提案進行表決，表決前，主席先就前次院會討論的兩種不同意見，即吳延環等委員不同意邀請行政院長列席立法院報告，及支持王子蘭委員等邀請行政院長列席報告，兩種意見進行表決。表決前先徵求吳延環提議的附議人數，結果只有七人附議吳延環的提議，未能成立。院會遂將王子蘭的提案進行表決，在場委員一百六十一人，舉手表決，贊成者一百四十五人，十六人未舉手，王子蘭委員的提案獲通過。

王案表決通過後，主席黃國書再徵求院會意見，何時開會邀請行政院長到立法院報告。張子揚委員主張當週週五（即八月五日）即邀請行政院院長列席報告，經在場委員熱烈支持，院會遂於一九六六年（民國五十五年）八月五日，立法院第三十七會期第三十六次會議中邀請行政院長嚴家淦率領相關部會首長報告五大案的經過及處理方式，嚴家淦院長表示行政院已飭司法行政部調查局徹底調查發生的各疑案，一定做到毋枉毋縱。由於委員對此案討論非常熱烈，一次會議仍無法結束，主席黃國書裁示下次會議繼續質詢。[3]

一九六六年（民國五十五年）八月九日，立法院第三十七會期第三十七次會議賡續對此議題進行質詢，仍有二十多位委員登記質詢而尚未發言，主席又裁示交由程序委員會，決定時間，加開院會繼續質詢。程序委員會於是決定八月十三日加開院會，這是立

3 《立法院公報》，第三十七會期，第十六期，頁七—四十三，一九六九年八月十六日。

法院第三十七會期的第三十八次院會，當天共有四十二位委員登記質詢，有兩位委員改提書面質詢，但會議經過一整天，僅二十八位委員質詢完畢，吳望伋委員提議再加開一次院會，獲得所有委員同意，再由程序委員會排定於八月十五日加開院會，又經過一整天討論，仍有二十三位委員登記質詢而尚未發言，吳延環委員見此冗長討論，沒完沒了，於是建議後續的質詢，是否改為書面質詢？經在場委員同意後，主席黃國書作成兩點決議：（一）已登記尚未質詢委員請改提書面質詢，（二）將質詢記錄及書面質詢函送行政院就未答覆者，以書面答覆。就這樣才結束長達四次的院會質詢。

在社會輿論及立法院連開四次院會的強大壓力下，行政院長嚴家淦指派調查局偵辦此案，很快就查出三名立法委員涉案，他們是徐君佩、姚廷芳和劉景健三位立委，但依憲法第七十四條及第一〇二條規定，逮捕立法委員及監察委員須分別經立法院與監察院之許可。行政院因此決定先去函立法院，要求許可逮捕或拘禁涉案的立法委員徐君佩、姚廷芳與劉景健三人。一九六六年（民國五十五年）九月二十三日，正值立法院召開第三十八會期第一次會議之際，行政院決定於是日去函，要求立法院許可。當日上午九時半，立法院開議，首先聽取行政院院長嚴家淦的施政報告，至上午十時五十分，嚴家淦口頭報告完畢。院長黃國書當即宣布有一件重要案件要處理，須改開秘密會議，請列席的政府首長及旁聽人員退席，黃國書同時宣布休息五分鐘。

十時五十五分，電鈴響起，立委紛紛魚貫入會場，十時五十九分，秘密會議開始，黃國書院長在會中宣讀台北地檢處北檢寒字第一二一七一號公函，其中說明「五五年度貪偵字第二七六號一案，牽涉貴院委員徐君佩、姚廷芳、劉景健等三人，將予傳訊，必要時將予逮捕或拘禁，是否同意，請查照見覆。」黃國書院長宣讀這項公文後，出席委員一致鼓掌，無異議通過。黃國書即宣布散會。接著立法院秘書處立即備函，答覆台北地檢處，一九六六年（民國五十五年）九月二十三日上午十一時五分，以最速件發出，立法院的覆文（五五台議字第二二二七號）中云：「貴處五五年北檢寒字第一二一七一號函敬悉，經提報第三十八會期第一次秘密會議議決，許可傳迅本院委員徐君佩、姚廷芳、劉景健等三人，並於必要時予以逮捕或拘禁，特覆。」徐君佩與姚廷芳兩人，於當天前往台北地檢處到案。劉景健於步出立法院大門時，由司法人員出示拘票陪往地檢處，三名立委均以案情重大而被拘禁，依法偵辦，這是立法院成立以來第三次立法委員因案經立法院院會同意而遭到逮捕的事例。第一次是劉如心委員因附匪而被逮捕，第二次是立委覃勤，因開設中國醫藥學院被控出賣學籍案而被逮捕。[4]

4 陸寶千訪問、鄭麗榕紀錄《黃通先生訪問錄》，頁三二二—三二五，中研院近史所，一九九二年。

三位委員經依法逮捕後，黃豆案事件並未就此落幕，其後卻因台北地檢處辦案時，要求到立法院調卷而引起軒然大波，成為民國五十年代最具爆炸性的政治事件。台北地方法院檢察處於一九六六年（民國五十五年）十月四日來函：「本處因案認需要查明五十四年黃豆進口關稅稅率從百分之十五減低為百分之十，貴院係在何時通過？（總統命令在民國五十四年）並請將內政、財政、交通、經濟委員會聯席秘密會議及大會通過有關減低上開關稅稅率，各委員發言紀錄，檢送過處參考，用畢即予奉還。」同年十月十一日再來一函謂：「前函所請檢送之部分資料，正由檢察官就現有資料參辦中，至該減低稅率之通過日期，仍請查明惠覆」，一九六六年十月十一日，立法院第三十八會期第六次院會中，由秘書處人員報告，收到台北地檢處先後兩次函件，主席黃國書院長根據立法院議事規則第七十八條：「秘密會議秘密文件之公開發表時期，應由院長報告院會決定之」之規定，請院會議決如何處理。

針對主席黃國書的說明，梁肅戎委員首先發言，提出五點意見，不同意地檢處的調卷。

（一）憲法第七十三條規定：「立法委員在院內所為之言論及表決，對院外不負責任。」所謂對院外不負責任，當然包括不負刑事追訴及民事賠償責任，為使立法委員忠於本職，善盡言責，自應排除外界之威脅與干涉。倘立法委員在院內之言論及表決，而有構成政治罪名乃至刑事犯罪之虞，則立法委員及立法院將不能行使憲法所賦予之職權。因此，憲法明白規定對立法委員在院內言論自由之保障，以充分發揮民主憲政的功能，此一法律常識，任人皆知，勿庸贅述。

（二）至於立法委員個人利用機會收受賄賂，其行賄或受賄之行為一經完成，即構成犯罪，應負刑事責任，犯罪行為在受賄、行賄，而不在發言與表決，因立法委員行使職權是集體的，而不是個體的。因此，其發言與表決，不但不能積極的做為構成犯罪的要件與證據，即消極的也不能為免除刑事的依據。

（三）立法委員在院內的發言與表決，當然可以做為各機關團體及一般人民研究立法原意或立法政策之參考，但是絕對不能做為偵查犯罪的證據參考。台北地方法院檢察處為一偵查犯罪之司法機關，現在偵辦盜賣黃豆行賄案件，而來函文內，明白說明因案需要查明內政、財政、交通、經濟四委員會之各委員發言紀錄，其目的顯然是搜集立法委員在院內之發言及表決紀錄，為其偵查犯罪的證據資料，此一措施是違憲行為，公然嚴重的侵害了憲法第七十三條所定的立法委員在院內發言的自由權，毫無疑問是司法機關濫用職權，企圖對立法委員及立法院予以政治上的壓力，法律上的威脅，使本院委員不能發揮代表人民行使憲法上所規定的職權。

（四）我國為五權分治制度的憲政國家，五院職權載明憲法，吾人絕對尊重司法權的獨立行使，支持嚴懲貪污的政策，但吾人也絕對不容許以司法來破壞立法權的完整。

（五）台北地方法院檢察處來函調卷，乃公然違憲之行為，不僅危害憲法賦予立法委員之職權行使，而且嚴重的危害民主憲政的體制，本院若果准許該處之請求，無異自損立場，自行違憲。因此，本席主張院會應立即決定不予准許。

梁肅戎委員發言後，張金鑑委員發言時，也不同意台北地檢處調卷，他說：「地檢處要逮捕三立委時，立法院順利通過，這是尊重憲法，但立法權也應受到尊重。立法院在審查各種法案時，委員常有各種不同主張與見解，現在要把全體委員當成犯罪偵察的對象，這明明是破壞憲法體制。」經過兩個小時討論後，院會最後作成決議交付法制、司法兩委員會審查，委員會審查時邀司法行政部部長率領有關司法官員列席說明並答覆立委質詢。[5] 立法院院會決議後，沒想到第二天（十月十二日）民族晚報登出消息，說台北地檢

5 《立法院公報》，第三十八會期，第二期，頁九十一——一〇三，一九六六年十月十八日。

處已循合法正當途徑取得涉嫌賄案立委在院會的發言紀錄。這項消息使黃國書院長非常生氣，當天發出新聞稿澄清：「立法院院長黃國書於閱讀昨（十二）日民族晚報所載，地檢處已循合法而正當途徑取得涉嫌賄案立委在院會中發言紀錄消息後，異常震怒，經飭由秘書處查明，絕非事實，除即日專函向該報更正外，並令秘書長徹查是否尚有以其他方式取得該項資料情事，簽報憑辦。」[6]

十月十三日，立法院秘書長尹靜夫簽呈黃國書院長，說明調查局來函借調財政等四委員會聯席會議修改黃豆進口稅率時委員發言紀錄的經過。原來調查局人員是於八月三十一日，亦即地檢處尚未正式函請立法院調卷前，已持調查局函件至立法院找秘書長尹靜夫，說明要借調黃豆進口關稅修正案的委員發言紀錄，尹秘書長當即偕調查局人員到財政委員會找主任秘書包文同，包文同曾向值日的財政委員會召集委員曲直生請示如何處理，經曲召集委員同意後，包文同始將有關資料交調查局人員閱看，但因資料太多，調查人員出具借條，將資料借出，言明於九月十五日交還，但到九月十五日尚未將資料交還。尹靜夫秘書長事前沒有將此經過情形向黃國書院長提出報告，黃國書事前並不知情，因此當他知悉這項資料被外借時，甚為震怒。[7]

6 《聯合報》，一九六六年十月十三日，第三版。
7 《聯合報》，一九六六年十月十四日，第三版。

這件調卷案越演越烈，一九六六年十月十四日，立法院第三十八會期第七次會議一開始，彭爾康、薩孟武、徐漢豪、郭登敖、佘凌雲、張金鑑、嚴廷颺、張子揚、李雅仙、田亞丹、周慕文、武誓彭、黃哲真、梁肅戎等三十二位委員，提出臨時動議，變更議程，動議案中說明「查十月十二日，台北地方法院檢察處發言人，發表聲明，公然曲解憲法，侵害立法權，竟以普通法對抗憲法效力，破壞憲政體制，危及國體，特提議本次會議請行政院院長及司法行政部部長，就此問題先行報告並備質詢，院會通過變更議程後，即進行質詢，彭爾康委員說明提案理由，指出：「立法院對黃豆案之偵辦與司法機關之偵辦，一本合作無間的精神。昨日看報載台北地檢處之聲明，已超越了立場，竟公然曲解憲法，傷害了憲法賦予立法院的職權。」他又說：「立法委員是根據憲法選舉而產生的，在座行政院院長及司法行政部長也都是根據憲法條文來立法院接受質詢，而今天台北地檢處的聲明，竟以普通的刑事訴訟法來牴觸憲法，對抗憲法，使立法委員不敢講話，其後果不堪設想。」彭爾康接著又說：「立法委員不是公務員，更不是御用的公務員，台北地檢處發言人公然發表聲明，那麼以後立法委員只有兩條路可走，一條是不講話、不開會；另一條是為了向老百姓交代，以後只有不怕死的更大聲說話，說完了恐怕連立法院大門都不敢進了。」彭爾康又說：「鄭部長過去也擔任過立法委員，且曾任中山大學法學院院長，希望能就地檢處的聲明，有所報告與說明。」他甚至於認為，地檢處的聲明一定是經過鄭部長核定的。彭爾康說：「一個地檢處居然設有發言人，不知是根據什麼法律設置的，難道地檢處還需要專人負責對外宣傳嗎？」

彭爾康發言後，行政院長嚴家淦答覆：「本人一向尊重立法院，尊重立法委員，因為這樣國家體制才能維持，關於台北地檢處的聲明是登在報上之後才知道的，其中有許多涉及司法方面的問題，請鄭部長報告。」司法行政部長鄭彥芬報告時會場氣氛頓形緊張，他很慎重地告訴立法委員說：「身負司法行政責任，如果地檢處的四點聲明，確有如諸位委員所說的曲解憲法、侵害立法權及以普通法對抗憲法，破壞憲政體制等之任何一點，願予以處罰。」鄭彥芬又表示，地檢處的聲明稿，事先並未看過。「彥芬到司法行政部以來，一直堅守一個原則，就是絕不干涉所屬的審判工作。」至於台北地檢處設置發言人的法律根據問題，鄭彥芬說：「台北地檢處設置發言人的事，法律中並沒有規定不能設置發言人。」鄭說到這裡，立法院會場中噓聲四起，鄭彥芬的報告停頓一下後，接著說：「請大家互相尊重，假定不要我報告，彥芬隨時可以下去。」主席黃國書請在場委員安靜，讓鄭部長繼續報告，鄭彥芬繼續報告說：「彥芬應負責的，絕對不推辭，彭委員所提幾點有關憲法的問題，看法不同，是屬於憲法的解釋問題，憲法第七十八條規定，司法院有解釋憲法之權。憲法第一七一條規定法律與憲法牴者無效，憲法第一七三條又規定憲法之解釋由司法院為之。」

鄭彥芬部長說明後，青年黨籍的立法委員徐漢豪接著提出質詢，他指出，台北地檢處日前致本院函，僅謂因案須參考本院委員關於減低關稅之發言紀錄，並未說明因為何案？第二次致本院函謂所請檢送部分資料正由檢察官就現有資料參辦中，並未說明資料如何取得及已有之資料即為前函所請檢送之資料，對於前函所請檢送之資料是否不必再送，並未釋明，兩信函均極含混，本不發生違憲與否之問題。惟自上次本院各委員討論時之發言，經報紙登載後，地檢處於十二日（十月十二日）正式發表說明，對本院各委員之發言有所爭辯，遂有今日臨時動議，地檢處之說明內容，確有違法之處。徐漢豪繼續指出：「地檢處說明向本院調卷之目的，旨在詳實求證，俾能就若干有關犯罪行為有確實之瞭解，由此以觀，地檢處在未調得本院委員發言紀錄文卷以前，對有罪嫌的本院委員之犯行，尚無確實之瞭解，既無確實之瞭解，何以對本院之涉嫌委員逕予扣押？地檢處對於立法委員尚且如此，對於普通人民，豈非更甚？地檢處說，依刑事訴訟法規定，一切可為證據之物，檢察官可以扣押，言外之意，對立法院請求調卷，已很客氣。但查刑事訴訟法第一三三條所規定者，係指犯罪之證據而言，憲法既規定立法委員在院內之言論及表決，對外不負責任，則其發言紀錄何能作為犯罪之證據？各國憲法均有保障國會議員言論自由之類似規定，因為只有對外不負責任，議員才沒有顧忌，充分表達民意，否則動輒得咎，誰都不敢暢所欲言。地檢處以普通法對抗憲法，實屬根本錯誤。本院上次會議討論時，係各委員院內之言論，報紙刊載後，地檢處既有意見，應提供給部長，俟本院審查時，由部長向本院說明，乃不此之圖，竟公然發表聲明，向本院爭辯。地檢處屬司法行政系統，司法行政部有監督之權，地檢處公然對本院打筆墨官司，成何體統？不僅目無立法院，簡直目無行政院與司法行政部，請問鄭部長對此何以不加糾正？」

鄭彥芬的回答是，如果對法律有不同的意見，可請司法院解釋，為什麼把一些人扣押？這是案子的問題，本人無法說明。如果說是檢察官同立法委員打官司，我相信沒有這個意思，希望不要引起各位誤會。立法委員與司法行政部長一來一往，唇槍舌戰，就這樣持續一整天，院會結束時，尚有許多登記質詢委員，尚未質詢，於是決定下次院會，繼續進行質詢。

一九六六年（民國五十五年）十月十八日，立法院第三十八會期第八次會議繼續討論此案，會議一開始，行政院長嚴家淦就發表聲明，表示行政院對於憲法尊嚴之維護，與各委員完全相同。茲再就行政院立場向貴院（立法院）鄭重聲明如次：第一、憲法的效力高於一般法律，中華民國憲法第一七一條已有明文規定。第二、憲法第七十三條明文：立法委員在院內所為之言論與表決，對院外不負責任，亦即立法委員在院內所為之言論及表決，對院外不負刑事追訴及民事賠償之責任。在嚴家淦院長表達善意下，又有郭登敖等委員提出臨時動議，希望能將質詢改成法制、司法兩委員會之審查報告。主席黃國書徵得在場委員同意後，將登記而未質詢之委員，改為書面質詢。[8]

十月十四日，台北地檢處來函要求到立法院調卷案，經院會決議交法制、司法兩委員會審查。法制、司法兩委員會連續舉行兩次聯席會議，第一次於十月十五日進行，邀請司法行政部部長列席備詢，並請全院委員自由參加，後經決議，推法制、司法兩委員會召集委員張金鑑、趙石溪、梁肅戎參酌聯席會議及院會各委員發言要點，草擬審查報告決議文，提出下次聯席會議討論。十月十七日，法制、司法兩委員會聯席會舉行時，張金鑑、趙石溪、梁肅戎三委員聯名提出審查報告文草案，送交十月十八日立法院第三十五會期第五次會議討論，由法制委員會召集委員張金鑑向院會說明審查經過，司法委員會召集委員梁肅戎指出：報紙評論對立法院有所誤會，特加闡明。他說：「地檢處根據刑事訴訟法規定，向立法院調卷，但立法院如無憲法第七十三條的規定，院會也不會作成決議，拒絕調卷，大法官固然有權解釋地檢處究竟可不可以向立法院調卷及立法院是否可以拒絕，但如果大法官解釋地檢處有權調卷的話，那我們的民主政治將受到考驗。」

8 《立法院公報》，第三十八會期，第三期，一九六六年十月二十六日，頁五十四。

最後，立法院院會修正通過法制、司法兩委員會的審查報告，重申立法委員在院內所為之言論及表決，對院外不負責任，不得作為偵查犯罪之參證及裁判之依據。同時嚴厲譴責台北地檢處引用刑事訴訟法對抗憲法，且發表聲明，是公然蔑視憲法，而其監督長官司法行政部長鄭彥芬竟在列席本院院會及聯席會議時，曲解憲法，並對部屬之不當聲明，予以庇護，似此對民主憲政體制及憲法賦予立法委員職權之行使，顯已構成嚴重危害，基於上述理由，對台北地檢處請求調閱各委員之發言及表決紀錄，不予檢送。對於前述損害憲法尊嚴行為，司法行政部應負之責任，請行政院處理。[9]

立法院對司法行政部長鄭彥芬之不滿，溢於言表，但未見行政院對鄭部長有所處置，於是到下年度中央政府總預算案審查時，立法委員揚言將杯葛司法行政部預算，並且直言，司法行政部預算若想通過，鄭彥芬部長必須走人，只要換人，不管阿貓阿狗來當部長，預算案立即通過。[10]

黃豆案爭議，最後的結果是司法行政部長鄭彥芬在眾多立法委員的反對聲中，黯然下台，同時也導致立法院秘書長尹靜夫，因擅自同意調查局調卷而提出辭呈，由副秘書長袁雍繼任立法院秘書長，而鄭彥芬則改任總統府副秘書長。

---

9 《立法院公報》，第三十八會期，第三期，頁六—七，一九六六年十一月四日。

10 關於杯葛鄭彥芬部長及司法行政部預算之說法，係筆者從法制委員會一資深立法委員口中聽到。

第二十二章　出版法修正案餘波盪漾　波及倪文亞

一九五八年（民國四十七年）三月，內政部研修出版法修正案，修正出版法第十八條條文，又新增兩條，三月十八日，行政院正式函請立法院審議，院會交由內政、教育、民刑商法三委員會聯席審查。行政院院長俞鴻鈞，內政部部長田炯錦在該法修正理由說明中，僅輕描淡寫說是為「取締黃色刊物」，而聯席會中委員認為「若只是為了取締黃色刊物，而修正出版法，實在是「殺雞用牛刀」，他們認為取締黃色刊物的方法很多，例如修正刑法中的「誹謗罪」或「猥褻罪」等，都是解決問題的良好辦法。反對該修正案的立委認為中央之所以決定修正出版法，其真正目的乃在箝制言論自由，並加強對出版品的行政處分。而受到出版法修正案直接衝擊的新聞界首先表達強烈不滿，嚴厲批評新修正案為害新聞與言論自由，並認為只有專制國家，才有撤銷新聞報紙與刊物登記的行為，這種形同封閉報館的法律，這樣的修正是違憲的，一旦立法院通過，無異敲下中華民國新聞自由的喪鐘。當時身為立法院民刑商法委員會（後來改為司法委員會）的召集委員梁肅戎以及院內標榜自由、民主、人權、法治的革新俱樂部（即ＣＣ派的立委組成的立法院次級團體）都極力反對，反對該出版法修正內容。梁肅戎強調出版法之立法，原意是要簡化登記手續，減輕行政處分，是要給新聞出版業便利，而不是便於政府處罰，而此次修正案中之撤銷登記和加強處分規定，都不合原來意旨。這時候新聞界人士亦提出請願案，要求立法院開會時列席提出辯論。

此案在立法院內政、教育及民刑商法三委員會聯席審查時，座談會派（即三青團與黃埔系出身的立委組成的次級團體）大將倪文亞委員等堅持不准新聞界人士提出公開辯論的要求，倪文亞當時擔任國民黨中央黨部第一組（即現在的組織工作會）主任，率領座談會派委員與梁肅戎等革新俱樂部委員（CC派委員）直接衝突，幾乎演出全武行，表決時，由於座談會人數較多，將新聞界人士的要求否決掉。接著梁肅戎等民刑商法委員會的九位委員，發表嚴正聲明，指責座談會派委員違憲違法，聲明內容尖銳、辛辣，惹惱了國民黨中央，黨中央於是開會討論如何處置這九位國民黨立委，原擬將九位立委開除黨籍，但在國民黨中常會即將通過懲處前夕，立法院反對出版法修正案的立法委員再度簽名連署，這次簽了二十二位立法委員，表明無懼於國民黨中央黨部的開除黨籍處分，他們認為國民黨可以開除他們的黨籍，卻不能開除他們立法委員的資格，他們決心做一個國民黨內的忠誠反對派。因此第二天早上，這二十二位加入連署的立法委員又發表嚴正聲明。當時國民黨中央黨部秘書長張厲生不得已向總裁蔣介石報告，已有二十二位委員簽名，蔣介石見事態嚴重，乃在中常會上決議讓步，梁肅戎等人遂未被開除黨籍。

此次出版法修正案的審查中，座談會派與革新俱樂部兩派，壁壘分明，座談會派支持中央，強烈護航法案通過，革新俱樂部派則希望出版法修正案能公開審議，不應以秘密會議方式進行，並反對出版法的修正內容，最後結果是座談會派挾其人數優勢，輕騎過關。座談會派與革新俱樂部派的衝突鬥爭中，有兩位關鍵性人物，一為曹俊委員，曾任青年團上海支團主任，他是幹校畢業，蔣經國的學生。另一位是林棟委員，早年畢業於金陵大學，後來留學美國，獲密西根大學碩士學位，是立法院座談會派的中堅幹部。林棟回國後不久就出任江蘇省政府委員，在三青團擔任過組織處副處長。林氏能言善道，又具組織長才，在立法院中頗為活躍。出版法通過後，因護航有功，中央原有意提拔為司法行政部部長，卻因當時行政院長陳誠不喜歡也是立法委員出身的僑務委員會委員長鄭彥芬，鄭氏當時兼中央黨部海外工作會主任，管理海外僑務工作，陳誠因不喜歡鄭彥芬負責僑務工作，乃將其改調司法行政部長，林棟的司法行政部長乃胎死腹中。後來林棟數度擔任出席聯合國代表團顧問，也算是聊以慰藉。以林棟之條件原有機會再獲中央青睞，出任政府要職，可惜一九六六年（民國五十五年）捲入盜豆案風波，而仕途受阻。「盜豆案」爆發是一九六六年、一九六七年間震驚海內外的政治醜聞，幾位中央民意代表因案牽連入獄，當時的司法行政部長鄭彥芬也因台北地檢處檢察官逕赴立法院，調閱立法委員在審查關稅減低稅率的秘密會議中的發言及表決紀錄，被立法委員認為違反憲法第七十三條對立法委員在院會中的言論免責權，引起軒然大波後，最後導致鄭彥芬的下台。[1]

一九六一年（民國五十年）二月二十日，立法院院長張道藩請辭獲准，執政黨同時決定提名現任立法院副院長黃國書為立法院院長候選人，倪文亞為副院長候選人。當時立法委員人數為四九二人，其中絕大多數為國民黨籍，國民黨中央既已提名黃國書及倪文亞為正副院長候選人，在無強大反對黨存在的立法院，其順利當選，似可預期。黃國書係現任副院長，其任副院長已歷十年，加上他本人在立法院中不介入任何派系，又係台籍精英，基於提拔台籍人士之政治號召，黃氏之出線，亦在情理之中。而倪文亞兼任國民黨中央一組主任，在組織動員方面有其優勢。且據傳曾有一百六十餘人聯名，透過國民黨立法委員黨部，向中央建議由倪氏出任立法院副院長。因此，立法院投票時，預期可以獲得足夠票數通過。然而一九五八年的出版法修正案在立法院審議時，倪文亞率領座談會派與立法院的在野派CC分子，有過激烈的交鋒對壘，倪氏十足扮演衝鋒陷陣的角色。本來立法院的CC派與團派（座談會派）之間的恩怨情仇，存在已久。對於黃國書的出任院長，CC

---

1 參梁肅戎自傳《大是大非》等資料。

派不太有意見，而倪文亞在三年前為了出版法的修正案，在立法院會議中與ＣＣ派結下樑子，此事一直讓ＣＣ派委員憤憤不平。現在倪文亞被國民黨中央提名為副院長候選人，新仇舊恨，湧上心頭，豈容輕輕放過。

當倪文亞確定為立法院副院長候選人時，ＣＣ派的大將張志智與張子揚兩位委員策劃聯合「新中央」與「中社」等立法院中的小派系暗中部署，推出心目中的理想人選與倪文亞互別瞄頭，原先規劃的人選有二：一為「一四座談會」的鄧翔宇委員；另一為「中社」的佘凌雲委員，後經一致決定，推鄧翔宇出來競選。鄧翔宇委員，字鶴九，湖北蒲圻人，在大陸時期，長期擔任湖北省政府主任秘書代秘書長，先後輔佐過八任湖北省主席，行政經驗豐富，為人正派，法制觀念極強，耿介不阿，且廉潔自持，任立委期間，長期在法制委員會，為國家法制把關，在國家官制官規及憲法相關問題的法案審查上，嚴守立場，不為人情所包圍，是以在立法院能為各方所敬重，享有清望。ＣＣ派盱衡當時立法院情況，在國民黨中央及立法院黨團全力動員下，加上倪文亞當時任黨中央一組主任，其本身又屬三青團重要幹部。若黨中央全力動員輔選，當選立法院副院長應無太大問題。ＣＣ派委員很清楚他們在立法院的實力，不足以旋乾轉坤，他們另推人選與倪文亞抗衡，意在對中央表達不滿，給倪文亞難堪，不讓其風光當選而已。筆者在擔任立法院法制委員會主任秘書兼專門委員期間，與ＣＣ派領導人張志智、張子揚及一四座談會的鄧翔宇等委員過從甚密，據鄧翔宇委員告訴筆者，ＣＣ派規劃他當立法院副院長候選人，他事先並不知情，當時他家住永和，家中未裝電話，且投票前一天，他因感冒發燒，在家休息。ＣＣ派委員到他家告知此事時曾言明，是經革新俱樂部（ＣＣ派）審慎考慮商量的結果，因為立法院正副院長選舉時，每一位立法委員的姓名，均列印於選票上，由委員圈選，他們即使不事先告知，依然可以在選票上圈選，不需當事人同意。惟此舉事後可能涉及違反黨紀，遭受黨中央的黨紀懲處，嚴重者可能被開除黨籍。ＣＣ派諸公不願看到鄧翔宇無端遭受處分，因此事先主動告知，囑其保持緘默，維持事先不知情的狀態。

ＣＣ派規劃鄧翔宇競選之事，係秘密進行，原想在投開票時出其不意，造成戲劇性之結果，令黨中央跌破眼鏡。孰料在投票前一天晚上，ＣＣ份子朱有為委員和座談會派的幾位委員打牌，朱委員因手氣不好，連輸幾局，而座談會的牌友面露得意之色，朱有為心中甚不是滋味，乃脫口而出：「你們還得意什麼，明天就要你們好看」，此話一出，朱覺反悔，而座談會的委員警覺性高，立即聽出弦外之音，知道事態嚴重，當晚朱如松、程烈等座談會派委員，大起疑心，得知ＣＣ派之陰謀後，連夜動員，又通知倪文亞漏夜拉票，終於挽救了危局。第二天立法院副院長開票結果倪文亞僅得兩百五十八張選票，鄧翔宇得一百一十七票，倪文亞有驚無險，低空掠過，當選立法院副院長，只是得票難看而已。事後國民黨中央黨部甚為不悅，認為鄧翔宇未向中央登記參選，而竟得一百多張票，違反黨紀，使中央顏面無光，原有議處鄧翔宇之議，後經查明，鄧翔宇確實事先不知道，也未進行拉票，遂不予追究，倪文亞原先對鄧翔宇有所誤解，後也冰釋。

立法委員 倪文亞

立法委員 鄧翔宇

立法委員 張子揚

第二十三章 嚴家淦讓賢 蔣經國選總統

一九七五年（民國六十四年）四月五日，蔣介石在總統任內病逝，依憲法第四十九條規定，由副總統嚴家淦繼任總統。嚴家淦繼任第五任總統任期屆滿後，堅決表態不競選下任總統，轉而支持當時的行政院院長蔣經國競選總統。嚴家淦是一個識時務，洞徹政治現實的一位資深政治人物，他在台灣期間歷經許多政府重要職務，從省政府財政廳長到中央財政部長，進而行政院長與副總統，政治歷練深而穩健，頗受各方尊敬。他當然清楚領導統治國民黨政府達半世紀之久的政治強人蔣介石，幾十年苦心孤詣要培養的接班人就是蔣經國，而且已牢牢掌控國民黨政府的黨政機器，蔣介石之後的總統人選，除了蔣經國，已經無人敢於挑戰，像他這樣一個涉入政治幾十年的老練政治家，當然知道急流勇退，留下一個謙沖為懷的令名。也由於嚴家淦的自動表示退讓，可以省掉總統人選產生的困擾，使蔣經國順理成章的成為中華民國總統的唯一候選人。

起初，蔣經國還有點猶豫，不敢貿然地表示接受推舉，且何應欽、張群等父執輩的元老都健在，他心想，如讓他們中的一位出來當個虛位元首，而自己仍然掌握黨、政、軍、特實權，或許更能顯示出他的敬老尊賢。因此，當谷正綱、張寶樹認為蔣經國以黨魁任總統，才能實現黨政合一的領導原則，於是帶頭勸進時，蔣經國還是猶豫不決。已經得到蔣氏父子同意回台定居的陳立夫聞訊後，也贊同谷正綱等人的觀點，參加勸進。他認為其他人做總統有名無實，會讓人說閒話，不如乾脆就讓蔣經國名副其實的去做總統好。就這樣，陳立夫派人去把蔣經國請到陳立夫家來，蔣經國向以哥哥之禮待陳立夫，聽說陳立夫有請，就依約來到陳公館。蔣經國一座落就開始國是的請教，陳立夫開門見山就說：「總裁在世時，一直是黨、政、軍權集一身，你現在年富力強，精力充沛，以黨魁任總統，方能體現黨政合一的領導原則。再說，你獻身黨國數十年，於整軍經武，加強戰備，領導青年、延攬人才、充裕財政、發展經濟、推進建設，均有卓越之成就，你繼任總統乃是民心所向，大勢所趨。」蔣經國聽陳立夫這麼一說，內心竊喜，但是嘴上仍謙虛地說：「我不能出任總統，總統應在黨國元老們中間產生……。」陳立夫打斷蔣經國的話說：「你如果不當總統，誰自然也不便當副總統。再者，憲政體制，總統地位畢竟高於行政院長，以總統身分發號施令，畢竟比以行政院長身分掌權更名正言順，還可以省去很多繁文縟節。」[1]

[1] 陳冠任前揭書，頁三八一—三八二。

陳立夫這席話，可真肺腑之言，使蔣經國茅塞頓開，於是決定接受黨內同志提名出任第六任中華民國總統，而嚴家淦也因讓賢有功，不久之後，立法院回應了黨政各界的呼籲，制定了「卸任總統禮遇條例」，專適用於卸任總統嚴家淦，使其安養天年。一九七八年（民國六十七年）五月十九日，中華民國第五任總統任期屆滿前，嚴家淦總統於同年一月七日，在國民黨中央常務委員會臨時會議中，特備專函，建議常會作成決議，向十一屆二中全會提案，請推舉該黨主席，當時的行政院長蔣經國為中華民國第六任總統國民黨候選人。此提案旋經國民黨中常會臨時會議接受通過，頓時成為報章及電視新聞的頭條大新聞，社會各界對嚴家淦為國薦賢之謙讓美德，咸表崇高之敬意。到了一九七八年五月二十日以後，嚴氏就成為中華民國憲政史上第一位卸任總統。

對於卸任的國家元首，應該如何酬庸其勳勞，或者說應該給予什麼樣的禮遇，不但在我國的政治制度上，是一項空前的新課題，舉世各國之實例亦不多見。社會輿論多贊成經由立法院立法，建立制度，以酬庸卸任總統對國家的貢獻。惟此項法案，究應由何機關提出為宜？行政院、立法院或考試院，那個機關最適宜提此法案？有人認為酬庸卸任總統辦法，亦屬人事制度之一環，而考試院掌理全國公務員人事制度，似可由考試院向立法院提出草案。不過，有人認為考試院所掌理的公務人員退休、撫卹等事項，其對象為一般常任文官，而非選任官和政務官，像「政務官退職酬勞金給與條例」，就由行政院提出，而非考試院，因此考試院並不適宜提出此項法案。也有部分學者認為以行政院提出此項法案較為方便，但不少立法委員認為總統係全國人民經由國民大會所選出，其任滿卸職之後，如何禮遇，由人民直接選出的立法委員來提案，亦屬順理成章。然而有部份國民大會代表卻認為，基於權能分治之原則，總統之為國家元首，乃屬於治能，而國民大會之為民意機關，乃代表全民行使政權，而總統係由國民大會選舉而產生，則其卸任之後，如何予以禮遇和酬庸，國民大會代表們覺得於理於情，似屬責無旁貸，何況第一屆國民大會第六次常會集會在即，在時機上，即宜由國民大會在此次集會時，創制「卸職總統優遇立法原則」，交由立法院完成立法程序，制定為具體而完整的法律。

國民大會的職權，依憲法第二十七條第一項規定為：一、選舉總統副總統，二、罷免總統副總統，三、修改憲法，四、複決立法院所提之憲法修正案。其第二項為：關於創制複決兩權，除前項第三、第四兩款規定之外，俟全國有半數之縣市曾經行使創制、複決兩項政權時，由國民大會制定辦法行使。依照以上規定，國民大會常態性的職權，似乎只有每六年才能舉行一次的總統副總統選舉，其餘職權於當時的政治環境幾無行使之機會，至於創制、複決兩項政權的行使更無可能。因此一九六六年（民國五十五年）二月一日，國民大會在台北召開臨時會時，通過了「動員戡亂時期臨時條款」之修訂，其中第五款規定「在戡亂時期，總統對於創制案或複決案，認為有必要時，得召集國民大會臨時會討論之。」同年三月十九日，國民大會第九次大會，將動員戡亂時期臨時條款加以修正，並由總統於三月二十二日公布施行，是為臨時條款第三次修正，其中第一款「動員戡亂時期國民大會制定辦法，創制中央法律原則與複決中央法律，不受憲法第二十七條第二項之限制」，國民大會乃根據此款而制定「國民大會創制複決兩權行使辦法」。國民大會又根據此創制、複決兩權行使辦法規定，擬於國民大會第六次常會集會時，首次針對卸職總統之優遇，行使法律之創制原則。此消息傳出時，首先最不樂見國民大會行使創制案的就是立法院，因為依照創制、複決兩權行使辦法的規定，國民大會向立法院提出創制法律的立法原則後，立法院必須在一年內依照創制案的立法原則，通過具體的法律，如果立法院與國民大會對創制案的立法原則有不同看法時如何解決？且一般法律案不論由行政院、司法院、考試院或監察院提出，立法院有完全的審議權限，亦即可以照案通過，可以修正通過，甚至可以擱置，不予審議。唯獨對國民大會的創制案，非通過不可，這是作為憲法規定國家最高立法機關的立法院所不能接受的，而執政黨中央政策會也不樂見立法院與國民大會間，因法律案的創制，而滋生紛爭與困擾，因此當立法委員張子揚等一百七十三人，於一九七八年（民國六十七年）一月十日，臨時提案，擬定「卸任總統優遇條例草案」時，中央政策會也表示支持的立場。

張子揚等一百七十三名立法委員的提案，在法制委員會與院會之間迅速進行討論，其用意在搶先完成立法，藉以阻止國民大會之提案。因為時間緊迫，張子揚等委員之提案僅簡單的三個條文，先求有、再求好，立法意旨謂：「總統為國家元首，對外代表中華民國，地位崇高，職責繁鉅，功在國家，卸任之後，國家應予禮遇，以申崇敬之至意。徵諸現今世界各民主國家，如美、韓、菲、義等國，對卸任總統之禮遇，早著有先例，且我國現行制度，對於公務人員之退職退休，亦有優待，例如武職人員中，一級上將有支領終身俸制度，政務官退職，有政務官退職酬勞金給與條例，公務人員退休，有退休法，其他軍職人員亦有陸海空軍軍官服役條例及陸海空士官服役條例可資依據」。張子揚等委員有鑒於此，乃提出「卸任總統優遇條例草案」，行政院亦於稍後提出「卸任總統禮遇條例草案」，函請立法院審議，由於兩案內容頗多相同之處，法制委員會審查時決定就兩案併案審查。法案名稱採用行政院提案，修正為「卸任總統禮遇條例」。張子揚委員等提案條文僅三條，行政院提案五條，審查會將兩案合併，斟酌損益後，修正後條文共為六條，其禮遇內容載之第二條曰：「卸任總統享有左列禮遇：一、依現任總統月俸，按月致送終身俸。二、供應房屋及其設備。三、供應交通工具及免費使用國內郵電。四、供應處理事務人員。五、供應醫療。六、供應安全護衛。七、邀請參加國家大典。」第三條規定：「前條之禮遇，於再任有法定待遇之公職時停止之。」第四條規定：「因罷免或判刑確定解職者，不得享有第二條之禮遇。」該條例於一九七八年（民國六十七年）四月二十五日，完成三讀，同年五月三日總統公布施行。

至於禮遇條例為何僅適用於卸任總統，而不及於卸任副總統及卸任總統之遺孀問題，該案在審查時，有委員提出，審查會認為副總統非國家元首，自不宜包括在內，而列席審查會的內政部長張豐緒則表示，行政院考慮於修改「政務官退職酬勞金給與條例」時，擬將副總統納入該條例之適用範圍。事實上，卸任總統禮遇條例制定時，唯一的適用對象是嚴家淦總統，當時嚴家淦係以副總統繼任總統，因此該條例公布施行時並無卸任副總統的適用問題，而第六任總統蔣經國、副總統謝東閔，第七任副總統李登輝繼任在位逝世的蔣經國，也未考慮過卸任禮遇的問題，直到第八任總統李登輝、副總統李元簇時，立法院才再修法，將副總統納入禮遇條例通用，法律名稱修正為「卸任總統副總統禮遇條例」。

第二十四章　國民黨自家人逼退倪文亞院長

立法院第五任院長黃國書，一九七二年一月，因其家族所經營的國光人壽保險公司經營不善，被財政部下令宣告解散，吊銷執照，並移送法院，公司宣告破產，造成社會動盪，以致黃國書被迫辭去立法院院長職務。國民黨中央指定由副院長倪文亞暫代院長職務。一九七二年（民國六十一年）一月十五日中午，倪文亞與嚴家淦副總統在行政院一樓接待室餐敘。席散後，嚴家淦告知，奉總統諭：立法院院長黃國書請辭後，將提名倪文亞、劉闊才為立法院正副院長候選人。一九七二年二月二十一日，國民黨中常會通過總裁交議，「立法院院長黃國書同志請辭職，予以照准，所遺院長職務由該院副院長倪文亞同志暫行代理，並依法定程序改選，即由中央政策會第一組通知立法委員黨部轉知全體立法委員同志。」中央黨部副秘書長秦孝儀隨即轉告倪氏謂：「中央擬於五月間改選，希渠有時間準備。」[1]

[1] 古月明《立法院的龍頭大哥——倪文亞》，頁三十七，台北，風雲論壇出版社，一九八七年一月。

一九七二年四月二十八日，立法院第四十九會期第十九次會議，倪文亞請辭副院長暨代理院長職務，當經院會決議，倪文亞副院長請辭案改為討論事項，逕付院會討論，並決議：「予以接受，交程序委員會定期選舉院長暨副院長。」一九七二年五月十九日，立法院第四十九會期第二十五次會議選舉院長副院長，選舉結果，倪文亞當選為立法院院長，劉闊才當選為副院長，是為立法院第六任院長、副院長。倪文亞自一九七二年五月起擔任立法院院長至一九八八年（民國七十七年）已達十六年，是行憲立法院任職時間最久的立法院院長。在其任職期間，中華民國遭逢一九七二年的退出聯合國與一九七八年的中美斷交，以及隨後一連串的邦交國與我斷交事件。惟就立法院內部而言，卻是承平時期，立法院傳統派系之間，未見重大衝突。倪文亞擔任院長後，對各派系立委甚為尊重，對於立法院各委員會的人事，亦採中立而不介入的態度，凡各委員幕僚人員的調動，倪文亞多能尊重各委員會的人事自主，遇有各委員會高階人員出缺，不會以立法院行政首長之尊主動介入派任人選，而尊重各委員會召集委員所推薦人選，做為立法院最高行政事務的首長，他處理人事的原則是委員會提名人選，院長照准任用，而他的幕僚長立法院秘書長則由與CC派淵源甚深的袁雍出任，副秘書長才任用與他同屬三青團出身的蕭先蔭。倪文亞深諳「無為而治」的管理哲學，在他主政立法院十幾年，院內詳和，各派系相安無事。

到了一九八〇年代末期，立法院的內外情勢有了大變化，三年定期改選的增額立委大批進入立法院後，職權意識高漲，國民黨籍的增額立委暗中呼應反對黨立委在院內推動國會改革，不斷衝撞體制。在他們看來，每次區域立委改選，各選區競爭非常激烈，競選經費驚人，民間常流行一句話：「有錢未必能選上立委，沒錢根本不可能當選」，可見當立委是一項花費浩大，而報酬率甚低的行業，而花費鉅資當選後，任期只有短短三年，席位未坐暖，才剛熟悉立法院環境，又要馬上改選。因為選舉的花費與連任的壓力，使這些增額立委內心很不平衡，為什麼老立委一次選舉可以當四十年不用改選，世間之不公平，寧有甚於此者？而反對黨（民進黨）則更認為國會結構長期不改革，乃是台灣社會動亂不安的重要原因之一，若不出於強力壓迫，很難促使執政黨正視問題。尤其是民進黨人士當選立法委員的人數始終居於劣勢，增額委員總人數不及資深立委的一半，外在形勢如此，使得他們採取激烈手段，杯葛議事進行，甚至癱瘓院會議事，藉以突顯國會長期不改革的不正常現象，以喚起執政當局正視問題的急迫性與嚴重性。處此情勢之下，首當其衝的，正是具資深立委背景的立法院院長與資深立委。當時民進黨委員屢屢在院會對老委員施以無情的攻擊與羞辱，使院會議事經常陷於停頓空轉，而部分國民黨籍立委，包括負責黨政協商的增額立委與部分資深立委，對於院會主席倪文亞不能有效控制會場秩序，不肯動用警察權，不肯對逾時發言的民進黨委員切斷發言麥克風等等，表示強烈的不滿。認為倪文亞縱容與無能，因而不時有要求倪文亞硬起來的聲音，甚至要求倪文亞下台。

平心而論，處此艱難的局面，任何人當院長或院會主席都會感到無能為力，面對社會上普遍期望國會結構改革的浪潮，其壓力之大，事情之複雜艱難，豈是院長動用警察進場，維持會場秩序所能解決？院長既無權也不能將阻擾議事的反對黨立法委員關押起來，那動用院內警衛進場，架走鬧事的委員，徒然治絲益棼，你架走他，他又進會場，絕非根本解決之道。以倪文亞在政壇閱歷之深與個人的才智，當然知道這種建議不可行。其實倪文亞心裡很明白，藉反對黨的議事杯葛來責難院長主持會議的無能只是表面的理由，真正的原因是他擔任院長時間太久，阻擋了一些有心問鼎院長寶座者的出路，自然會產生藉機逼退的念頭。[2]

在身心交瘁，心勞力絀的精神壓力下，一九八八年（民國七十七年）九月二十一日，倪文亞向記者透露，日前已將一份請辭院長的文件，交付打字作業。倪此話一出，立刻引起立委關切，但倪文亞也強調當局對他的慰留。而倪文亞夫人，時任財政部長郭婉容，在任內推動恢復證券交易所得稅的開徵，引起一場大風暴，此事對倪文亞的處境，無異雪上加霜。李登輝就任總統後，郭婉容被拔擢為財政部長，是第一位女性部會首長。

---

2 《梁肅戎傳記》，頁十三，資料來自立法院委託財團法人成大之研究發展基金會的研究案結案報告。

一九八八年九月二十四日，郭婉容在股市收盤約四十分鐘後，緊急召開記者會，宣布自一九八九年（民國七十八年）元月一日起，恢復已停徵十幾年的證券交易所得稅，此項訊息經晚間新聞播出後，引發台灣近百萬股民的大恐慌。此後十餘天，股市投資人群情激憤，抗議之聲，不絕於耳，但郭氏態度堅定，不為所動。執政黨恐影響次年（一九九〇年）的大選，對郭的政策決定，並非完全支持。這個突發事件，對於身為立法院長的倪文亞也不可避免的造成壓力，當時不少增額立委將砲火對準郭婉容，立法委員吳德美就公開要求將郭婉容移送國民黨中央考紀會議處。而劉松藩委員更放言有關證所稅的開徵，將使執政黨在立委大選中流失一百五十萬張選票。倪文亞在證所稅風暴中也成為眾矢之的。

然而引燃倪文亞辭職的導火線，卻是在主持立法院院會時，遭到時任立法院立委黨部副書記長吳德美及民進黨籍立委朱高正的羞辱，倪文亞氣憤到了極點，連假牙都掉到地上，事後以請假來表達內心的不滿。一九八八年十月十四日，立法院院會時，國民黨次級團體「集思會」會長饒穎奇，當面指責主席倪文亞執行議事規則不力。不堪後生晚輩的言語衝撞，倪文亞大動肝火，猛敲議事槌，回罵饒穎奇「沒有公道」、「憑什麼教訓別人」。十月十五日，李登輝以國民黨主席身分邀集俞國華（行政院長）、施啟揚、李煥、許水德、關中、宋楚瑜、政策會副秘書長、立委黨部正副書記長等黨政高層談話，希望化解倪文亞的不滿情緒。然而談話會中，吳德美卻堅持若院長做不好，就應該由副院長接替，如果副院長也不行，就應改選。吳德美也嚴厲批評倪院長夫人——財政部長郭婉容，當場李登輝未置一詞，未予緩頰。倪文亞忍無可忍，再度向李登輝表示辭職之意，李登輝只回以「再談、再談」，而未置可否。倪文亞眼見形勢如此，次日（十月十六日）向黨中央提出辭呈，經過李登輝慰留，以「准假兩個月」方式處理。倪文亞假期屆滿前，李登輝請俞國華和梁肅戎前去倪府慰留，並轉達李登輝總統請倪忍辱負重之意，國民黨秘書長李煥也連絡梁肅戎一起打電話勸倪打消辭意。但倪文亞已吃了秤砣鐵了心，斬釘截鐵回答：「李總統讓他夫婦倆受辱，且當時僅表示『再談、再談』，並無慰留之意」，仍堅決請辭。最後只好接受倪文亞請辭，並決定立法院正副院長改選。隨後，提名劉闊才與梁肅戎競選立法院正副院長。

劉闊才以現在副院長被提名競選院長，有前例可援，並無爭議，至於梁肅戎之出線則是遭受不少阻力之後才確定的。梁肅戎固然有意問鼎立法院副院長，但當時有意競選副院長的立法院實力派委員，主要有趙自齊與許勝發兩位委員。趙為國民黨中央政策會秘書長，中央常務委員。而許為工業團體選出的台籍增額委員，是工商企業界的領袖之一，院內人緣也不錯。趙自齊任中央政策會副秘書長到秘書長多年，為人低調，黨內風評甚佳、對院內資深而年齡較長之委員甚為謙恭，且禮數周到，獲得不少人的支持。甚至中常委李國鼎在正式提名前夕，就向李登輝建議，認為院內兩大傳統次級團體（派系）中，CC系的票數沒有座談會（團派）多，而梁肅戎屬CC系，可能無法當選。再者，黨內向來講求倫理，應該考慮黨內資歷較深的趙自齊。劉闊才也找過趙自齊，認為他處事能力強，各方都能照應。國民黨的另一位大老馬樹禮更向趙建議，直接競選立法院長，因為副院長對他而言，太過委屈。當梁肅戎有意競選副院長的消息傳出時，據梁自己說，在立法院占較多席次的座談會派頗不甘心，他們不希望讓梁出任副院長或院長，當時甚至於出現一封黑函，指梁對日抗戰時在東北當漢奸（意指梁曾在日本佔領下的長春當日本的檢察官），而黑函風波更擦槍走火，引發梁與趙兩人的直接衝突。除座談會派的立委外，增額立委中「集思會」也動作頻頻，一再伺機製造反對聲勢。

李登輝考慮到這次立法院正副院長的改選，是他出任總統以來的第一次選舉，希望建立主席的威信，避免發生任何枝節，於是很慎重地諮詢中央黨部秘書長李煥和組工會主任關中兩人的意見。關中向李登輝報告，趙自齊和梁肅戎都是他東北同鄉，趙自齊還是他父親關大成（也是立法委員）中學的同學，趙能力不錯，擔任政策會秘書長多年。但關中也分析梁的長處，說梁肅戎具法學背景，法治觀念強，曾為雷震及彭明敏案辯護，在民間頗獲好評，又從事黨政協調與溝通工作多年，對黨外溝通協調有一套，被黨外人士視為國民黨的開明派，且能力不錯，此時若提名梁為副院長，日後還是有機會更上層樓。李煥也表示問過資深立委，他們都表示支持梁肅戎，如經本黨提名，票源絕不會有問題。

經過關中和李煥的背書後，李登輝對梁有了信心。由於李煥和關中對梁肅戎的高度評價，梁終於獲得提名。一九八八年十月二十三日，立法院舉行院長副院長的選舉，民進黨團罷選，退席杯葛。劉闊才和梁肅戎分別以二二七票及二二八票，順利當選，梁的得票數還比劉闊才多出一票，這是歷次正副院長選舉上所未見。

立法委員 劉闊才
（1911-1993年）

第二十五章　梁肅戎競選院長　一波三折

一九八九年（民國七十八年）十二月二十日增額立委選舉，是第一屆立法院立法委員的第六次增額選舉，也是第一屆立法院的最後一次增額選舉，第一屆增額立法委員任期至一九九二年（民國八十一年）年底，從一九九三年（民國八十二年）開始，就要進入第二屆立法院時期。這次增額立委選舉，應選名額共一百三十名，其中區域選出者七十九人，原住民選出者四人，工商團體十八人，海外僑民依政黨得票比例選出者二十九人。選舉於一九八九年十二月二十日投票，翌年二月九日、十三日及十九日，新當選立法委員先後宣誓就職。這次選舉結果，國民黨席次仍大幅領先在野黨，惟成立才三年的民進黨得到二十一席，無黨籍八席。民進黨在立法院的席次已超過法定的提案人數，在立法院成為可以與國民黨相抗衡的政黨，立法院的生態已有明顯的改變。

增額立委選出就職後，立法院即將進行正副院長的選舉，當時國民黨方面，對於正副院長的組合，出現「老少配」與「少少配」兩種搭配模式。就立法院的生態來分析，資深立委人數近一百六十人，新選出的增額立委一百三十人，就雙方人數比例來看，不管如何搭配，要想獲得過半數票當選，沒有資深立委的支持是不可能的。在全國民意傾向國會全面改革，且第一屆立法院深資立委，經司法院大法官會議解釋，其任期將於一九九一年（民國八十年）十二月三十一日終止。為了延續立法院的議事傳承，採取「老少配」及「省籍平衡」模式，似較為合理，亦不致節外生枝，這是國民黨中央幾經考慮後決定的搭配模式。但在院長副院長改選前，還有一段插曲，就是一九八九年（民國七十八年）四月七日，當時立法院長劉闊才在院會主持中央政府總預算案審議，正準備強行表決時，民進黨籍立法委員朱高正衝上主席台，向主席揮拳，國民黨籍委員趙少康上去阻止，因而爆發了立法院四十一年來最嚴重的「立委打群架事件」，兩黨互相指責，趙少康呼籲「譴責朱高正毆擊劉闊才的暴力行為」。劉闊才院長表示，朱高正有打他的意圖，但沒有打到。還建議國民黨秘書長李煥將朱高正送到精神病院檢查檢查看有沒有問題。

隔天院會，朱高正又卯上劉闊才，延續前日的戰火，並否認曾經出手毆打，劉闊才於是在院會主席台上，當場撩起衣服，露出貼有撒隆巴斯的左胸，證明朱高正確有動手打傷他。劉闊才的舉動，引來媒體「露乳事件」的戲謔報導，身為台籍大老，政治資歷深厚，且已年逾古稀，還受這種羞辱，令他感到難堪。此時副院長梁肅戎表示，朱高正的行為已經不只是院內紀律管理的層次，而是涉及暴力脅迫，妨害公務及妨害自由的行為。因此，國民黨立委黨部決議將朱高正的行為函請有關單位，依法辦理。

此事過後不久，劉闊才到南非訪問，立法院秘書長隨同前往，目的是傳達李登輝總統，希望劉闊才去職之意，主要原因是劉闊才是一九六九年（民國五十八年）第一次在台灣辦理因台灣省人口自然增加，以及台北市改制院轄市後新增的選舉單位，所舉行的增補選立法委員選舉所選出的立法委員，當時台灣省與台北市共選出十一名立委，這批立委與一九四八年（民國三十七年）選出的第一屆資深立委一樣，其任期到一九九一年（民國八十年）十二月三十一日終止。若立法院正副長選舉，提名兩人皆必須於一九九一年底卸職的資深立委，確實不妥。本來劉闊才仍想續任院長，在獲悉此項消息後，與家人商量，準備在南非訪問回國後立刻提出辭呈。

在劉闊才提出辭職後，國民黨中央最初屬意擔任過駐日代表及國民黨秘書長的資深立委馬樹禮出任院長，於是請副秘書長宋楚瑜徵詢馬的意願，馬樹禮表示自己年事已高，無意出任，並向黨主席李登輝推薦梁肅戎，理由是梁具法學背景，長期負責黨政協調工作，尤其與在野的民進黨有一些淵源，其昔日與在野人士溝通協調，頗受在野黨肯定，且為現任副院長，嫻熟立院議事，身體又極為健朗，加上立法院多位院長都由副院長升任。梁肅戎在此因緣際會下，成了第一屆立法院的末代院長人選。

就立法院當時的實際狀況分析，前幾次的院長副院長改選，增額立委人數較少，資深立委仍占多數，他們與資深立委尚能合作無間，這次立委選舉結果，增額立委人數較前為多，就立法院的議事傳承而言，倘若立院正副院長以「老少配」（即資深立委搭配增額立委）的漸近方式過渡到第二屆立法院，似乎較為適當，阻力也較小。再就立法院傳統的派系屬性來看，梁肅戎所屬的CC派，在立法院悶了三、四十年，過去多年都由座談會派（團派）掌控國民黨的黨政資源，現在時移境遷，讓資深立委中年紀較輕的梁肅戎出任院長，也為長期被壓抑的CC派出一口氣。國民黨中央初步估計，在院長選舉中，梁應可得到過半數委員的支持，資深立委中應有九成的支持率，而增額立委也會在黨的運作下給梁肅戎支持，基此理由，一九九〇年（民國七十九年）二月七日，國民黨中常會正式提名梁肅戎與劉松藩為立法院正副院長候選人。國民黨提名人選底定後，事實上，立法院正副院長的競逐仍然暗潮洶湧。首先，國民黨籍增額委員認為國民黨提名的過程不民主，黨內次級團體「集思會」，自己推吳梓委員角逐院長，民進黨也認為此時國民黨仍提名資深立委擔任院長，是昧於外在形勢，而質疑國民黨推動國會結構改造的誠意。同時強調資深立委與僑選立委皆不具民意基礎，不應參加院長副院長選舉的投票。因此在一九九〇年二月十三日的立法院談話會上掀起激烈辯論，差一點爆發衝突，雙方劍拔弩張。而國民黨內部又有集思會推出吳梓參選，這對梁肅戎造成很大的威脅。後經李登輝主席出面召見吳梓，勸其打消角逐院長的念頭，並以實際行動表態支持資深立委出任院長，這才解除了梁肅戎的內憂，但梁還是有些擔心，因為在出任立法院副長時，他已感受到國民黨秘書長宋楚瑜有意刁難，甚至引起李登輝的猜疑，認為梁為了要當院長，可能討好老委員，而不願老委員退職，妨害國會改革，幸賴當時行政院長李煥的緩頰，認為梁不可能為了要當院長，而要他人別走，而且如果黨主席不提他當院長，即使訴諸感情動員老委員支持也沒用，李登輝聽了李煥的話後，也覺得不無道理，才堅定提名梁選院長的心意。

為了競選院長，梁肅戎親自走訪各委員家中，尋求支持，只剩下蔣公亮等少數幾位生病的委員，沒去拜票，其餘都親自登門拜訪。想不到選舉當天，生病的蔣公亮也來了，真令梁感動又感激。只是這次立法院正副院長的改選，與以往相較，顯得很不平靜。原定二月二十日改選投票，不僅遭遇黨籍立委吳梓、沈世雄等人的挑戰，民進黨更發動群眾在議場外抗議，阻撓老立委進場投票，一見到老立委來了，就動手打人，結果老立委房殿華被打倒流血，郭登敖與費俠委員的座車也被掀翻，蔣公亮委員更慘，原本有病的他，因驚嚇過度，氧氣罩掉了，呼吸出了問題，第二天（二月二十一日）不幸病逝於台大醫院。立法院院長副院長改選過程竟然鬧出人命，這是立法院未之前聞的憾事。但事情並未結束，選舉當天（一九九〇年二月二十日），民進黨立委不滿國會結構問題的懸宕未決，執意杯葛正副院長的改選，而立法院外，民進黨地方黨部也發動群眾，阻擾老立委及僑選增額立委進入立法院投票，暴力流血衝突不斷，並與立法院負責保護立委的警察數度引發肢體衝突，互以棍棒、石頭攻擊，受傷員警及民眾，據說有百人，而院內情況也好不了多少，抗爭持續九個半小時，仍無法進行選舉，最後經朝野兩黨現場協商，由形象清新，出身鐵路勞工的台籍增額立委謝深山擔任主席，歷經兩次會議的冗長辯論與折衝協商，最後在下午六時卅分宣布：正副院長選舉延至二月二十七日，再行辦理。這也是立法院成立以來所僅見。

決定於二月二十七日進行的正副院長選舉，在民進黨要求下，破天荒的第一次在投票前的二月二十日，進行一場院長副院長候選人的政見發表。經兩黨協商，給民進黨發言時間一小時，國民黨半小時，無黨籍十五分鐘。民進黨立委林正杰、吳勇雄、黃天生、謝長廷等人先後為民進黨院長候選人張俊雄助講。張俊雄本人表示，在未進立法院前，他對梁肅戎極為敬佩，說梁在國民黨威權統治時代敢為雷震、彭明敏辯護。但梁此次未能體察時勢，執意競選立法院院長，這對建立現代化政治制體，必有負面影響。而梁肅戎在政見發表會中，首先對近來朝野因為國會改革及參選院長所引發的紛擾表達遺憾之意。但也盼望立委同僚們能看在過去四十年來他對社會、國家、民族所作的努力，竭誠的希望未來在政府銳意推動各項革新政策，全力邁向民主憲政之際，能有出任立法院院長的機會，擔負起有效發揮立法職權，制定法律及國家政策的重責大任……。梁最後表示，他衷心期望當選院長後，能加強朝野對話，減少立法院種種不理性、不成熟的舉動，也盼望全體立委同仁共同著眼於全民利益，不分黨派畛域，有效行使憲法賦予之職權，以達成國家進步，福國利民之目標。而他本人也必定一切依法，超然、公正主持院會，維護議場內外秩序，保障全體委員同仁合法的職權，並本諸革新國會，發揮真正民主內涵的決心，對如何確保立法院的正常運作與發展，促進朝野關係正常化，梁主張全盤修訂立法院組織法、立法院議事規則、照護本院退職委員同仁、加強本院各項軟硬體設施、提升幕僚人員素質水準、增置國會助理、充實資訊與諮詢人才和設備，以及新院址的決定和規劃等事項，一定儘量與全體委員同仁座談，廣泛徵詢意見，務期有效革新院務，建立現代化的立法院，以符合未來國會議事需要，有助於全體同仁行使立法權，使立法院真正成為代表民意的民主政治殿堂。[1]

梁肅戎的演講，態度誠懇，對未來立法院應興應革諸重大方向，鉅細靡遺，面面俱到，一時獲得與會委員熱烈鼓掌，只可惜正副長選舉無法打鐵趁熱在二月二十日如期舉行，主持政見發表會議的謝深山委員，為人正直，深受朝野肯定，但面對衝突不斷的局面，有所猶豫，最後裁定當天不投票，對梁來說，殊為可惜。因為延至二月二十七日投票，對梁而言，相當煎熬，而且夜長夢多，仍須面對未來一週不可預測的變數與政治風暴。首先，李登輝總統會不會因為提名梁選院長，招致朝野如此緊張局面，而改提其他人

1 劉鳳翰訪問、何智霖紀錄《梁肅戎先生訪問錄》，頁二四〇。

選？就民進黨而言，他們一直揚言打擊出席投票的所有資深立委，各種謠言滿天飛，也有人傳說國民黨可能另提人選，以平息衝突，政治情勢詭譎難料，不能不令梁肅戎憂心。還好國民黨中央並沒有改變提名的初衷。到了一九九〇年二月二十七日院長副院長投票日，為防「二二〇」事件（即二月二十日的暴力衝突）重演，警方一大早便在立法院各路口布下重兵，氣氛緊張無比。所幸改選終於在立法院內異常和平中進行，選舉結果，發出兩百四十一張選票，有效票兩百二十二張，梁肅戎得一百七十二票，張俊雄得二十一票，梁肅戎當選院長；下午選副院長，發出兩百三十五張選票，有效票為兩百一十八張，劉松藩得一百六十一票、張博雅得二十九票。梁肅戎與劉松藩雙雙當選為立法院正副院長，不過兩人得票率也創下歷屆院長副院長選舉得票的最低紀錄，梁劉兩人於一九九〇年二月二十八日宣誓就職。

第二十六章　民進黨給郝柏村一場震撼教育

一九九一年（民國八十年）立法院第一屆第八十七會期，是憲政改革年，是年五月，動員戡亂時期就要終止，有上百件法律案要修正及中央政府總預算案要通過，年底又有修憲國代的產生等問題，時間非常緊迫。這個會期又要行使行政院院長的同意權，執政黨提名國防部長郝柏村為行政院院長，郝柏村為陸軍一級上將，歷任陸軍總司令、國防部參謀總長、國防部部長等軍中要職，尤其任參謀總長一職長達八年，所拔擢之軍方將領遍布軍中各要津，其對國安與政局之影響，不容小覷。反對黨與民間人士，包括一些自由派學者，對於具軍事強人背景的軍頭出任行政院院長，多有疑慮，因此在立法院行使行政院院長同意權之前，即一片反對之聲，及至立法院通過郝氏出任行政院院長後，於是年二月底第一次赴立法院作施政方針報告時，執政黨希望郝院長當天上午就開始報告，但民進黨立委威脅要郝下午才能報告，否則不讓他上台。立法院長梁肅戎問何原因，民進黨回答前任行政院長李煥也是下午報告的。其實這是民進黨立委想給軍頭院長一個下馬威，先給他來個震撼教育，使他知道進立法院就得學習先低頭。不過主持院會的梁肅戎院長卻在是日上午十時四十分裁定行政院長上台報告，結果民進黨籍的王聰松委員拿水槍對院會主席梁肅戎噴水，接著民進黨委員一哄而上，佔據主席台，梁肅戎只好被迫招來院裡警衛排除，才能進行報告。

梁肅戎主持院會，有時表現得比較強勢，為了議事順利進行，不惜動用警察權。以前倪文亞當院長，就因為無論如何不肯動用警察，以維護院會議事進行，屢遭執政黨籍委員的批評與指責。現在梁肅戎有倪文亞前車之鑑，故時而動用警察，以維持會場秩序。不過事實證明，立法院結構問題不解決，強力動用警察進入議場，不僅造成立法院的負面形象，終究無補於議事之順暢和諧。梁肅戎敢於動用警察權的結果，治絲益棼，被民進黨指為立法院的亂源。梁當然很不服氣，也向媒體抗議說：「民進黨委員打水槍、放火燒冥紙，甚至罵他混蛋，難道他們就不是亂源嗎？但報紙卻隻字不登」，梁肅戎認為許多新聞報導缺乏公正客觀。陳水扁委員也批評梁是亂源，梁肅戎因飽受民進黨委員惡意攻擊之苦，也回批民進黨是亂源，這些不同看法，梁認為「應全部攤開來，讓大家來評斷」。

一九九一年（民國八十年）二月二十六日，立法院第八十七會期開議日，也是行政院長郝柏村作施政方針報告日，但民進黨為阻止行政院長報告，繼續使用議事杯葛，因而發生嚴重衝突。立法院每次院會議程向來都是先確定上次會議議事錄有無錯誤，議事錄確定後，再進行報告事項，報告事項宣讀完畢後，再依事先排定的討論事項，逐案進行討論。民進黨利用議事技巧，在院會主席徵詢上次會議紀錄有無錯誤時，一下子登記了二十位委員對報告事項提出程序問題，會議剛開始，又有二十位民進黨委員提臨時提案。據估計，當天共有五十八位委員登記發言，若讓每位委員都發言完畢，當天上午肯定輪不到郝柏村院長報告，所以梁肅戎院長裁示，在上午十點以前，登記發言委員要發言完畢，十點開始由行政院長進行報告，在場民進黨委員表示不同意，主席宣布會議休息，進行協商，並希望在十點三十分或最遲上午十一點鐘，讓郝柏村上台報告。這時枯坐多時的郝柏村院長，向院會主席梁肅戎提出，他有些要公急須處理，希望先回行政院，等立法院什麼時候可以報告，他就什麼時候趕來，如果不讓他報告，十一點鐘一到，他必須要走。梁肅戎回答，他會再去協調，十一點鐘以前開始報告。身為立法院院會主席，梁肅戎總希望行政院長能依照憲法規定，如期在立法院報告，當然不希望郝院長因無法報告而離席。

到了十時五十左右，梁肅戎要秘書長胡濤去向郝院長說，十一點可以報告了，因為國民黨黨鞭饒穎奇與民進黨都同意了。當時梁肅戎正準備站起來向院會報告，不料卻來了五、六位民進黨委員上台糾纏，郝院長又無法上台報告，郝終於忍不住，在十一點一分，憤而手一揮，示意所有列席官員離開立法院。這也是立法院成立以來，第一次行政院長率所屬部會首長逕自離席的事例。當天下午，立法院繼續開會，經過一番協調，讓出四十分鐘給五位委員發言。陳水扁委員首先發言，以極盡尖酸刻薄的話語，挑釁郝院長，郝院長也坐著聽，沒想到民進黨提了一個不信任案，依照當時的憲法第五十七條規定：「行政院就施政對立法院負責，行政院對於立法院所通過的法律案或預算案，認為窒礙難行時，得經總統核可，於十日內移請立法院覆議，覆議時若經出席立法委員三分之二多數維持原決議，行政院院長應立即接受該決議或辭職。」換言之，當時憲法並沒有規定立法院可以對行政院提出不信任案，建議總統撤換行政院院長。民進黨委員不信任案之提議，顯然於法無據，按理梁肅戎院長可以不予受理，但因仍有部分爭議，所以梁宣布：這是於法無據，但既是委員提案，且院會在場委員已足法定人數，就宣布對此提案逕付表決。但也有委員提議此案擱置不付表決，梁卻認為這個案子如一直擱置，就處在不確定狀態下，提案人仍會隨時用這種方法對付行政院。既然院會在場人數可以表決，且執政黨委員占多數，一提付表決，就可以否決掉，以免滋生後患，於是梁肅戎決定加以處理。表決結果，只有提案人十票贊成，沒有通過。有人或許會認為民進黨委員中，包括陳水扁等多人出身律師，嫻熟憲法規定，何以仍明知故犯，提出既無憲法依據，現實上也無法通過的不信任案，理由很簡單，民進黨就是意在杯葛郝院長，想盡一切方法阻撓他作報告而已，並藉此羞辱郝柏村，政治鬥爭那需要法律依據。

不信任案表決後，並決議下次會議繼續質詢，但到了第二天，民進黨委員又重提這個議案，梁肅戎認為此案上次會議已經特別處理並作過決議，此時重提此案，如此翻來覆去，徒增事端，使院會陷入癱瘓。梁肅戎此話一出，院會再度爆發爭執。事實上，這種情況，兩年來一再重演，民進黨立委通常在議事錄發言時，離題發言，有句話說：「革命無罪，造反有理」，大概就是這個意思。台中市選出的民進黨立委劉文雄，每次開會時總是先把梁肅戎痛罵一頓，說什麼老賊不退，如何如何。其他民進黨委員謝長廷也罵梁混蛋，甚至於連罵二十次，陳水扁委員、李慶雄委員也跟著罵，天天樂此不疲，目的就是罵到老委員知難而退。

新會期開始，第一次院會依例由行政院院長作施政報告，民國五十八年（一九六九年）選出的增補選立法委員黃信介，曾因美麗島事件被判刑坐牢，後經李登輝總統赦免後復權，回復立法委員身分，他的立委任期一樣到一九九一年十二月底。這一天黃信介出席院會，要求先發言，一俟宣布恢復立法委員職權後，立即退職，退職金也不要，黃信介是在行政院長第一天報告時，當天下午，十萬火急，由內政部報行政院轉立法院，晚上就通過復職案。第二天行政院長作施政報告時，率先上台要求發表退職演說，梁肅戎對內政部作法相當不滿，不同意黃信介發言，後來民進黨康寧祥委員找梁肅戎說：「老梁，原來你是黨外之友，國民黨罵你和黨外勾結，現在怎麼變成這樣反動？」梁肅戎說：「如果我當反對黨，就當忠誠反對黨，不要去搞台獨，搞台獨，我就要反對。因為會給台灣帶來災害。」康寧祥說：「連李登輝都答應給黃信介赦免了，你卻和郝院長反對他上台報告。」梁又說：「上台報告也要依法而行啊！」康則說：「那是你們國民黨把人關了好幾年，現在該讓人出口氣。」梁回應：「那是你們民進黨人的想法，我不是以國民黨立場，而是以國會議長立場來說這樣是不行的。」康寧祥與梁肅戎脣槍舌戰，一來一往，誰也不服輸，後來民進黨委員揚言，要是黃信介不能上台，那郝院長也別想上台了。梁肅戎氣極敗壞地說：「那我以警察侍候。」

當天旁聽席上聚集不少人旁聽，這些人在樓上不斷叫喊，民進黨委員則在議場敲敲打打，整個議場亂哄哄，幾乎失控，議程也延誤了，最後梁肅戎把警察（即立法院自己的警衛隊）招來維持秩序。事後有人指責梁動用警察是不對的，當初如果說好由黃信介先講話，然後再請郝院長上台報告，不就順順當當嗎？梁不接受這種說法，因此有人說梁肅戎懂法律、不懂政治。梁答以：「政治如果沒有法律當基礎，那就天下大亂！」是耶？非耶？恐怕只有留待後人評斷。此外，當老立委胡秋原在立法院發言時，民進黨立委立刻衝上前去，要阻止他發言，梁肅戎又招來警察維護，讓胡秋原發言完畢。總之，民進黨就認為老立委及僑選立委沒有民意基礎，不准他們發言，並屢屢以強制手段阻止，看來老立委一日不退職，立法院就不會有安寧的一天，這樣的環境與客觀情勢，已經不是說理可以化解了。郝柏村當行政院長，面對著一條崎嶇難走的路，這不是郝柏村的能力或人格問題，也不是他個人的對錯問題。在國家面臨制度重大變革的時代，政治領導人物難免要承受一些痛苦與折磨，這或許也是從政的代價吧！

第二十七章　第一屆資深立委全面退職

一九八八年（民國七十七年）一月十三日，蔣經國總統病逝，副總統李登輝依憲法第四十九條規定，繼任總統。李登輝作為第一個台籍人士出任總統，自有其歷史使命，蓋自一九四九年（民國三十八年）底，國民政府播遷來台後，台、澎、金、馬實際上處於國共交戰地區。國民政府撤退台灣初期，局勢極為險惡，中共不斷叫囂要血洗台灣，國民黨政府乃依戒嚴法之規定，宣布台灣地區實施戒嚴，戒嚴時期凍結憲法所賦予人民的一些基本權利，如集會、結社、通訊、言論等自由，由戒嚴而衍生黨禁、報禁、新聞檢查等限制人民自由權利的措施，使國民黨政府的國際形象受到嚴重傷害，影響人民對國家之向心力。到了一九八〇年代中葉，中華民國所處之主客觀環境，有了重大變化，與一九四九年宣布台澎金馬實施戒嚴之客觀情勢已有不同，且因戒嚴時間過長，使國際上視在台灣的中華民國政府為一黨獨裁專制的國家，對國民黨政府造成許多負面印象。一旦長達三十八年的戒嚴令解除後，當有助於國家形象的改善，爭取國際更多的支持與友誼，對於國內的團結，政治的和諧與社會的安定，亦有幫助。蔣經國於一九八七年（民國七十六年）七月十四日，發布命令，宣告台灣地區，自一九八七年七月十五日零時起解除戒嚴，行政院亦同時發布命令，宣告「動員勘亂時期國家安全法」於一九八七年七月十五日實施。解除戒嚴，結束非常體制，中華民國民主憲政發展邁向新的里程，這是李登輝接任總統前的一件大事。

一九八八年一月十三日，蔣經國逝世後，李登輝面臨的另一件大事，就是四十幾年未全面改選的國會改革問題，國會（包括立法院、監察院及國民大會）無法全面改選，國會結構無法合理化、合法化，是長久以來台灣政治紛爭的根源所在，造成當權者無法受到民意的有效監督，民意無法貫通而四處流竄的結果，容易累積民怨，造成政治動盪與社會不安。這個問題如果無法獲得有效解決，台灣前途終將蒙上一層可怕的陰影。[1] 而中央民意機關的改革，多年來一直是全民一致的願望，也是政治現實演進的必然趨勢，近年來更形成一股澎湃洶湧的民主浪潮，具有沛然莫之能禦的巨大力量，此時此地，除非實現充分的民主政治，國家決無前途可言，而唯有中央民意機關的改革早日完成，充分的民主政治才能落實，台灣的媒體普遍認為國會結構的改革，是近年來所有民主改革的關鍵所在。因此，當行政院於一九八八年十一月，將「第一屆資深中央民意代表自願退職條例草案」送請立

[1] 一九八九年二月五日，《民眾日報》社論。

法院審議時，社會大眾普遍接受以此種方式勸退第一屆資深中央民代，並認為「第一屆資深中央民意代表自願退職條例」之制定，其目的是在結束歷史上的一個大包袱，不管這些資深中央民代過去有多少貢獻，如今時移勢易，也應功成身退，告一段落了。國會改革，在國民心目中已有相當堅實的基礎，大家應共同來謀求解決之道。[2]台灣時報更明確指出：「從社會整體環境的變動而言，充實中央民意機構以擴大國會的民意基礎，使國會的運作充分符合當前政治與民意的實況，已是朝野一致的共識，第一屆資深中央民意代表自願退職條例的制定，並不是由於現行憲政法制列有明文的規定，而主要是出於一種『共體時艱，顧全大局』的道德性與感情性的訴求，執政黨採漸進、自願方式來完成中央資深代表退職方案的協調與立法，不僅是一種對資深中央民代的尊重與容忍的表示，也可以說是推動此案唯一可行之道。」[3]也有報紙社論一針見血的指出：目前社會脫序情形日趨嚴重，其主因之一，即為人民對法律的尊重不足，而對法律的不加尊重，主要由於其對立法機關的代表性存疑，對其所立之法，遂有玩忽之心，近年來國會中朝野雙方每因國會結構長期不改革，不能適應時代環境變遷之需要而發生爭執，乃至頻頻演出全武行，立法功能幾近癱

2 一九八八年九月十日，《中國時報》社論。
3 一九八八年八月三十一日，《台灣日報》社論。

瘓，政府公信力與國會功能都已成為國會改革迂緩的犧牲品。[4]要徹底消除目前立法院及其他國會機構癱瘓的根本原因，政府必須面對國會四十年未全面改選之殘酷現實，儘速訂出全面解決方案。[5]時代的巨輪不停地前進，政府遷台，轉瞬已近四十年，定期改選民意代表是世界民主的潮流，不能抗拒，台灣今日已邁入一個新的時代，資深中央民代已完成了歷史所賦予的使命，光榮退職之時已經來到。

一九八八年十一月十七日，行政院函請審議「第一屆資深中央民意代表自退職條例草案」，交付法制、內政兩委員會聯席審查，兩委員會先後舉行八次聯席會議，提出審查，其中七次為全天審查，增額委員與資深委員（以下稱老委員）展開激烈辯論，場面火爆，議事停滯，而立法院外民眾糾結，逼退老立委之聲浪不絕於耳。一些老委員私下抱怨要他們退職，又要讓他們自己訂定所謂自願退職條例，無異是要他們自己先挖好墳穴再往下跳，真是情何以堪。這種比喻當然有些過當，但多數老委員心裡不甘是可以想像的，在審查會上老委員胡秋原帶頭發難，表示「台灣選出的民代不能代表大陸」，此言一出，立刻遭到民進黨立委尤清、許榮淑、余政憲等人輪番攻擊，上台冷嘲熱諷。尤清更大罵胡秋原吃台灣米、喝台灣水而不知感恩，並說「台灣人白養你了！」胡秋原也不甘示弱，與

4 一九八九年二月二十四日，《中國時報》社論。
5 一九八八年十二月二十二日，《自由時報》二版，楊力行論述。

尤清對罵，場面火爆。此時朝野兩黨協調老委員退職後的選區重劃與退職條例的審查進入最後攤牌階段，民進黨不是反對第一屆資深民代全面退職，而是反對當了四十年不改選的資深民代退職後，政府還要給他們一筆優渥的退職金，於是持續全力杯葛法案審查。此案提到院會討論時依然陷於混亂、謾罵及冗長辯論之中。一九八八年十二月十四日國民黨中央針對三大法案舉行高階黨政談話會，會中主戰氣氛高漲，表示若民進黨能適度讓步，則考慮延會至十二月二十七日通過。若民進黨仍執意杯葛，則不惜將全案付表決，亦即不經逐條討論表決，而照行政院原案通過，如民進黨委員阻撓，則不惜動用警察進會場，制止議場暴力。最後自願退職條例於一九八八年十二月十九日結束委員會漫長的審查，十二月二十七日完成院會二讀程序。一九八九年（民國七十八年）一月二十六日，立法院第八十二會期最後一次會議，在民進黨全面杯葛下，全案未經逐條討論，執政黨憑人數優勢，強行將「第一屆資深中央民意代表自願退職條例」全案付表決。表決結果，在場委員一百三十九人，贊成者一百零八人，多數通過。該條例公布施行後，雲南省選出的立法委員裴存藩率先退職，在其退職聲明中表示：「應讓青年人出頭，國會才有朝氣，國家才能進步」，並認為國民黨黨員應服膺黨的政策，目前國民黨以勸退為其努力目標，忠貞黨員更應體諒黨的困難，不待其勸而自動引退。裴委員這種以大局為重的器識，實應作為其他資深民代的表率。可見資深立委識大體、明是非，以國家為重，以民主憲政發展為念的人，仍大有人在。畢竟資深中央民代問題的形成，是時代和環境的問題，是中國內戰悲劇下的產物，或許不是任何個人的錯，但無論就政治現實或政治道德的訴求來看，都不能忽視這個問題。十幾二十年來，無論在台灣、在海外，以至國際人士的心目中，絕大多數的民意，都不以「萬年國會」為然。更明白的說，社會上所有公開、公正、自由表達的民意，都不支持資深中央民代無限期繼續留任。時代的背景如此明顯，四十年不改選的中央民意代表是應該到了謝幕的時候了。

第二十八章　第二屆立法院後的量變與質變

一九八九年（民國七十八年）十二月二十日，選出增額立法委員一百三十人，其中區域選出者七十九人、原住民立委四人、工商團體選出十八人、海外僑民，依政黨票比例選出者二十九人。在全部一百三十席中，國民黨囊括一百零一席、民進黨僅得二十一席，但已經超過法定提案的門檻，無黨籍人士得八席。一九九一年（民國八十年）底，第一屆資深立法委員依「自願退職條例」，並依司法院大法官會議釋字第二六一號解釋，其任期至民國八十年十二月三十一日終止。因此，在資深立委全面退職後，立法院第一屆第八十九、九十兩會期，形成由一百三十位增額選舉產生的民選立委所組成的立法院，執政的國民黨在面對占有兩成席次的民進黨以及黨內自主性次級團體的挑戰下，不僅無法忽視民進黨存在的事實，必須與其進行政黨間的對話與協商，同時也必須調整並加強黨內的協商機制。一九九二年（民國八十一年）一月，在民進黨籍委員與國民黨次級團體「集思會」主要成員的努力促成下，立法院三讀通過增訂「立法院組織法」第二十七條之一，規定：「立法院對有立法委員席次五席以上政黨，應公平分別設置立法院黨團辦公室。」同年五月，由立法院院長核定通過實施的「立法院政黨黨團辦公室設置辦法」，提供各政黨立法院黨團辦公室及所需辦公設備，進一步強化了政黨政治運作的基礎，使黨團協商機制的發展，獲得落實的可能。

歷經幾個會期的摸索，朝野對於黨團協商機制的建立，大多抱持肯定態度，也嘗試透過協商的制度化及協商結論的效力問題，提出多次的改革方案，例如在第二屆立法院第三、四會期，分別提出朝野協商結論須經各黨黨團代表二人以上簽字，簽字後立即生效，並送立法院院長、副院長、秘書長及各黨團存查。提報院會後不得翻案，未能履行結論的協商代表，應接受譴責。但該項改革並未落實，此時朝野協商，往往是政治實力原則的展現，同時涉及政黨組織結構或體質調整的動態過程，當各黨將該黨的利益與政治考量放在第一位時，朝野協商結論不被遵守的情況，自然層出不窮。另外，在民進黨團的強力要求及多次朝野黨團協商結果，一九九四年（民國八十三年）九月，立法院院會議決議通過，由立法院編列預算，給予立法院黨團經費補助，這對政黨政治及黨團協商機制化的發展，都具有正面的助益。

隨著政黨政治勢力的消長，國民黨在第三屆立法委員選舉的結果，其席次滑落到八十五席，僅以三席些微過半數；新黨從七席，增為二十一席，民進黨則由原先的五十一席，增為五十四席，占總席次一百六十四的三分之一強。在國民黨籍立委出席率偏低的情形下，立法院自此進入三黨實質不過半的階段。面對三黨實質不過半的立法院政治生態，國民黨進行動員的成本勢必增加，因為少數幾個黨籍立委結合，即能杯葛中央的政策，黨中央勢必釋出更多的利益來滿足黨籍立委的需求。此時國民黨中央要面對的最大問題，可能不是反對黨，而是黨內只要幾位立委結合而成的關鍵少數，國民黨中央必須先釐清什麼是重大議題，凡屬重大議題者，必須貫徹黨紀，進行高度動員，若否，則開放黨團代表與在野黨進行協商。國民黨已經體認到朝野協商模式，必須趕緊建立的急迫性。另一方面，在野聯盟在前所未有的三黨實質不過半的政治生態下，其欲主導立法院議事的動機，非常強烈。因此在一九九六年（民國八十五年）立法院第三屆第一、二會期時，藉著立法院正副院長的選舉，發動了所謂的「二月政改」，即由在野政黨合作推出正副院長人選（由民進黨的施明德與張俊雄搭配）對抗國民黨推出的正副院長候選人（即劉松藩與王金平），最後當然還是國民黨得到新黨的奧援而獲勝。當時還發生民進黨籍立委張晉城，因不配合民進黨規劃的人選投票，自己在選票上簽名，形成廢票，最後被民進黨開除黨籍。民進黨不分區立委邱彰也因堅持秘密投票，不配合民進黨選前要求黨籍委員投票時技術性亮票，最後也以違反黨紀被開除黨籍，連帶喪失不分區立委資格。

到了一九九六年的六月，李登輝、連戰當選正副總統後，李登輝指派連戰兼任行政院院長，在野黨不滿連戰以副總統兼行政院長，認為有違憲法分設職務之旨意，而要求總統李登輝重新提名閣揆，由立法院行使同意權，為此杯葛連戰院長赴立法院作施政方針報告，此一事件，媒體稱為「六月政潮」。按副總統兼任行政院院長，過去有過先例，如民國四十七年（一九五八年）的陳誠及民國五十五年（一九六六年）的嚴家淦兩位副總統，就曾兼任過行政院院長，前後逾十一年，在實務上亦未發生窒礙難行之處。惟有人認為此項安排乃威權時期之產物，與現今總統副總統均直接由人民選舉產生的民主時代不能相提並論。最後透過司法院大法官會議釋字第四一九號解釋曰：「副總統得否兼任行政院院長，憲法並無明文規定，副總統與行政院院長二者職務性質亦非顯不相容，惟此項兼任，如遇總統缺位或不能視事時，將影響憲法所規定繼任或代行職權之設計，與憲法設置副總統及行政院院長職位分由不同之人擔任之本旨未盡相符。」該號解釋又提到：「依憲法之規定，向立法院負責者為行政院，立法院除憲法所規定之事項外，並無決議要求總統為一定行為或不為一定行為之權限，故立法院於中華民國八十五年六月十一日所為咨請總統儘速重新提名行政院院長，並咨請立法院同意之決議，逾越憲法所規定立法院之職權，僅屬建議性質，對總統並無憲法上之拘束力。」也因此一事件，導致一九九七年（民國八十六年）的第四次修憲，將總統任命行政院院長須經立法院同意之規定，修改為不須立法院同意，而由總統直接任命。此一修正動機，是出於第三屆立法院國民黨席次勉強過半所造成之困境，當時總統提名行政院院長人選時，遭立法院杯葛，以及黨籍立委藉同意權的行使，進行政治勒索，李登輝總統對此甚感厭惡，因此與民進黨合作修憲，釜底抽薪之計，就是將憲法第五十七條規定，修改為憲法增修條文第三條「行政院院長，由總統任命之」，而民進黨之所以願意放棄行政院院長之同意權的行使，是用來換取將台灣省虛級化，取消「省」這一個層級的組織，使台灣不再只是中華民國的一省，其政治動機不言可喻。但修憲後立法院不再行使行政院院長的任命同意權，也有民進黨籍立委認為得不償失，例如沈富雄委員等就將此一修憲譏為民進黨拿西裝換內褲。這當然是見仁見智的問題。

第三屆立法院第三、四會期審議法案的爭議性較低，朝野黨團在政策選擇上的壓力較低，彼此協商的空間也較大，朝野政黨進行協商，日趨頻繁，並在第三屆立法院的第四會期正式建立協商模式，第五會期更每週固定舉行分案協商會議，將委員會通過之法案，在交付院會二讀前，先行黨團協商，消弭爭議，以便提高院會的法案通過效率。第六會期，更因屆期即將終了，為了創造立法業績，在會期最後幾天，高度運用黨團協商方式，匆促通過數十個法案，使立法品質與議事的程序正義，受到質疑。

一九九八年第四屆立法委員選舉，選出兩百二十五席立法委員，國民黨得到一百二十三席，占總席次百分之五十四・七，新黨只得十一席（百分之四・九），民進黨得七十席（百分之三十一・一），民主聯盟四席（百分之一・八），非政黨聯盟三席（百分之一・三），新國家連線與建國黨各一席（百分之〇・四），無黨籍十二席（百分之五・三）。國民黨支配實力的增強，以及國會穩定多數的成形，使第四屆立法院回復到一黨獨大的局面。二〇〇一年第五屆立法委員選舉，國民黨由於二〇〇〇年總統大選造成黨內再次分裂，以宋楚瑜為首的國民黨員出來另組一政黨（即親民黨），使國民黨嚴重失血，只獲得六十八席，占總席次的百分之三十・二；民進黨在掌握執政的優勢下，拿了八十七席，成為國會最大黨，占總席次百分之三十八・七，但距離過半數席次尚有一段距離，初試啼聲的親民黨得到四十六席，占總席次百分之二十・五；新黨由於親民黨大舉搶攻票源，只當選一席，占總席次百分之〇・四；新成立的台灣團結聯盟（台聯）頗出人意表的當選十三席，占總席次百分之五・八；無黨籍及其他人士有十席，占總席次百分之四・四。第五屆立法院的最大特色是沒有任何一個政黨取得過半數席次，因此任何政黨都必須結合其他政黨，才能形成多數聯盟，以確保對立法院的議事主導權，尤其環繞在統獨等政治議題而形成的泛藍、泛綠兩大陣營間，幾乎沒有任何妥協的餘地，在雙方寸土必爭的情況下，為了防制敵對陣營的策反，以及對其他黨籍委員的全力拉攏，經常上演一幕幕的焦土戰爭。

二〇〇四年（民國九十三年）第六屆立法委員選舉，在藍綠陣營激烈競爭下，民進黨最後贏得八十九席，占總席次百分之三十九・六，仍維持國會最大黨；台灣團結聯盟獲得十二席，占總席次百分之五・三；無黨聯盟得六席，占總席次百分之二・七；親民黨則大幅衰退，獲得三十四席，占總席次百分之十五・一；新黨本次選舉因全力挹注國民黨，本身只推出一人參選，並順利當選，占總席次百分之〇・四；國民黨在新黨大力奧援下，得到七十九席，占總席次百分之三十五・一。選舉結果，由泛藍陣營掌握勉強過半席次，立法院仍然維持「朝小野大」的格局，民進黨雖然執政，卻處處受制於泛藍政黨的杯葛抵制，施政始終無法施展。立法院的議事更有賴於朝野協商機制的運作，朝野協商模式雖然予以制度化，但檯面下的運作方式，也引發不同層次的批評。就立法程序而言，朝野協商宛如「太上程序委員會」，經朝野協商同意的法案，可逕付二讀三讀，完成立法，不僅成為「快速立法的途徑」，侵蝕到委員會專業化審查的功能。其次，就立法監督而言，朝野協商會議，僅限於黨團少數代表參與，且協商只有結論，沒有過程紀錄，也不見載於立法院公報，其參與程度，公開性與透明度均不足，不僅協商結果有時不為黨團部分成員接受而遭推翻，同時也不利於社會團體與輿論對立法的監督，容易形成政黨分贓的惡質政治現象。因此，如何讓法案協商制度化、法制化、公開化，已成為下一個國會改革的課題。

附錄一　張道藩的藝術與政治人生

張道藩（一八九七—一九六八），字衛之，祖籍江蘇南京，一八九七年七月十二日出生於貴州省盤縣，其先祖游宦於貴州，而落戶盤縣，張家原為書香門第，曾出六名進士，惟到張道藩出生時，家道中衰。張道藩幼年受教於本鄉私塾，從名師學習古典文學，十年寒窗苦讀，奠定國學基礎。年十五，考入盤縣高等小學，接受新式教育，一九一四年以第一名優異成績畢業，因家貧未能繼續升學。一九一六年張氏由時任國會參議員之五叔張少煒資助，到北京求學。九月，考入當時極負盛名的天津南開中學，在校期間，每門功課皆很優異，特別是在繪畫方面，展現天賦，這對日後赴英國學習美術有很大影響。一九一七年（民國六年）八月，張勳復辟，國會隨之解散，其叔父張少煒也因國會解散，失去國會議員而告失業，無力再資助張道藩讀書，不得已自南開輟學。十月，在族人引薦下，前往綏遠包頭，任煙酒專賣局包頭分局小職員。兩年後（一九一九年）七月，張結束在綏遠的工作，再入南開中學就讀。不久，國民黨元老吳稚暉到南開演講，鼓勵年輕學子到法國「勤工儉學」，激發了張道藩到法國留學的念頭。張道藩辦好護照，買好船票後，南開校長張伯苓以張道藩不懂法文為由，反對其留學法國，張道藩以華工為例，據理力爭，張伯苓見張道藩留法意志堅決，便同意他退學到法國一試。

一九一九年（民國八年）十一月中旬，張道藩到上海等船赴法國，其間，孫中山在其上海寓所接見這批打算留法青年，勉勵他們到外國留學要吸收外國人的長處，不要把外國不好的東西搬到中國來，要學習他們研究創造，求精求真的精神，回來救我們的國家，提高我們國家的地位。一九一九年十一月二十二日，張道藩與盛成、蘇汝淦、黃齊生等四十位中國留學生搭乘國貨船「瑞秀士」，由上海啟程前往法國，在海上經過多天的航行，一行人先抵達英國倫敦，留學生會派人前來接待，並將法國近況及勤工儉學之困難告知他們。張道藩想到不懂法文，「勤工儉學」更是困難，於是改變計劃，決定留下來在英國讀書，先在曼徹斯特維多利亞公園學校補習英文半年，隨後考入倫敦克乃芬姆天主教學院，學習繪畫與音樂，這時，張道藩發現深切喜歡繪畫，乃至放棄了原先實業救國的念頭。一九二二年九月，考入了倫敦大學大學院Slade學院，專攻美術，經過三年苦學，終於成為該校美術部第一個得文憑的中國學生。

張道藩在倫敦大學就讀期間，結識了在該校文學院讀哲學的傅斯年，兩人由此建立了深厚友誼，以後又認識了劉紀文，他是老國民黨黨員，一九二三年九月辭去廣州大元帥府審計局長職務，到英國進入倫敦大學攻讀經濟。後又通過劉紀文的關係，拜會了國民黨元老邵元沖，經邵元沖與劉紀文的引介，張道藩於一九二四年（民國十三年）冬加入國民黨，一九二五年當選為倫敦支部評議長，從此涉足政壇。一九二五年夏，張道藩自Slade學院畢業，九月離開多霧灰暗的倫敦，來到風光明媚的花都巴黎，進入法國國立巴黎高等美術專門學校繼續學畫。在法國留學期間，與謝壽康、邵美洵、徐悲鴻、劉紀文、郭有守、蔣碧薇等組織一個別開生面的文藝小團體，名叫「天狗會」，天狗會名稱仿自上海的「天馬會」。一九二五年的聖誕節舞會上，張道藩認識了一位美麗多情的法國小姐，兩人很快墜入愛河，翌年（一九二六年）四月，兩人就在巴黎訂婚，張道藩為未婚妻蘇珊，取名郭淑媛，並為她畫一張半身肖像油畫，張在倫敦時期的兩幅畫作並入選法國國家一年一度的春季美展，這是張道藩一生學畫中所獲得的最高榮譽。

一九二六年（民國十五年）五月十七日，張道藩與邵美洵一起搭船回國，六月中旬抵達上海，隨後應劉海粟之邀到上海美專作「人體美」之長篇講演，經上海幾家大報連載多天，被守舊人士視為有傷風化，要求淞滬地方官將其緝捕，張道藩在上海無法立足，於是考慮南下廣州參加國民革命軍，此時劉紀文應北伐軍總司令蔣介石之邀，由美返國，出任廣東省農工廳廳長，劉紀文知道張道藩已返國，乃函約張道藩前往廣州任農工廳秘書，協助劉處理日常事務，這是張道藩從政之開始。一九二六年十月，劉紀文調任國民革命軍總司令部經理處處長，十月二十日，張道藩也離開廣州。十一月，國民黨中央組織部代理部長陳果夫指派張道藩、黃宇人、李一之、商文立四人赴貴州，發動群眾和推動黨務，張道藩從廣州出發，於一九二七年（民國十六年）一月初抵達貴陽，著手籌組貴州省黨部。當時貴州省長周西成擁有一支強大軍隊，表面上同情北伐，實則對革命黨人又懷疑又害怕，張道藩一行到達貴陽後，周西成立即派人將他們安排於省長公署的招待所，名為歡迎，實則監視，周命手下密切注意張道藩等人一舉一動，對張道藩等人的籌組省黨部工作多所阻撓破壞，以致國民黨貴州省黨部一直未能建立起來。不久，貴陽南門外兵工廠失火，周西成藉口此事與張道藩等人有關，要他們交出秘密通訊用的電碼，張道藩等人嚴詞拒絕，一九二七年五月三日，周西成下令將張道藩等三人拘捕入獄（黃宇人幸免），施予酷刑。直到九月中旬，張道藩設法逃出貴陽，經廣州、香港，於十一月回到上海。一九三五年，張道藩將在貴州的歷險經過，改編成劇本「密電碼」，由中央電影製片廠拍攝成電影。

一九二八（民國十七年）三月初，經陳果夫、劉紀文兩人推薦。張道藩出任國民黨中央組織部秘書，當時組織部長由蔣介石兼任，這是張道藩在國民黨中央任職之開始。十月，張道藩任南京市黨部監察委員。後來劉紀文任南京市長，張道藩又兼任南京市政府秘書長。一九二九年三月，張以南京市代表資格出席國民黨第三次全國代表大會，並當選為候補中央執行委員。四月，辭去中央黨部組織部秘書。十一月初，再辭去南京市政府秘書長。十二月，國民黨江蘇省黨部因內部發生糾紛被中央黨部解散，張道藩等六人奉派為江蘇省黨務整理委員，協助省主席紐永建整理各縣市黨部。一九三〇年六月，張道藩因病赴青島養病。八月，受聘擔任國立青島大學教育長，當時青島大學校長為楊振聲、文學院院長兼中文系主任聞一多，外文系主任兼圖書館館長梁實秋、青島大學為中國著名的大學之一。一九三〇年十二月，張道藩奉蔣介石之命，出任浙江省政府委員兼教育廳廳長。一九三一年（民國二十年）六月，張道藩兼任國民黨中央組織部副部長（蔣介石任部長），成為蔣介石倚重的左右手，每星期往來於杭州、南京之間，到了十二月，張道藩因工作兩頭燒，難以兼顧，乃辭去浙江省政府教育廳長職務，專心於南京的黨務工作。

張道藩學藝術而雅好文藝，在繁重的黨務工作之外，仍未忘情文藝，一九三二年（民國二十一年）五月，國民黨的一群作家在南京中山路華僑俱樂部成立中國文藝社，意在與中國左翼作家聯盟相抗衡。中國文藝社公推中央執行委員會秘書長，南社詩人葉楚傖為社長，張道藩、王平陵等七人為理事，這是張道藩踏入文藝界的第一步。張道藩還編譯創作了幾個劇本，例如〈第一次的雲霧〉（後改為〈蜜月之旅〉）〈自救〉、〈自誤〉等。一九三四年（民國二十三年）四月，張道藩兼任國民黨中央電影事業委員會委員。一九三五年九月，國民黨在南京創辦國立戲劇學校，培養話劇人才，第一期招生五十名，張道藩擔任校務委員會主任委員，後又出任中華全國美術家大會理事長。一九三六年十二月，張道藩與褚民誼一起出任新成立的國民黨中央文化事業計劃委員會副主任。一九三七年（民國二十六年）二月，出任內政部常務次長。同年七月，抗日戰爭爆發，年底南京淪陷，張道藩輾轉至武漢，將心力投入文藝界。此後三十年，張道藩成為國民黨文藝政策及執行方面的最高負責人。一九四二年（民國三十一年）十一月，張道藩出任國民黨中央宣傳部部長，他將黨的宣傳工作重點放在黨營《中央日報》上，時值對日抗戰時期，中宣部責任重大，張道藩全力以赴，在他任職中宣部期間，沒有出過紕漏。抗戰期間，有六、七萬華僑回國參加抗戰，他們散居西南各地，甚至中緬之間，一九四三年（民國三十二年）十月，張道藩調任國民黨中央海外部部長，常風塵僕僕親赴雲南、貴州、廣西一帶實地考察，針對各種問題提出有效解決之道，穩定了華僑歸國後的情緒。

一九四四年（民國三十三年）十一月底，日軍沿湘桂、黔桂鐵路向貴州方向進犯，震動大後方。十二月底，蔣介石派張道藩馳往貴州前線，負責指揮臨時成立的中央戰時服務督導團，張到了貴陽後，貴陽城內已一片混亂，貴州省主席吳鼎昌是文人出身，不懂軍事，卻獨斷獨行，無法應付亂局，張道藩到貴陽後，迅速把擁擠在貴陽的十餘萬難民向貴州西路和北路疏散，同時將貴陽各學校、戲院、寺院及所有公共場所，盡量騰出空間，改為難民招待所，穩定了後方的混亂局面。一九四五年（民國三十四年）春，抗戰後期，張道藩由貴陽回到重慶應陳布雷之邀，曾短期兼任軍事委員會侍從室第二處副主任。在國民黨六屆全國代表大會上，當選為中央執行委員會常委，張道藩進入國民黨的權力核心。一九四六年（民國三十五年）抗戰勝利，張道藩仰慕齊白石的藝術成就，不惜以國民黨黨政大員之尊，拜齊白石為師，十一月三日下午六時，張道藩在南京香舖營文化會堂舉行隆重拜師典禮，吳稚暉、張溥泉、于右任、陳果夫、溥心畬陪同白石老人，坐於禮堂中央；陳立夫、馬超俊、谷正綱、羅家倫、余井塘、梁寒操、劉文島、傅斯年、陳樹人等百餘位政壇與文壇名人前來觀禮，張道藩恭敬地向白石老人行鞠躬禮，一時成為藝術界一件大事，由此亦可看出張道藩身為國民黨要員，但對藝事之執著，不因身分與工作而改變，充分顯現出藝術家的浪漫本性。張道藩拜師之後，據說在繪畫方面漸有進步。

對日抗戰勝利後的四年間（即一九四五—一九四九），張道藩的主要工作在主持「文化運動委員會」，一九四七年（民國三十六年）一月，張道藩在南京發起成立國際文化合作協會，配合外交與僑務工作，加強海外文化工作，一九四八年（民國三十七年）一月，張道藩當選為立法院第一屆立法委員。一九四九年（民國三十八年）一月，大陸局勢逆轉，張道藩在悲觀失望的情緒下，提議撤銷成立八年半之久的「文化運動委員會」，將原有業務歸併到中央宣傳部，同年三月，張隨中央政府到台灣，十二月底，中國廣播公司在台北改組，張道藩當選為理事長，任職前後達五年之久。一九五〇年五月四日，張道藩與文藝界朋友發起組織「中國文藝協會」，成立宗旨為「團結全國文藝界人士，研究文藝理論，從事文藝創作，展開文藝運動，發展文藝事業，實踐三民主義文化建設，完成反共抗俄復國建國任務，促進世界和平」。同年十月，張道藩接任中華日報董事長，指示編輯部增設中學生周刊，專供各級中學愛好文學的青年投稿，定期舉行投稿人座談會。另外，張道藩也組織出版《火炬》半月刊、《寶島文藝》、《半月文藝》及《野風》等刊物。

一九五一年（民國四十年）元旦，張道藩與陳紀瀅（也是立法委員）、李辰冬、趙友培等聯合成立「中國文藝創作研究部」，並創辦「文藝創作」月刊，一九五二年（民國四十一年）三月，張道藩經蔣介石提名並當選為立法院院長，這是張道藩一生政治事業的最高峰。自一九五三年十月起，張道藩連任國民黨第七、八、九屆中常委，直到一九六九年六月病逝為止。張到台灣後，其所屬之CC系受到蔣介石整肅，而張道藩長期獲得蔣介石的眷顧，可算是國民黨內CC派的一個異數。張道藩一生在藝術與政治中打滾，一般人對其事功或許所知有限，但他在一九四〇年代與著名畫家徐悲鴻妻子蔣碧薇的緋聞，卻是許多人耳熟能詳，茶餘飯後津津樂道的話題。話說從頭，一九一九年五月八日，蔣碧薇隨夫君徐悲鴻到歐洲習畫，是年秋，徐悲鴻進入巴黎朱麗安畫院習素描。一九二一年（民國十年）七月，蔣、徐遷居德國柏林，這一年，來歐洲留學的張道藩到德國旅行，聽說徐悲鴻也在柏林，便匆匆前來拜訪這位藝術同道，這次會面，徐悲鴻的愛妻蔣碧薇給張道藩留下極為深刻的印象。蔣碧薇是江蘇宜興名宦家族的大家閨秀，聰慧、高雅、美艷動人。

蔣碧薇修長的身材，白皙的皮膚，長可及腰的一頭秀髮，綽約的風姿，令張道藩久久不能忘懷。一九二六年夏天，張道藩從義大利寄給蔣碧薇一封長信，向蔣赤裸裸傾訴自己的愛意，使蔣碧薇陷入痛苦掙扎的深淵，在感情與理智的衝突中，不知所措，最後理智戰勝感情，蔣下決心關閉對張的感情閘門，勸張道藩忘了她。張在極度失望中，與一位名叫蘇珊的法國小姐結婚。三年後（一九二九年），張道藩與蔣碧薇又在國內重逢，此時張道藩已在南京市政府當秘書長，而蔣碧薇已懷第二個小孩，因為徐悲鴻醉心於藝術創作，對妻子也少體貼，且雙方個性倔強，甚至在一些小事上也互不相讓，因而夫妻感情漸生裂痕，這時再與張道藩相見，自然勾起蔣碧薇的夢幻情竇，加上當時國內報紙大量揭露徐悲鴻與孫多慈的師生戀，繪聲繪影，擴大渲染的結果，使徐、蔣本來已不和睦的婚姻再蒙上一層陰影，而張道藩也始終無法割斷對蔣的戀情。

一九三七年七七事變後，為避日軍飛機轟炸，蔣碧薇應邀搬到有地下室的張道藩家，此時張道藩妻子蘇珊攜子女去廬山，終使蔣碧薇投入張的懷抱。此後蔣碧薇每天收到張道藩自南京寄來的情書，綿綿情話，經不起張的愛情攻勢，徐悲鴻在蔣碧薇的心中似乎已不存在了。一九四二年客居新加坡等地三年之久的徐悲鴻回到國內，使蔣碧薇感到十分尷尬。作為徐悲鴻的合法妻子，她無法拒絕丈夫返家，但她已成為張道藩的情婦，無力擺脫感情的困境，寫信給張道藩傾訴自己無所適從的矛盾心理。張道藩提出四條出路：

一、離婚結婚（即雙方各自離婚再公開結合）。二、逃避求生（即放棄一切，雙方逃向遠方）。三、忍痛重圓（即忍痛割愛，只做精神上的戀人）。四、保存自由（與徐悲鴻離婚，暗地裡做張道藩的情婦）。結果，蔣碧薇選擇了最後一條路。一九四二年六月，徐悲鴻來到重慶，此時他已十分清楚蔣碧薇感情的變化，試圖與蔣破鏡重圓，並經許多朋友出面調和，但蔣碧薇已打定分手的主意，一九四五年底他們兩人終於辦完離婚手續，徐悲鴻答應蔣碧薇所提的一切條件，並贈送早年在法國為蔣碧薇畫的一幅肖像〈琴課〉。

此時，張道藩的法國妻子也得知張、蔣戀情，曾多次要求張與蔣斷絕關係，否則就要離婚，張道藩因政治上的原因，不能也不願與妻蘇珊離婚，免得遭受外界批評而影響其政治生命。到了一九四九年，國民黨兵敗撤退台灣，身為國民黨中常委、中宣部部長，張道藩親自安排蔣碧薇到台灣。據徐悲鴻與蔣碧薇當年的離婚協議，徐、蔣所生的一對子女都歸蔣碧薇撫養。來台後，蔣碧薇只得以情婦身分與張道藩相伴，但蔣碧薇畢竟不是張道藩的合法妻子，不能與張一起公開出入官場或社交場所，生活自然也十分孤單。一九五〇年（民國三十九年）十月，一代大師徐悲鴻辭世，蔣碧薇聞訊，淚如雨下，由於精神上的孤寂空虛無所寄托，不久，就全心投入張的懷抱。張道藩為避免家庭麻煩，將其妻蘇珊及子女遠送澳洲養病。從此，毫無顧忌的，兩人就住在一起了，然而隨著時間的推移，張、蔣如膠似漆的戀情，逐漸冷淡下來了，張道藩或許良心不安，整日心事重重，大有倦鳥思歸的感覺。一九五八年九月，蔣碧薇煞費苦心的給張道藩寫了一封長信，希望兩人能重燃愛情之烈火，但張道藩一直對蔣保持冷淡，蔣碧薇終於明白自己再也沒有力量將張道藩拉回身邊了，此後便淒然離開張道藩，與兩個姨孫為伴，淡泊地度過一個個春夏秋冬。

一九六八年（民國五十七年）四月，張道藩病危，蔣碧薇匆匆趕到台北三軍總醫院探視，這是他們自一九五八年分手後，十年來第一次單獨在一起，一九六九年六月張道藩辭世時未留下任何遺言，空空的來，也空空的走。張道藩過世後，蔣碧薇將一生所愛所敬、所作所為、所思所念，毫不保留地融入她良心與心靈的結晶，一部近五十萬字的長篇回憶，上篇取名「我與悲鴻」，下篇為「我與道藩」。一九七八年二月十六日，也就是張道藩離開人間九年後，蔣碧薇也在台北逝世。張道藩雖然大半輩子從政，卻揮不去文人本色，始終未忘懷學術研究，其先後著有《近代歐洲繪畫》、《三民主義文藝論》、《我們所需要的文藝政策》等，張道藩晚年在台北寫過一本回憶錄，書名曰《酸甜苦辣的回味》，其中有一句「紅雲出岫非有意，落葉歸根實有情」，道出了他對故鄉的一縷深情，遊子難歸，思緒萬千的矛盾心情躍然於字裡行間。

附錄二　陶希聖懸崖勒馬，免去漢奸罵名

陶希聖（一八九九—一九八八），原名匯曾，筆名方峻峰，一八九九年十月三十日，出生於湖北省黃岡縣，一九一五年（民國四年）隨父親北上，考入北京大學預科，一九一八年夏入北京大學法律系，對法律哲學頗感興趣，年幼時即敏而好學，頭腦靈活，學習成績不錯。北京大學畢業後，先去安徽法政專門學校教書，一九二三年到上海商務印書館編譯所當編輯，一九二五年（民國十四年）由於日本紗廠工人顧正紅被槍殺一事，釀成五卅慘案，最後爆發了五卅運動，當時年輕的陶希聖向《公理報》投書援引美國法律，指摘英國巡捕槍殺中國民眾之行為為非法，文章刊出後，立刻引起各界注意。不久，陶希聖又在《東方雜誌》的「五卅慘案專刊」上發表文章，被上海公共租界巡捕房訴諸公堂，陶希聖被迫出庭應訊，從此名聲越來越大。這時他擔任《獨立青年》的編輯工作，以「民族自決、國民自決、勞工自決」三個口號相號召，深得國民黨右派——西山會議派之賞識，並引入國民黨，陶希聖自此開始與國民黨接觸。

一九二六年（民國十五年）七月，國民革命軍揮師北伐，翌年（一九二七年）一月，

國民政府在武漢成立，陶希聖應聘為中央軍事政治學校武漢分校政治教官，陶攜家帶眷由上海來到武漢。他因關心國民黨的反共動向，與一幫志同道合的文人，如周佛海、梅思平、呂雲章等經常聚在一起，互相交換有關蔣介石「清黨」的消息。一九二七年五月，夏斗寅部叛變，中央軍校與農民運動講習所合組成中央獨立師，前往討伐夏斗寅，陶希聖身為政治教官，被指派做政治工作，後又被指定為軍法處長兼特務組長。不久，又被調回武昌，任軍校政治部秘書。這段期間，陶希聖反對農民運動，認為農民對地主的鬥爭，實際上破壞了社會經濟，把地主打倒了，城市中的商業也被破壞了，因為商店店東大多是地主，地主以其土地當信用保證，土地被沒收了，商業信用也破產了，所以農民與地主的階級鬥爭，最後受害者還是農民。

一九二七年七月十五日，汪精衛發動「七一五」政變之後（即正式宣布與共產黨決裂），陶希聖也跟著汪精衛的武漢政府走，並出任武漢政府的政治部秘書處長，隨後又任宣傳處處長及「黨軍日報」社長。一九二八年（民國十七年）寧漢合流後，陶希聖又到南京政府當總政治部宣傳處編纂科科長。同年，周佛海推薦他擔任南京陸軍軍官學校政治總教官，一些黃埔軍校出身的師生群起而攻之，使他差一點被扣押起來。一九二七年，汪精衛為了與蔣介石爭奪國民黨的中央最高領導權，派其親信陳公博於一九二八年（民國十七年）五月，在上海法租界創辦《革命評論》，對蔣介石所控制的南京國民政府展開猛烈的抨擊，指出國民黨必須進行改組。不久，又成立了「中國國民黨改組同志會」（簡稱改組派），擁護汪精衛為領袖，鼓吹以一九二四年（民國十三年）的「改組精神」，實現全國裁軍，培養民主勢力。改組派拉攏反蔣介石力量，以奪回汪派失去的權力與地位。一九二八年十二月，陶希聖也參加了改組派，但沒有參與《革命評論》的編寫工作。當改組派總會由上海遷往北平，多次催促他北上，陶希聖都以不打算參加實際政治行動為由，要在上海致力於研究與撰述，而加以拒絕。

一九三一年（民國二十年），陶希聖受聘為北京大學法學院政治系教授，並先後在清華、燕京、師大、朝陽等校兼課，講授法制史、社會史及政治思想，同時創辦「食貨」半月刊，主張重寫中國社會史，組織「食貨學會」。當年發生「九一八」事件，日本帝國主義侵略中國的野心昭然若揭，而蔣介石依然奉行「攘外必先安內」政策，華北地區人民普遍要求停止內戰，一致抗日，學生運動風起雲湧，北大教授發起半月聚餐會，但陶希聖與胡適在餐會上力勸學生保持鎮靜，不可為人所利用。一九三七年（民國二十六年）五月四日，北平學生舉行五四運動紀念會，大會在宣武門外師範大學廣場舉行，學生中有支持國民黨的，也有支持共產黨的，兩派人馬大打出手。陶希聖對學生說：「他們是人民陣線（指共產黨），要分裂中國」，受傷的學生向北平地方法院起訴，以教唆傷害罪控告陶希聖。一九三七年七月十二日，陶希聖到江西牯嶺參加蔣介石與汪精衛主持的廬山談話會。

會後，陶希聖應邀參加國民黨中央政治會議設立的國民參政會。陶在參政會上大肆宣揚「為三民主義建國而戰」，指出抗戰只是手段，三民主義建國才是目的，對共產黨所提建立「人民民主聯合政府」的主張，大加詆譭。陶希聖與胡適、梅思平、顧祝同、熊式輝等經常在南京西流灣八號周佛海的住處討論對日抗戰問題，他們多認為「戰必大敗」、「和未必大亂」。當時全國各界都主張一致抗日，蔣介石在壓力下，不得不高唱抗日的曲調，但這裡的氣氛卻與外界不同，胡適給它起了個名字叫「低調俱樂部」。那時汪精衛也被日本帝國主義的強大軍力嚇破膽，而散布各種抗戰可能亡國的論調。「低調俱樂部」的人員逐漸匯集在汪精衛周圍，形成一個小集團。一九三八年初，中共領導的左翼文化運動，形成抗日民族統一戰線。為了與中共相對抗，汪精衛、蔣介石接受周佛海、陶希聖的建議，在武漢成立「藝文研究會」，周佛海任總務組總幹事，陶希聖任研究組總幹事。「藝文研究會」主要工作在聯絡各報紙及各民間團體與中共及其外圍組織相對抗，其口號為「內求統一、外求獨立、一面抗戰、一面建國」。「藝文研究會」雖以反共、反抗戰為宗旨，但在當時舉國要求一致抗日的氣氛下，不可公然提出「反抗戰」的主張。陶希聖在「藝文研究會」裡，提出「科學與理性」的論述，要大家根據理性，運用科學，去認清事實，不可盲目的感情用事。陶的意思是說，日本對中國的侵略是利用科學的發明，我們抵抗日本，給予日本打擊，也要利用科學發明的武器。他認為中國人民的抗日救國運動，忽視科學的重要性，對科學抱錯誤觀念，都是一種缺乏理智的感情衝動。陶希聖等人這種「戰必大敗，和未必大亂」的論調，也就是後來追隨汪精衛叛國投敵的重要原因。

一九三八年四月以後，汪精衛透過高宗武（時任外交部亞洲司司長）梅思平（浙江永嘉人，北大政治系畢業，抗戰前任江蘇江寧實驗縣縣長）等人的穿針引線，與日方達成協議，終於下定叛國投敵的決心。一九三八年八月二十九日至九月五日，梅思平與松本重治（日本同盟通訊社中南分局人員，此人曾留學英國，背景十分複雜）在香港連續進行五次談判，松平捧汪精衛說：「和平運動非請汪先生領導不可，周佛海等我們的同志集合在汪先生的旗幟下。與汪先生共同行動的有龍雲（雲南省主席）、四川的將領、廣東的張發奎以及其他人，已經秘密取得聯絡，反對停戰、撤兵的人在中國不會有的。」[1]

一九三八年十一月十二日至十四日晚，日、汪雙方代表在上海一幢灰色二層樓舊屋名叫「重光堂」（當地人叫梅花堂）的處所，進行賣國的政治交易。日方出席的談判代表是影佐禎昭（日本參謀本部謀略課長）、今井武夫（日本參謀本部謀略課中國班班長）；汪方代表是高宗武、梅思平。雙方共同起草了「日華協議記錄」，其內容分兩點聲明，六條條件。日華協議簽訂後，萬事俱備，只欠汪精衛點頭簽字認可，汪精衛仔仔細細，反復閱讀後，兩道

1 王曉華、張慶軍《大紅大黑　周佛海》，頁一三一，上海人民出版社，二〇一二年十二月，二版。

眉毛深鎖，臉色愈見愈難看，當場發作，指著協議條文數落著：「太苛刻了，承認滿州國！承認日本在華駐軍！內蒙地區作為防共的特殊區域！這些條款無疑是滅亡中國之先聲，汪某人不敢應諾。」顯然汪精衛也認為日華協議是賣國協定，簡直是喪權辱國，簽了字，就是弄一頂漢奸帽子戴，因此生氣的對梅思平說：「依我看，一概推翻，重新討論。」梅思平被罵得不知所措，後來還是汪精衛老婆陳璧君出來打圓場，並訓斥了汪精衛一頓，說「大丈夫處事，怎能如此婆婆媽媽，反不如一紅顏，再說失去這次機會，也許真的永遠成了俯仰由人臣僚了」，這是汪精衛最不甘心的。汪精衛終於改口了，「凡已由梅思平簽字的部分可以同意，其餘留待將來再商議。」[2]

當時蔣介石在衡山主持前方軍事，汪精衛留在重慶主持後方的政事，以汪當時的身分，不能無故公開出國。因此，一九三八年十二月一日，梅思平先抵香港，後至上海，先後在兩地與日本人討論具體事宜，再一次確定雙方對協議的承諾，並初步安排汪精衛叛逃的時間表。汪精衛將於十二月上旬飛往昆明，到昆明後，日本方面將選擇適當時機發表實現中日和平條件，汪則發表聲明，與蔣介石斷絕一切關係，並乘飛機去越南河內，轉至香港發表收拾時局的聲明。汪精衛之所以決定取道雲南，飛往河內，是因為雲南是龍雲（雲

---

2 王曉華、張慶軍前揭書，頁一三四、一三六。

南省主席）的地盤，龍雲與蔣介石之間有一些矛盾在，汪精衛想拉攏龍雲，雲南因此也就成為汪精衛一行人出走的方便之門。陶希聖以講學名義到達昆明，陳公博、周佛海、汪精衛夫婦也分別以各種名義抵達昆明，各路人馬會齊之後，即一起飛往河內。日本方面得知汪精衛一行逃到河內後，十二月十二日（一九三八年）日本首相近衛文磨發表第三次對華聲明，宣稱：「日本政府在決定始終一貫地以武力掃蕩抗日的國民政府同時，要和中國同感憂慮，具有卓越的人士合作，共謀實現相互善鄰友好，共同防共和經濟合作。」十二月二十七日，陶希聖、周佛海、陳公博三人攜帶汪精衛響應近衛文磨的第三次對華聲明電文稿，由河內飛香港。十二月二十九日，這份臭名昭彰的「艷電」在香港南華日報登出，汪精衛終於走上叛國投敵的漢奸之路。

一九三九年（民國二十八年）五月，汪精衛在日本人保護下來到上海，準備組建偽政府。八月，陶希聖離開香港，到上海與汪精衛會合。八月二十八日上午，汪精衛主持的國民黨第六次全國代表大會在上海開幕，會後不久，陶希聖被任命為中央黨部宣傳部部長，周佛海、梅思平分別為秘書長及組織部長。九月十二日，蔣介石的國民政府在重慶明令通緝周佛海、梅思平等人，但沒有陶希聖。在重慶國民黨中央常會開除周佛海、梅思平等人的黨籍決議中，也沒有陶希聖的名字。其原因何在？原來汪精衛集團為了盡早取得日本的同意，建立偽中央政府，積極和日本方面展開談判，日本則企圖通過汪精衛政權的建立，實現其獨占中國的野心，是以在談判中提出了種種苛刻的條件。若按照日本所開的條件，一旦偽政權建立後，日本就要控制中國從黑龍江到海南島，從東南到西北，內至河道，外至領海等等，這些條件連日本政府和軍中一些所謂「和平親善派」看了也覺得實在有些過分了。這種條約一簽訂，所「和平運動」完全自欺欺人。但汪精衛已無退路，最後還是在條約上簽字，按照日汪雙方規定，這一「密約」永久不公布。

日、汪密約，讓陶希聖看到日本全面控制中國的野心意圖，他認為像這樣的黑字白紙密約，是要借中國人的手出賣自己的國家，到底是不能幹的事，於是在十二月二十九日，亦即密約簽字的前兩天，陶希聖就託病在家，到時不去參加簽字。陶的態度反常必然引起汪精衛、周佛海的疑心。不久，有人偷偷告訴陶希聖，李士群、丁默邨的「七十六號」特工正計劃刺殺他。陶希聖心生恐懼，一九四〇年元旦這一天，陶希聖為減輕汪精衛與周佛海對他的疑心，仍然抱病前去拜年。在汪家，陶希聖又受了一點涼，原來汪精衛的老婆陳璧君想讓陶希聖在密約上補簽名字，汪精衛看陶虛弱不堪的樣子，起了憐憫之心，說就讓他等病好再簽。陶希聖知道他們如果逼著他簽字，他不簽的話，就只有死路一條，當他聽到陳璧君的話，他的臉就白了，等聽到汪精衛的話，他的心才稍稍放下來一點，走出汪家後，陶希聖愈發覺得上海待不下去了。回到家中，正當愁眉不展時，高宗武來探病拜年。高宗武雖為日、汪合作出了大力，但由於他與重慶蔣介石方面有些瓜葛，而且也稱病沒有在密約上簽字，受到日本人的懷疑，生命安全也受到威脅。高宗武參與日、汪密約（即日華新關係調整要綱）的談判中，發覺這是一份「賣身契」，一旦簽訂這份賣身契，就要成為中國歷上史無前例的大漢奸。他認為密約與最初的近衛聲明相比，內容相差太遠，已違背初衷。現在唯一的辦法，就是與陶希聖兩人一起去重慶，直接與蔣介石協商和平，陶希聖也附和高的意見。為了揭發汪精衛的賣國證據，高宗武在日、汪密約會談開始前就買了一台德國萊卡照相機，讓其妻學習攝影技術，在談判中高宗武把這些密約內容文件偷偷帶回家，令其妻對之一一照相，並已做好逃港的準備，只等待機會。而陶希聖也已做好脫身的準備，先令其妻攜子女從香港到上海，並在法租界租下一幢房子，讓其子女都去學校報名上課，以迷惑日、汪雙方，自己做好逃出的準備，於是高、陶兩人相約一起走。在杜月笙手下的安排下，一九四〇年（民國二十九年）一月三日上午，高宗武登上開往香港的「胡佛總統號」輪船。陶希聖獨自一人乘車到南京路國泰飯店門前，下了車走進大廳，然後出了後門，換了一輛出租車，直奔碼頭，也順利上了船。

過了幾天，高宗武、陶希聖從香港給汪精衛寫了一封信，就其出走引起的混亂表示歉意，並保證決不出賣內部機密。此時陶的妻子以及五個孩子還留在上海，汪精衛得知陶希聖出走的消息後，立刻派人把陶家監視起來，還派人勸陶妻電促陶希聖回滬。這時陶希聖給汪精衛寫了一封信，說明家屬如果受害，就只有走極端了，陶妻也假意答允去香港督促陶返回，在汪精衛同意下，帶著兩個孩子去了香港，還有三個孩子被留做人質。陶妻一到香港，立即電陳璧君，說陶希聖很快就會與她一起返回上海，使汪精衛對陶家的監視稍為放鬆，而三個孩子也就在杜月笙的幫助下，於一月二十日安全抵達香港。第二天（一月二十一日），陶希聖與高宗武聯名致報社的公開信以及日汪密約的影印本，就全部在報紙上公開發表了。

陶希聖與高宗武在公開信中聲稱：「抗戰既起，私念日方當不乏悔過之識者，戰爭終有結束之途徑，苟能貫徹抗戰目的，克保主權與領土行政之完整，則曲達直達不妨殊途同歸，爰不顧外間毀譽，願奉微軀以期自效」。高、陶以此表達他們當初離開重慶之心跡，也為他們當初的行為辯解。接著他們又聲稱：「他們在參與日、汪密約（即中日新關係調整要綱）的談判中，益知其中條件之苛酷，不但甚於民國四年之二十一條者，不止倍蓰，即與所謂近衛聲明，亦復大不相同，直欲夷我國于附庸，制我國于死命……力爭不得，遂密為攝影存儲，以觀其後……乃攜各件乘間走港。」日、汪密約公布於眾，把汪精衛集團不可告人之勾當，暴露於光天化日之下。汪精衛、周佛海等氣急敗壞，周佛海在日記中咬牙切齒，誓將殺之。汪精衛則聲稱：高、陶公布之文件是最初試案。但同一天，日本東濂刊得的英文「日本時報」刊載消息，指明這些文件是一九三九年十二月磋商完成的，並經內閣核准。這就證明了高、陶所發表的文件是最後定案的。

一九四一年（民國三十年）十二月，太平洋戰爭爆發後，陶希聖攜家人隨東江難民逃離香港，一九四二年二月底輾轉到達重慶，陶希聖擔任了蔣介石侍從室第五組組長。從一九四二年十月十日開始，協助蔣介石撰「中國之命運」一書，有關資料的蒐集及文稿的整理工作，皆由陶希聖擔任。一九四三年三月，「中國之命運」以蔣介石名義發表。該書宣揚「一個主義」、「一個政黨」，並宣稱：中國未來的命運有兩個，一個是全國人民無條件服從國民黨蔣介石的領導，從而達到所謂的「獨立、自由」；另一個就是中國共產黨所領導的人民革命運動發展勝利，從而導致中國的「衰落、滅亡」。「中國之命運」的發表，作為國民黨將發動第三波反共高潮的信號彈。這一年的十一月，蔣介石參加開羅會議，回到重慶後將所有的會議紀錄及報告都交陶希聖整理。一九四六年（民國三十五年）六月，國民黨準備行憲，籌備召開國民大會，在共產黨與民主同盟不參加的情況下，陶希聖自告奮勇奔走於各黨派之間，極力拉攏青年黨與民社黨參加選舉。一九四八年一月，陶希聖當選為湖北省選出的第一屆立法委員。一九四九年（民國三十八年）十二月，陶希聖隨國民黨政府來台，先後擔任中央改造委員會第四組主任，中央常務委員，中央日報董事長，並為蔣介石執筆撰述〈蘇俄在中國〉及〈民生主義育樂兩篇補述〉。一九六八年自中央日報退休後，陶希聖常出席立法院會議，長期參加立法院法制委員會。此外還擔任中華戰略學會理事長，總統府國策顧問。一九八八年六月陶希聖因病在台北逝世。

附錄三　陳立夫一生的忠與怨

從一九二〇年至一九四〇年代末期，陳立夫和其兄長陳果夫在中國政壇上發光發亮，蔣介石、宋子文、孔祥熙與陳果夫、陳立夫兄弟並稱為中國的四大家族代表人物。宋與孔主管財政、金融、經濟兼部分行政，為蔣氏政權擔任財神的角色。而陳果夫、陳立夫兄弟則管國民黨黨務、特務、文化教育兼及部分金融，是蔣家政權的捍衛者，國民黨在大陸時期許多驚心動魄的重大政治鬥爭事件，都有陳氏兄弟的影子，尤其是陳立夫。陳果夫由於體弱多病，到後來陳立夫在黨務特務系統上，取乃兄而代之，陳立夫之名蓋過陳果夫。陳氏兄弟在波濤壯闊的二十世紀，寫下了人生的傳奇，也寫了一對兄弟、一個家族、一個黨和一個國家的風雨滄桑的一頁。

陳立夫（一九〇〇—二〇〇一），名祖燕，一九〇〇年八月二十一日出生於浙江吳興縣（現湖州市），父親陳其業，字勤士，生於一八七〇年。一八九四年中日甲午戰爭爆發後，陳其業目睹清廷腐敗，體會到要富國強兵，抵抗西方列強欺凌，應向日本學習變法圖強，發展工業，因此曾留學日本。學成歸國後，報國無門，心灰意冷之餘，回到故鄉，繼承家業，經營絲綢。但在湖州陳家開始崛起的時候，讓陳家獲得顯赫聲名的，並不是留學日本的陳其業，而是其二弟陳其美（英士）。陳其業、陳其美、陳其采（字藹士）三兄弟都曾留學日本，陳其采（陳立夫三叔）從日本陸軍士官學校畢業，成績為當屆畢業生第一名，由於成績特優，歸國後不久被滿清政府任命為駐滬新軍統帶。陳其采在上海活動期間，和上海幫會建立了非常融洽的關係，這對後來陳其美（英士）及上海革命黨人的幫助很大。陳其采在上海做統帶時間並不長，很快又被調任湖南武備學堂監督，隨後出任湖南新軍標統。一九〇六年，陳其采調任駐南京新軍第九鎮參謀長，因剿匪有功，調任清政府軍諮府第三廳廳長，主管全國新軍的訓練和調動，又兼任保定軍校監督並主辦新軍秋操。此時，陳其采年紀不到三十歲。

與陳其業、陳其采兩位兄弟相比，陳其美最沒有出息。陳其美年少不學好，整天貪玩打架，年方十五歲，其父令他棄學從商。陳其美跟隨杭州人吳小舫去崇德縣北石門鎮當一名典當舖的小學徒，從一八九一年到一九〇二年共當了十二年學徒，當時已經二十六歲了。一九〇三年初，陳其美想改變自己，於是辭去了典當的工作，也想去日本留學，卻拿不出留學的昂貴學費，迫不得已，求助於在長沙任湖南新軍標統的弟弟。在陳其采的支持下，這期間他又因陳其采的關係，認識上海灘的黑幫頭子范高頭，范高頭比陳其美大三十歲，兩人結成異姓兄弟。由於和范高頭結拜，陳其美也成了「洪幫」的小老大，其輩份比黃金榮還高一輩。到一九〇六年夏天，陳其美離開上海前往日本，這時陳其美已三十歲了。到了東京後，陳其美先入專門為中國培養警察人才的東京警監學校學習，隨後再轉學「東斌學校」。當時中國留日學生都想進日本士官學校，但先得入預備警校「成城學校」，成城學校後來改名「振武學校」。因此，中國留學生想進日本士官學校就得先進入振武學校，由於想進振武學校的人太多，學校容納不下，清政府為防止想學軍事而入不了振武學校的留學生鬥爭，乃和日本政府協調成立「東斌陸軍學校」，專門收容被振武學校拒之門外，而有革命思想，自費學習軍事的中國青年，陳其美就是這樣進了東斌陸軍學校。

陳其美到東京時，正值中國革命先行者孫中山領導的同盟會成立之際，同盟會在東京大力招兵買馬時，陳其美在留日學生中年齡較大，在商界多年的歷練，使他顯得精明幹練。一九〇六年冬，加入同盟會後，陳其美很快得到孫中山的器重，成為心腹親信之一。兩年後，陳其美奉派回到上海，策動革命。一九一一年十月十日武昌起義爆發，十一月三日，陳其美率商團攻打上海製造局，親率敢死隊進攻，不幸被俘。次日（十一月四日）上海革命成功，陳其美被推為滬軍都督，隨後又組織江浙聯軍攻克南京，使他聲名大噪。一九一二年元月一日，孫中山在南京就任臨時大總統，通告中華民國臨時政府成立，陳其美也成為中華民國締造者之一，是孫中山手下的「開國大臣」，被孫中山任命為滬軍都督。一九一三年（民國二年）袁世凱接任中華民國臨時大總統，國民黨在國會大選大獲全勝，主張循歐洲內閣制慣例，以黨魁身分組閣的宋教仁，於三月二十日晚上十時四十五分在上海火車站被刺，二天後（二十二日）不治身亡，後據調查，是袁世凱幕後唆使。此事件震驚國內，孫中山等革命黨人認為「非去袁不可」，全國興起討袁之師。一九一三年六月，袁世凱下令免去江西都督李烈鈞、廣東都督胡漢民、安徽都督柏文蔚的職務，並解散國會。七月十二日，李烈鈞在江西湖口誓師，組織討袁軍，發表討袁通告。上海江蘇等地先後宣布獨立，「二次革命」爆發。七月十六日，陳其美被任為上海討袁軍總司令，陳果夫也投入反袁鬥爭。七月十八日，蔣介石聯絡陳其美舊部將官宣傳討袁，陳果夫率奮勇軍與鈕永建所指揮的松軍別動隊協同作戰。「二次革命」討袁失敗後，九月二十七日，孫中山在東京籌組「中華革命黨」，第一批黨員有戴季陶、鈕永建、田桐、范光啟和陳其美等五人。十月二十九日，蔣介石宣誓入黨。一九一四年（民國三年）六月十六日，中華革命黨舉行會議，正式推孫中山為總理，陳其美為總務部長，居正為黨務部長，許崇智為軍務部長，胡漢民為政治部長，張靜江為財政部長。七月八日舉行中華革命黨成立大會。一九一五年（民國四年）十月二十七日，陳其美由東京返國，孫中山委為中華革命黨淞滬司令長官，主持上海討袁軍事，此時蔣介石亦返上海出任司令部所轄二師五團團長，二師師長為黃郛（膺白）。一九一六年一月二十二日，孫中山委任陳其美為蘇、浙、皖、贛四省總司令，謀劃在上海和江、浙兩地發動討袁戰爭，同年五月十八日，陳其美在其自家寓所遭袁世凱所收買的國民黨叛徒李海秋帶著刺客，當場射殺身亡。同年（民國五年）六月六日，袁世凱亦暴斃。以上所述在說明陳果夫、陳立夫後來之所以為蔣介石視為親信而重用的遠因。

陳其美被刺，使蔣介石失去一個有力的政治靠山，但蔣介石一直籠罩在陳其美的身影下，陳其美的去世，使懂軍事的蔣介石一下子成了孫中山的參謀重臣，直接和孫中山打交道。一九一八年五月護法運動失敗後，孫中山被迫回上海，看到上海剛興起的交易所，覺得交易所買空賣空，不花本錢，是革命黨人籌措經費的好辦法，於是命令在上海的國民黨人在上海籌設證券物品交易所，以籌措經費，救助為革命犧牲的革命黨人家屬並掩護革命工作。為了籌設證券交易所，陳果夫先到日本人辦的「上海取引所」去參觀兩次，了解證券物品交易的一般常識，然後又去請教老丈人在上海金融界的朋友，面授機宜，就這樣「上海證券物品交易所」，於一九二〇年二月一日，在上海正式成立，理事長為上海商界名人虞洽卿，理事十七人，常務理事六人，監察人周駿彥為蔣介石老師，老闆就是蔣介石，陳果夫做為專職經紀人。交易所名叫「茂新」，專做證券、棉花兩種生意。蔣介石雖然名義上為老闆，卻是分文未出，這時候蔣介石正處於失意落魄的人生低潮，帶著小妾姚冶誠在上海過日子，不僅交易所股本資金主要由陳果夫與張靜江拿出，連生活費也是張靜江資助，但茂新交易所開張後居然大獲其利，除少數應付開銷外，其餘全為陳果夫、張靜江等人所有。蔣介石雖未出資，陳果夫與張靜江仍主張按原來所算股份給蔣介石，這份情誼使蔣介石大為感動。這個時期陳果夫與蔣介石、張靜江、戴季陶等人開始密切往來，這幾個人，除了蔣介石是浙江奉化人外，其他三人都是浙江吳興人。除陳果夫小一輩外，張、戴是蔣介石締結金蘭的拜把兄弟，而陳果夫與蔣介石又是長輩結下來的生死之交，其關係非比尋常。一九二一年（民國十年）六月十四日，蔣介石母親王太夫人在奉化逝世，陳果夫專程赴奉化溪口，代表孫中山致祭並恭讀祭文，不但幫助蔣介石料理喪事，又在溪口陪伴蔣介石守靈數日，然後回上海。不久，蔣介石的兒子蔣經國來到上海求學，這時蔣介石奉孫中山召喚，奔波於南方廣州，便將兒子托付陳果夫，陳果夫也在生活與學習上，像對待弟弟陳立夫一樣，給予蔣經國多方照顧，這種親密關係，使蔣介石感念在心，把陳果夫當作自己最貼心的朋友。

茂新交易所開始時頗有賺錢，然而好景不常，到了第三年，交易所因金融風潮發生，「茂新」與「鼎新」兩個交易所所有盈餘全虧一空，幾乎連本錢也賠進去。一九二二年二月，陳果夫的交易所宣告破產，一夕之間，陳果夫、蔣介石、張靜江、戴季陶彷彿做了一場春夢，由富翁變成窮光蛋。蔣介石見勢不妙，與他老師周駿彥到廣東去了，交易所只剩下陳果夫收拾殘局。這時候陳果夫的弟弟陳立夫完成北洋大學的學業，在北洋大學的六年生活中，陳立夫一直懷著科學救國，工業救國的夢想，希望將自己所學貢獻給國家，於是北洋大學畢業後選擇出國留學的道路，一九二三年以全優的成績考入美國賓州匹茲堡大學，他先從上海坐船到日本，再由日本乘飛機飛往匹茲堡。陳立夫在北洋大學讀的是礦冶系，而匹茲堡是美國著名的煤炭與鋼鐵工業重鎮，因此進入匹茲堡大學後，修的也是礦冶。一九二四年夏，陳立夫與同班同學曾養甫同時獲得碩士學位。畢業後陳立夫參加礦業局訓練，並順利通過考核，取得礦業工程師資格。一九二五年陳立夫在美國舊金山加入了中國國民黨。一九二四年蔣介石出任黃埔軍校校長，並以黃埔為基地，建立一支絕對服從他的軍隊，他首先想要建立自己的班底，以便效忠他、聽命他，於是陳其美（蔣的拜把兄）的兩個侄兒陳果夫，陳立夫便成為培植的對象。一九二四年蔣介石出任黃埔軍校校長後，陳果夫並沒有隨蔣介石到廣州，而是留在上海為蔣辦理黃埔軍校的軍需採購以及招募士兵與招收軍校新生，先後為黃埔軍校招到士兵四千人，軍校新生一千四百多名，這些人後來成為蔣介石最親信的江浙子弟兵。此外，陳果夫還為軍校羅致多種專門人才，如軍官、軍醫、無線電及其他技術人員。一九二六年一月，在國民黨第二次全國代表大會上，經蔣介石推薦，陳果夫當選為國民黨中央監察委員，時年僅三十四歲。

一九二五年間，陳果夫奉蔣介石指示，幾次給遠在美國的陳立夫發電報，要他拿到碩士學位後盡快回國。一九二五年秋，陳立夫回到上海，陳果夫問弟弟今後有何打算？陳立夫回答：「我已接受山東中興煤礦公司總經理錢新之先生邀請，去當工程師。」陳果夫告訴弟弟說：「這事還是與蔣三叔（即蔣介石）商量了再定。」陳果夫見弟弟沉默不語，緊接著說：「你去美國時，蔣先生也曾幫助過你一部份學費，而且他已來了兩次電報囑你去幫忙，你如果一定要做工程師，可當面報告蔣先生，他曾經同意你學礦，或許會替你決定的。」陳立夫雖然一心想當工程師，但經不起兄長的勸說，同時也感於蔣三叔的誠意，遂於一九二五年十二月間搭乘輪船去廣州，從此走上追隨蔣介石的政治不歸路。

一九二六年（民國十五年）一月九日，蔣介石在廣州接見了陳立夫，不待陳立夫申述想當工程師的志趣，就出示一張任命狀，任命陳立夫為陸軍軍官學校校長辦公室機要秘書。當時蔣介石已是黃埔軍校校長、廣州衛戍司令、廣州國民政府軍事委員會東征總指揮，權勢如日中天。陳立夫在名義上是軍校秘書，實際上是在蔣介石官邸處理蔣的私人機密文件，和陳立夫一起工作的還有邵力子，邵的任務主要是為蔣起草文稿，是蔣介石第一位「文膽」，年長的邵力子給陳立夫這位新手很多指導。邵力子是中共早期的黨員，對中共有特殊感情，對於國共關係也有自己的看法，是孫中山「聯俄、聯共、扶助農工」三大政策的擁護者，蔣介石也知道他思想左傾，因此當蔣開始密謀反共時，就將邵子力派到馮玉祥部去，讓陳立夫獨當一面，承擔機要工作。邵力子走後，國民黨第二次全國代表大會開鑼，國共關係及國民黨左右派之間鬥爭激烈，蔣介石是這場鬥爭的主角，陳立夫每天要處理的機密文件包羅萬象，每天工作到深夜才能就寢，蔣介石交代的事情，大都能如期完成，蔣介石很滿意，陳立夫也漸漸獲得蔣的信任與器重，並成為蔣介石的心腹。

一九二六年二月十日，國民黨軍事委員會任命蔣介石為國民革命軍總監，引起各軍軍長不滿，蔣介石也不就職，過了幾天蔣又提出辭去軍事委員會和廣州衛戍司令兩職，要赴俄國休養，蔣的本意是以此向各方要挾，沒有想到身為國民政府主席的汪精衛老奸巨滑，識破蔣介石的計謀，對蔣的計劃不作明確答覆，反使蔣下不了台，於是命人購了船票，準備帶陳立夫離開廣州到上海，再出國去。陳立夫見蔣處境尷尬，忍不住勸蔣不要去上海，留在廣州與汪精衛和共產黨鬥。蔣問陳立夫：「不去上海，有別的辦法嗎？」陳立夫在車上又勸蔣介石說：「有兵為什麼不幹？」這句話一語點醒夢中人，蔣介石隨即吩咐司機倒車，返回家中，準備展開一場軍事行動。蔣與陳立夫回到黃埔後，即由陳立夫出面通知王柏齡、陳肇英、歐陽格、吳鐵城等人來黃埔開會，進行秘密策劃，蔣和心腹多次反復密商後，決定採取反制的行動，先對共產黨下手。一九二六年三月十七日，陳立夫隨蔣介石由黃埔乘汽艇到廣州東堤八旗會館─廣州衛戍司令部。三月十八日晚，黃埔軍校駐省辦事處主任歐陽格，以學校駐省辦事處名義，來到海軍局代理局長李之龍住處，傳達教育長鄧演達奉校長命令，通知海軍局速派得力兵艦二艘，開赴黃埔，聽候差遣等事由，李之龍接到命令立即下令寶壁艦艦長，與中山艦代理艦長章臣桐，將該二艦開赴黃埔，聽候校長調遣，十九日上午六時、七時，寶壁艦與中山艦分別抵達黃埔，這時蔣介石校長不在黃埔軍校，中山艦代理艦長章臣桐向教育長鄧演達報告，並請示任務，鄧說不知此事，可請示蔣校長。不久，李之龍又接到海軍局通知，說蘇聯參觀團要參觀中山艦，李之龍於是電話向蔣介石請示，可否將中山艦從黃埔調回省城供蘇聯參觀團參觀，得到蔣的允許，中山艦於十九日下午六時三十分返回廣州。三月二十日凌晨三時許，李之龍在睡夢中突被捕，隨後第一軍第二師師長劉峙率兵包圍省港罷工委員會，廣州市公安局長吳鐵城率警斷絕廣州市內交通，實行戒嚴，監視蘇聯顧問行動，命令繆斌拘捕黃埔軍校及第一軍第二師中的共產黨員四十多人。何應欽將駐防潮汕的第一軍中的共產黨員全都逮捕，並取消第一軍的黨代表制度，汪精衛的住所也被蔣派兵包圍，名義為保護。這就是震驚一時的「中山艦事件」，亦即中共與蘇聯聯手擬挾持蔣介石的事件。事件發生後，汪精衛主席被逼出國。四月十六日，國民黨中央黨部與國民政府舉行聯席會議，蔣介石被推為軍事委員會主席。中山艦事件是陳立夫追隨蔣介石當機要秘書所經歷的第一個政治事件，也是陳立夫獲得蔣介石賞識及往後重用的開始。

一九二六年（民國十五）七月九日，國民革命軍在廣州市東校場舉行誓師北伐大會，陳立夫被蔣介石任為國民革命軍總司令部秘書處機要科長，隨蔣介石在北伐前方，侍從效命。一九二六年冬，北伐軍占領福州後，前方戰事暫時緩下來了，陳立夫脫下戎裝，來到上海與未婚妻孫祿卿正式結婚，孫祿卿也是浙江湖州人，與陳立夫同庚，是多年苦練丹青的畫壇新秀。一九二七年（民國十六年）四月十二日，蔣介石在上海利用青幫頭子杜月笙，以宴客形式殺害上海工運領袖汪壽華，並大肆拘捕，殺害共產黨員和工人領袖，造成所謂「四一二事件」，成立南京國民政府。從五月開始到七月初，一連串的拘捕殺害共產黨員，搗毀工會、農會，屠殺工農領袖事件，到了七月十五日，汪精衛的武漢國民政府，在警衛森嚴下舉行分共會議，正式宣布與共產黨決裂，對共產黨人持續進行拘捕追殺，形成蔣汪合流。一九二七年夏，一個中國出現了三個中央政府，一為奉系軍閥的北洋政府；一為蔣介石的南京國民政府；另一為汪精衛的國民黨的武漢政府。他們都各稱合法政府，各自為政，各據一方。後來南京與武漢兩政府合起來 驅逐北洋奉系張作霖，形成蔣、汪爭國民黨的正統。蔣、汪的「寧漢政府」一時合流，但不能合作，雙方兵戎再起。在上海「四一二事件」中助蔣介石的桂系李宗仁、黃紹竑、白崇禧不甘心對蔣稱臣，暗中聯絡各方反蔣勢力，準備趕蔣下台。當桂系軍隊已控制南京四周時，李宗仁、白崇禧決定向蔣介石攤牌逼宮，白崇禧不僅公開頂撞蔣介石，還拒絕執行對武漢政府的作戰命令，形勢對蔣非常不利。吳稚暉出面召集寧方開會，並力主蔣介石留任，但白崇禧、何應欽一言不發，當蔣介石表示需要「休息一下」，時，白崇禧馬上表示贊成，接著何應欽支持白崇禧意見，李烈鈞也同意蔣暫時「休息」，蔣介石看到局面已難挽回，只好決定下野。

蔣介石下野後，陳果夫與陳立夫與蔣同進退。在北伐期間，陳果夫與陳立夫為了反對國共合作，曾與曾養甫、陳肇英等一些浙江籍國民黨員，於一九二六年十一月在廣東成立浙江革命同志會組織，以擁蔣反共為目的。現在蔣被逼下野，二陳兄弟經過多次策劃，於一九二七年十一月初成立一個秘密組織，取名「中央俱樂部」（英文Central Club），因此該組織後來簡稱CC，這個組織的目的仍然是以擁蔣、反共、清黨為主要職責。一九二七年十二月十日，國民黨二屆四中全會預備會上提出即日催促蔣介石同志繼續執行國民革命軍總司令職權，馮玉祥與閻錫山亦促蔣復職，一九二八年一月一日至十五日，在南京召開的國民黨二屆四中全會，公推蔣介石負責籌備。一月四日，蔣介石帶領陳立夫等人到南京主持大計，國民黨二屆四中全會以黨政軍大權集中蔣介石一身而告結束。蔣介石以「正統」名義暫時統一了國民黨，「蔣家天下陳家黨」的形勢正式確立。國民黨老牌的派系組織，如丁惟汾的「大同盟」、汪精衛的「改組派」，乃至胡漢民派等，先後為二陳的CC派所瓦解。一九二九年（民國十八年）以後，二陳兄弟為執行蔣介石的黨務整理方針，清洗共產黨，在國民黨中央黨部成立「調查科」，這是國民黨特務組織，中央執行委員會調查統計局（簡稱中統）的前身，其主要任務是「清黨（共產黨）、反共」。一九三〇年十月，陳果夫因工作過於勞累，以致肺疾惡化，不得已辭去國民黨中央組織部長職務，前往杭州莫干山療養，組織部長一職由陳立夫接任，自此以後，陳立夫成為CC組織、國民黨特務組織幕後的實際負責人，為國民黨與蔣家政權立下了無數汗馬功勞。一九三一年（民國二十年）二月二十八日，蔣介石為召開國民會議，制定約法，與胡漢民發生爭執，而將胡漢民扣押，軟禁於南京郊外湯山俱樂部，造成軒然大波，幾乎釀成國民黨內戰，蔣介石於一九三一年十二月十五日，第二度下台。一九三三年元旦，蔣介石從南昌剿匪前線飛回南京，在其住所內，召集黃埔一期學生曾擴情、賀衷寒、康澤以及陳果夫、陳立夫兄弟，授意成立「青白團與同志會」兩個秘密組織，其主要成員多是陳果夫、陳立夫所領導的CC系成員，其目的仍然是擁護蔣介石為「國民黨唯一領袖」，為蔣介石的復出重掌政權而效命。此後在對日抗戰期間，為防共產黨乘機擴大勢力，而對中國西南地區、西北地區以及新疆等地的經營，反制中共勢力坐大，都可看出陳立夫及其所屬中統特務人員辛苦犧牲的努力成果。

對日抗戰開始後，蔣介石為了團結抗戰，實現「一個主義、一個政黨、一個領袖」，而竭力想把國內各黨派合併成一個政黨，於是召來陳立夫、劉健群與康澤等人籌建大組織，並指定以陳立夫為主，這個大組織最後採用了康澤提議的名稱，叫「三民主義青年團」，一九三八年七月九日，三民主義青年團（簡稱三青團）成立後，卻指定陳誠為三青團的書記長，使陳立夫大失所望，一九三九年陳誠以戰事緊張為由辭去書記長，蔣介石又把三青團事務交給朱家驊辦理，一九四〇年九月，朱辭去三青團中央幹事會書記長，陳立夫以為三青團要歸他掌理了，那知道，蔣介石又給了侍從室主任張治中，張離職後，蔣介石索性將書記長職務交給他兒子蔣經國，陳立夫這時才大徹大悟，自己與三青團最高權力無緣了。一九三八年一月，陳立夫取代王世杰出任教育部長，三青團的大權先後交給陳誠、張治中及復興社的少壯派康澤等人，康澤等黃埔系掌握大權後，就以CC系為防範與打擊對象，三青團甚至要到陳立夫主管的教育系統來發展，陳立夫心裡很不高興，但還是忍下來，因為彼此都是為蔣家政權效力。一九四七年九月九日至十三日，國民黨六屆四中全會在南京召開，通過了「統一中央黨部黨團組織案」，亦即實施黨團合併，要在一九四八年（民國三十七年）行憲國民大會前，消除國民黨內黨團派系的鬥爭，黨團合併案表面上是二陳的勝利，實際上大批三青團的幹部擠進國民黨中央執委會和中央監委會，使二陳CC系的勢力大為削弱。標誌「蔣家天下陳家黨」的時代結束了。

一九四八年一月，陳立夫當選為第一屆立法委員，並經蔣介石提名為立法院副院長候選人，遭到黃埔系、朱家驊系以及桂系等立法委員當選人激烈反對，最後總算在蔣介石堅持力挺下，當上第一屆立法院副院長，這算是陳立夫追隨蔣介石二十幾年來盡心盡力，無怨無悔，換來的最高位置。在此期間，大陸局勢逆轉，在各方高唱國共和談壓力下，蔣介石第三次被迫下野，由李宗仁副總統代行總統職務，但蔣介石並不甘心，企圖東山再起，指示陳立夫、孫科等不與李宗仁合作，拆李的台，使他無所作為，這時候，陳立夫又在幕後扮演重要角色，包括阻止居正組閣，後來陳立夫又反對陳誠組閣，以及立法院第二任院長童冠賢辭職後，蔣介石有意讓副院長劉健群先代理院長而後扶正，卻遭陳立夫及CC派立委堅決反對，不肯妥協，因而惹惱了蔣介石，一九五〇年七月，國民黨中央進行改造，陳立夫被拔除改造委員及國民黨一切職務，最後黯然離開台灣，去美國紐澤西州養雞，開農場。隔年（一九五一年）八月二十五日，其兄陳果夫在台病故，遠在美國養雞的陳立夫竟未能獲准返台參加葬禮，真是情何以堪。哥哥陳果夫一死，陳立夫徹底覺悟，從政之心如冰水澆火，全然熄滅了。二陳兄弟數十年來叱吒風雲，呼風喚雨的日子，一去不復返，昔日四大家族之一的陳家，終於在冷酷無情的政治浪濤衝刷下，走入歷史。

Do歷史18　PC0418

立法院風雲錄

作　　者／羅成典
責任編輯／鄭伊庭
圖文排版／詹凱倫
封面設計／王嵩賀

出版策劃／獨立作家
發 行 人／宋政坤
法律顧問／毛國樑　律師
製作發行／秀威資訊科技股份有限公司
地址：114 台北市內湖區瑞光路76巷65號1樓
電話：+886-2-2796-3638　傳真：+886-2-2796-1377
服務信箱：service@showwe.com.tw
展售門市／國家書店【松江門市】
地址：104 台北市中山區松江路209號1樓
電話：+886-2-2518-0207　傳真：+886-2-2518-0778
網路訂購／秀威網路書店：https://store.showwe.tw
國家網路書店：https://www.govbooks.com.tw

出版日期／2014年9月　BOD一版　**定價**／350元
2014年12月　BOD二版
2021年10月　BOD三版

獨立作家
Independent Author
寫自己的故事，唱自己的歌

版權所有・翻印必究　Printed in Taiwan　本書如有缺頁、破損或裝訂錯誤，請寄回更換
Copyright © 2021 by Showwe Information Co., Ltd.All Rights Reserved

立法院風雲錄 / 羅成典著 -- 一版. -- 臺北市 : 獨立作家, 2014.09

面； 公分. -- (Do歷史 ; PC0418)

BOD版

ISBN 978-986-5729-28-8 (平裝)

1. 立法院 2. 歷史

573.66 103015149

國家圖書館出版品預行編目

讀者回函卡

感謝您購買本書，為提升服務品質，請填妥以下資料，將讀者回函卡直接寄回或傳真本公司，收到您的寶貴意見後，我們會收藏記錄及檢討，謝謝！

如您需要了解本公司最新出版書目、購書優惠或企劃活動，歡迎您上網查詢或下載相關資料：http:// www.showwe.com.tw

您購買的書名：________________________

出生日期：________年________月________日

學歷：□高中（含）以下　□大專　□研究所（含）以上

職業：□製造業　□金融業　□資訊業　□軍警　□傳播業　□自由業

□服務業　□公務員　□教職　□學生　□家管　□其它_____

購書地點：□網路書店　□實體書店　□書展　□郵購　□贈閱　□其他

您從何得知本書的消息？

□網路書店　□實體書店　□網路搜尋　□電子報　□書訊　□雜誌

□傳播媒體　□親友推薦　□網站推薦　□部落格　□其他__________

您對本書的評價：（請填代號　1.非常滿意　2.滿意　3.尚可　4.再改進）

封面設計____　版面編排____　內容____　文／譯筆____　價格____

讀完書後您覺得：

□很有收穫　□有收穫　□收穫不多　□沒收穫

對我們的建議：________________________

____

____

____

請貼
郵票

11466
台北市內湖區瑞光路 76 巷 65 號 1 樓
獨立作家讀者服務部 收

(請沿線對折寄回，謝謝！)

姓　　名：＿＿＿＿＿＿＿＿　年齡：＿＿＿＿　性別：□女　□男

郵遞區號：□□□□□

地　　址：＿＿＿＿＿＿＿＿＿＿＿＿＿＿＿＿

聯絡電話：(日)＿＿＿＿＿＿＿＿　(夜)＿＿＿＿＿＿＿＿

E-mail：＿＿＿＿＿＿＿＿＿＿＿＿＿＿＿＿